隋唐五代诗词大会

老王聊历史

隋唐五代诗词大会

王磊 著

陕西新华出版传媒集团
未来出版社

意林国学书系

图书在版编目（CIP）数据

隋唐五代诗词大会/王磊著.--西安：未来出版社，2020.12
（老王聊历史）
ISBN 978-7-5417-7044-9

Ⅰ.①隋… Ⅱ.①王… Ⅲ.①中国历史—隋唐时代—通俗读物②中国历史—五代十国时期—通俗读物 Ⅳ.①K24

中国版本图书馆CIP数据核字（2020）第194292号

老王聊历史·隋唐五代诗词大会
LAOWANG LIAO LISHI · SUITANG WUDAI SHICI DAHUI

王磊/著

著　　者：王　磊	总 策 划：陆三强　顾　平
执行策划：汪海英　杜普洲　方晓阳	丛书策划：徐　晶　唐荣跃
丛书统筹：张美骈　王征彬　谢梦冰	责任编辑：唐荣跃　张美骈
特约编辑：谢梦冰　方　杏　李黄华	美术总监：许　歌　资　源
美术编辑：刘海燕	封面设计：资　源
绘　　图：宋清莲	技术监制：宋宏伟　刘　争
发行总监：何华岐　王俊杰	宣传营销：陈　欣　贾文泓

出版发行：未来出版社	地　　址：西安市登高路1388号（710061）
电　　话：029-84288355	经　　销：全国各地新华书店
印　　刷：天津中印联印务有限公司	开　　本：700 mm×1000 mm　1/16
印　　张：21	字　　数：280千字
版　　次：2020年12月第1版	印　　次：2020年12月第1次印刷
书　　号：ISBN 978-7-5417-7044-9	定　　价：48.00元

版权所有，翻印必究

（如发现印装质量问题，请与印务部联系退换，电话：010-51908584）

第一篇 ◆	商女不知亡国恨：隋文帝的"猪对手"	001
第二篇 ◆	君王单骑返山阿：离家出走的皇帝	011
第三篇 ◆	尽道隋亡为此河："大业"为何"歇业"	021
第四篇 ◆	此身安可保：朕的大隋就这么亡了	031
第五篇 ◆	一朝时运会：抗隋合伙人	041
第六篇 ◆	争信英雄解灭亲：豪门恩怨老李家	051
第七篇 ◆	不教胡马度阴山：打出来的"天可汗"	063
第八篇 ◆	大漠孤烟直：唐僧是个"偷渡犯"	073

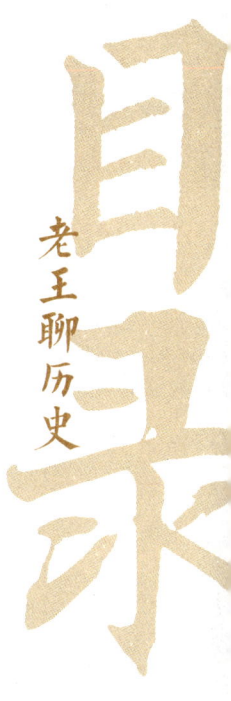

| 第 九 篇 ◆ | 早服还丹无世情：明君也有黑历史 | 083 |

| 第 十 篇 ◆ | 开箱验取石榴裙：触底反弹的武则天 | 095 |

| 第十一篇 ◆ | 摘绝抱蔓归：带血的皇冠 | 105 |

| 第十二篇 ◆ | 花须连夜开：霸气女皇的身后事 | 115 |

| 第十三篇 ◆ | 艰难安可忘："妇女杀手"李隆基 | 127 |

| 第十四篇 ◆ | 一骑红尘妃子笑：绝世宠妃诞生记 | 137 |

| 第十五篇 ◆ | 惊破霓裳羽衣曲：盛世爆破小分队 | 147 |

| 第十六篇 ◆ | 轻舟已过万重山：憋屈太子也雄起 | 159 |

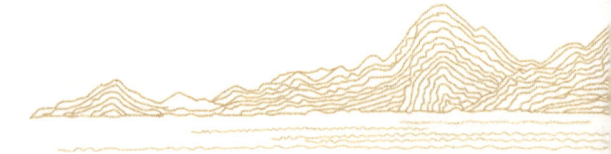

第 十 七 篇 ◆	青春作伴好还乡：谁把内乱拖进了加时赛	169
第 十 八 篇 ◆	谁得如公五福全：人生赢家郭子仪	179
第 十 九 篇 ◆	宫使驱将惜不得：还是宦官"最可靠"	189
第 二 十 篇 ◆	病树前头万木春："万年替补"的悲催	199
第 二 十 一 篇 ◆	雪拥蓝关马不前：虎头蛇尾的唐宪宗	207
第 二 十 二 篇 ◆	绿杨阴里白沙堤：这个"诗魔"很佛系	217
第 二 十 三 篇 ◆	只是当时已惘然：情诗背后的刀光剑影	223
第 二 十 四 篇 ◆	黄河九曲今归汉："小太宗"的回光返照	235

第二十五篇 ◆	笑说君王在月宫：聚会狂魔多败家	243
第二十六篇 ◆	满城尽带黄金甲：落榜生的逆袭之路	249
第二十七篇 ◆	长安宫阙生蒿莱：留给大唐的时间不多了	259
第二十八篇 ◆	争表梁王造化功："彩虹屁"可别当真	269
第二十九篇 ◆	歌皓齿，且行乐：申请小号也没用	281
第 三 十 篇 ◆	直割燕云十六州：千古骂名"儿皇帝"	293
第三十一篇 ◆	大业未成天命改：一代明君死太早	305
第三十二篇 ◆	问君能有几多愁：投错胎的李煜	317
第三十三篇 ◆	千秋疑案陈桥驿：赵匡胤是不是真委屈	323

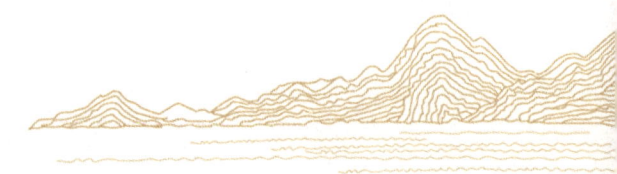

第一篇

商女不知亡国恨：
隋文帝的"猪对手"

南京有"建康""金陵"等多个古称，曾是东吴、东晋、刘宋、南齐、南梁、南陈等多个朝代的国都。但不管朝代如何兴亡、政权如何变换，南京秦淮河两岸都是一样的美女成群，酒楼如林，通宵达旦，客似云来。

但总有人，能在这一派灯红酒绿中看出一些不一样的东西。

晚唐诗人杜牧就是这么一个人。以咏史抒怀见长的诗人在路过金陵时写下了一首诗——《泊秦淮》："烟笼寒水月笼沙，夜泊秦淮近酒家。商女不知亡国恨，隔江犹唱后庭花。"

"后庭花"当然不是花，而是南陈后主陈叔宝所作的"洗脑神曲"《玉树后庭花》。这首诗是他专门在后宫"开派对"狂欢时用的，被后世文人认为是作死催命的"亡国进行曲"。

南陈立国的时候，南北朝的分裂对峙已经进入了尾声。当时北周已经统一了中原，还占据了四川，陈国只能可怜地龟缩在江南一角。按理说，接下来的剧情就应该是北周挥师南下，结束分裂状态了。没想到，强大的北周却灭在了南陈前面。

581年，北周贵族杨坚把名义上的外孙——北周静帝宇文阐踢下台，自己当起了皇帝，杨坚就是隋朝的开国皇帝隋文帝[1]。这出戏的主演虽然换了人，主要剧情却没变，隋文帝下一步依然是准备拿南方的陈国开刀。

而比隋文帝晚上位的陈后主简直就是老天爷专门为主角安排的"猪对手"。

陈后主陈叔宝，字元秀，小名黄奴，是南陈的第五位皇帝，当然也是最后一个。陈叔宝小时候的经历听上去挺惨。他出生没多久就被抓到北方当人质，七八年之后才被接回南陈，相当于小学二三年级才再次见到亲爹。

不过，当人质的那些年，小叔宝的生活质量是一点儿也没降低。他从小衣食无忧，加上成长过程中缺失父爱，绝对是"熊孩子"里的"战斗机"。

569年，十六岁的陈叔宝正式被立为太子。他爹陈宣帝为了孩子的教育真是操碎了心，找来德高望重的老师教他儒学经典，希望他能学到做人和治国的道理。陈叔宝对老先生讲的大部分都不感兴趣，却对吟诗作赋的"文学沙龙"非常热衷，找来一群"文学发烧友"每天在东宫搞各种创作。

582年，陈宣帝去世，陈叔宝正式"上岗"[2]，他开始全身心地投入人生的享受当中。

其实南陈自陈霸先开国以来，日子过得一直挺紧巴，连皇宫的装修都是"极简风"，好材料一点儿都不敢多用。陈叔宝上台后嫌皇宫太寒碜，直接盖了三座高耸入云的大阁楼，各种建筑技巧、豪华装修全给用上——窗户栏杆是用上等木材做的，室内装潢用了无数金银玉器，连门帘都是用珍珠缀成。

---

1. 《隋书·高祖纪上》。
2. 《资治通鉴·陈纪九》。

陈叔宝自己住一栋，让最宠爱的贵妃张丽华住一栋，别的妃子住另一栋。三栋建筑之间还有通道相连，陈叔宝每天就在这三栋高阁中往返。有时候张丽华在高高的阁楼窗户边梳洗化妆，皇宫外路过的人都以为是仙女下凡了。可以想象这阁楼有多似人间仙境，有多云雾缥缈了。

陈叔宝每天上班的主要内容不是喝酒玩乐，就是写诗作曲。他把朝政交给了一群只知贪污腐败、溜须拍马的小人，使本来就实力不强的南陈变得更加风雨飘摇。

按理说，面对这么一个"猪对手"，隋文帝杨坚应该毫无悬念地用实力碾压才对，可惜并没有。

因为杨坚刚上台时也是一个头两个大，看起来实力强盛的隋朝也是内忧外患一样都不少。

当时隋朝内部的政治力量主要由关中和关东两部分组成。杨坚出身于关中的关陇军事集团，和关东的世家大族一直都不太对付。

除了内忧，还有外患。北方蒙古高原上崛起的少数民族政权空前强盛，时刻威胁着隋朝的北部边境。另外，隋朝还从北周接手了一个附属国——西梁。当然，它不是《西游记》里的那个"西梁女国"，而是南梁武帝萧衍的后人建立的国家。虽然此时在位的皇帝名下只有一座江陵城，都城有多大，国土就有多大，皇帝比现代的一个市长也强不了多少，但对隋文帝来说，西梁毕竟不是自己人，怎么都算一个不稳定的因素。

最关键的是，此时的隋朝经历了多年战乱，大量劳动力要么死于战争，要么给那些豪门贵族"打黑工"，连个户口都没有，国家想征兵、收点儿税都费劲。豪门贵族不但偷税漏税、隐瞒人口，还把持了官员晋升的通道，干涉朝政、违法乱纪的事情他们更是一样都没少干。

面对这样一手烂牌，隋文帝只能打起十二分精神，燃烧自己全部的小宇宙，反手就甩出了一个大招——"开皇之治"。

在中国古代历史上，一般只会把某个政治、经济、军事和文化都高度发达的时期称作"某某之治"，如写进现代历史教科书里的"文景之治""贞观之治"等等。能解锁"某某之治"的皇帝，绝对是中国古代"明君俱乐部"里的高级会员。

经过几年的埋头发展，隋文帝终于把南下灭陈、统一南北这件事摆上了日程，磨刀霍霍地准备给南陈一个"惊喜"。

但没想到，北边的少数民族政权先给了隋文帝一个"惊喜"。

在北魏时，突厥人就时常南下，搞得当时北魏、北周、北齐这些国家都只能采用和亲政策或朝贡策略，通过联姻、送票子买平安。

隋朝建立初期，突厥发生内乱，一下子分裂出四个可汗，虽然其整体实力有所下降，但四个可汗中实力最强的沙钵略跟隋文帝结了梁子。因为沙钵略娶的是北周派去和亲的千金公主，现在北周让隋文帝灭了，这位千金公主当然会给老公吹枕边风，让他带队找隋朝复仇。沙钵略也很听媳妇的话，从隋文帝建国开始，突厥的大军就没消停过，不断南下进攻隋朝，打得隋文帝根本顾不上南边。

不得已，隋文帝只能调整战略方向——先打北边，再南下找陈国的麻烦。

隋文帝采纳大臣长孙晟"远交而近攻，离强而合弱"的建议，派人打入突厥内部，挑拨离间，分化瓦解。在隋朝"糖衣炮弹"的饱和攻击下，突厥内部的冲突越来越激烈，彼此的实力自然也直线下降。

武力解决北方问题的时机终于到来。583年，沙钵略又来侵犯隋朝边境，隋文帝愤怒之下派遣八路大军向北方进发攻打突厥，打得突厥四个可汗只剩下两个，而且这两个谁也不服谁。584年，沙钵略在隋朝和另一位可汗的双重打击下，不得已向隋文帝求和认栽，保证以后一定乖乖听话，再也不敢捣乱了[1]。

搞定了北边，隋文帝终于可以把注意力放到南边的陈国了。此时的陈叔宝依然天天吃喝玩乐，隔着长江高唱《玉树后庭花》，小日子过得那叫一个没心没肺、没羞没臊，浑然不知自己已经被北边的邻居惦记上了。

隋文帝先派名将杨素到南方前线为日后的出兵打前站，又动员数十万人修缮北方的长城，保证一旦打起来，北方政权不会来扯自己的后腿。随后他又灭了西梁，占领江陵，这下可以集中精力对付南陈了。

战前，隋文帝召开参谋会议，和大臣们一起进行"头脑风暴"：怎么才能把陈国灭掉？

宰相高颎说，我们在江南收获的季节，派少量军队去吓唬陈国，只要他们军队一集结，我们就撤退。这样搞上几次，不仅能耽误他们的农时，还能迷惑他们的军队。等到他们习惯了，我们再派部队过江正式进攻。

隋文帝觉得这个主意好，于是他一边秘密制造大型战船，一边给陈国人传递假情报，让他们以为隋军根本就没有战船。隋文帝还时不时在长江边搞"军事演习"，给对面的陈国人上演真人版的《狼来了》。对面的陈军果真都麻木了，不管隋军搞出多大的动静都懒得理睬。

一切准备就绪，隋文帝便正式动手了。他先是下诏把陈后主臭骂了一顿，

1.《隋书·突厥列传》。

接着把骂陈后主的讨伐檄文抄了三十万份四处散发，以此来动摇南陈军民的信心，同时为自己出兵做舆论准备。

588年十月，隋文帝以晋王杨广为各路兵马总指挥、宰相高颎为总参谋，动员数十万大军南下进攻陈国。在总攻开始的同时，隋朝扣留了陈国全部的外交人员，并派出大量间谍、特工深入陈国境内，四处破坏、捣乱，为正面进攻创造有利条件。

隋军的闪电战打了对手一个措手不及，很快就攻占了陈国长江中上游的地盘，而晋王杨广也率军直扑陈国都城建康，迅速逼近陈国的长江下游防线。

面对隋军的大举进攻，前线的陈军将领赶紧向建康告急求援，可陈后主还是酒照喝、舞照跳，跟没事儿人一样。他还特别从容地对身边的臣子孔范说：建康是王者之气聚集的地方，长江是那么好过的吗？齐国来打过三次，周国也来打过，不都没打过来吗？

孔范就是个拍马屁无下限的主儿，他说：陛下英明啊，长江一直都是隔断南北的天堑，隋军又没长翅膀，还能飞过来不成？前线告急的消息肯定是边境那些武将想立功故意散播的。隋军要是敢渡江，简直就是给我们送人头来了啊。

后来有传言说南下的隋军马匹大量死亡，孔范又故作遗憾地说：哎呀，太可惜了，那本来都是送上门的战利品，怎么就死了呢？

孔范的无耻表演逗得陈后主哈哈大笑。但这对活宝君臣并不知道，其实长江上游已经丢了，所谓的长江防线也已瓦解。只不过这些军情战报都被人拦了下来，这个人就是陈后主最信任的权臣施文庆[1]。

1.《资治通鉴·隋纪一》。

前线战报如此重要的东西,施文庆为什么要拦下来呢?理由说出来都吓死人——因为当时快过年了。

施文庆作为朝廷首脑之一,他觉得有一个更重要的任务,那就是张罗皇帝去南郊祭天。他觉得都快要新岁了,打仗哪有让皇上开心过年重要啊。所以,他断然拒绝了加强长江防线的合理要求,全身心地投入喜气洋洋的祭天筹备活动中。

雪上加霜的是,为了阖家团圆过大年,陈后主竟然让驻守在长江重镇江州和徐州的两个儿子都回家了,而且他们是带着全部军队、战船一起回来的。大敌当前搞这么一出"常回家看看"的戏码,对面的隋军简直要为他们的"猪对手"鼓掌了。

589年正月初一,陈后主还在欢度新年,杨广和手下的几十万隋军却在熬夜加班。他们迅速渡过长江,兵分几路扑向建康,准备亲自上门给陈后主拜个年,顺便祝陈后主"晚年"快乐。

大兵压境,陈后主终于意识到了事态的严重性。他平时喝酒、写诗、开派对是一把好手,但治理国家和带兵打仗的才能一点儿都没有。当时建康城内还有十万陈军主力,而且有一位非常能打的名将萧摩诃。按理说陈后主不是没有翻盘的机会,但他慌得六神无主,每天只知道抱着美人哭鼻子,还把朝政继续交给施文庆来打理。

施文庆又是怎么处理的呢?他倒很有自知之明,知道自己不会打仗,但又不想失宠,所以想尽办法让那些会打仗的人也出不了头。他对陈后主说,那些武将全都嫌打仗没"奖金",经常背地里骂娘,可不能相信他们啊!陈后主表示,还是施爱卿你忠心啊。所以,无论那些将领后来提什么意见,陈后主一概

"屏蔽拉黑"。

隋军打到长江下游的京口（今江苏镇江），萧摩诃请求出战，陈后主不同意；隋军打过长江后，萧摩诃说应该趁隋军包围圈没合拢，把他们逐个击破，陈后主还是不干，非要把最后一支大军捂在手里，眼睁睁地看着隋军占据了建康周围所有的战略要地，包围了国都。

现在隋军的包围圈都摆好了，陈后主却命令部队主动出击，还让各军摆出了一个首尾不能兼顾的"一"字长蛇阵。面对如此乱指挥的皇帝，陈军将士只能硬着头皮上。在所有出击的将领中，萧摩诃的战斗经验和指挥能力是最突出的，如果说陈军能创造奇迹搞个绝地反击，也就只有靠萧摩诃的超常发挥了。

但这最后一个奇迹发生的可能性也被陈后主断绝了。

陈后主也不知道怎么想的，萧摩诃在前线替他拼命，他在后方却对萧摩诃的老婆下手了。萧摩诃的头盔都绿了——这仗还打个什么劲儿啊。于是，萧摩诃在阵前罢工，陈军就此战败，隋军攻入建康城。陈后主吓得慌不择路，带着张贵妃、孔贵嫔等人跳进一口枯井里躲了起来，最后被隋将韩擒虎的部下抓了个正着。杜牧的《台城曲》里有一句"门外韩擒虎，楼头张丽华"，说的就是这件事。

亡国的陈后主倒也没受到虐待，隋文帝还是挺照顾他情绪的，每次宴请都特意交代不要演奏《玉树后庭花》这类南方音乐，免得陈后主听了勾起伤心事。可没想到陈后主本人完全不受什么影响，他在隋文帝手下不但能吃能喝能玩，毫无心理负担地拍隋文帝的马屁，甚至主动跟隋文帝要官当，完全看不出一点儿亡国之痛。

面对如此"极品"的陈后主，隋文帝是哭笑不得，只能感叹陈叔宝简直就是没心没肺啊！

所以，"不知亡国恨"的，根本不是什么江边的歌女，而是败家、不靠谱，还不反思的陈后主这样的当政者。这可能才是诗人杜牧在《泊秦淮》诗里想告诉我们的事。

不过也多亏遇到陈后主这样的"猪对手"，隋朝才终结了魏晋南北朝以来的乱世，翻开了隋唐盛世的新篇章。

第二篇
君王单骑返山阿：
离家出走的皇帝

大隋王朝的开创者隋文帝对历史的贡献，比起"秦皇汉武"来也不差多少。但是谁又能想到事业如此成功的隋文帝，也逃不过"家家有本难念的经"这条定律，甚至被逼得离家出走了一回。

清朝学者史梦兰曾写过一部《全史宫词》，其中一首写道："君王单骑返山阿，二圣交欢事已和。不道妒深同芮母，废储亦为宠人多。"说的就是这段历史。那么，隋文帝离家出走究竟是怎么回事呢？

这得先从隋文帝的媳妇——文献皇后独孤伽罗说起。提到独孤伽罗，可能很多同学都不陌生，毕竟这两年有好些电视剧都是与她有关的，比如《独孤天下》《独孤皇后》等。她和杨坚的爱情故事也一直被传颂。

这位独孤皇后究竟有什么过人之处呢？她和杨坚的爱情真的像看起来那么美好吗？我们先来说说这位独孤皇后的出身。

独孤伽罗的父亲是西魏、北周时的重臣独孤信，母亲是北方汉族世家——清河崔氏的大家闺秀，这在当时绝对算得强强联合的"顶级配置"。而且独孤信还有一个很"拉风"的头衔,他被称为"史上最牛老丈人",因为他的三个女儿后来都成了皇后——大女儿是北周明帝的皇后,四女儿是唐高祖李渊的亲娘(被追谥为元贞皇后),七女儿也就是独孤伽罗,是隋文帝杨坚的皇后,这家庭成分一般人谁赶得上啊。

557年,独孤信相中了同事兼好友杨忠的儿子杨坚,想把女儿独孤伽罗嫁给他。杨坚心里自然是一百个乐意,要知道杨家和独孤家虽然都属于关陇贵族集团,可人家独孤信是朝廷的八大柱国之一,而杨坚的老爹只是大将军,地位可是差了一大截。现在独孤信把女儿下嫁,杨坚怎么能不珍惜呢?

而且独孤伽罗长得很美。虽然史书上对她的容貌并没有很细致的描写,但她的老爹独孤信可是北朝出了名的美男子。史书记载他容貌俊美,风流潇洒,人称"独孤郎"。"郎"是当时人们对帅哥的一种爱称,相当于人人见他都叫"独孤小帅哥"。据说有一次他打猎回来,头上的帽子有点儿歪了,结果路人看到此状,都觉得这样歪戴着帽子也太好看了吧!第二天满城的人都歪戴着帽子出来了,瞬间引领了一股时尚潮流,这就是"侧帽风流"的典故[1]。你想想,这么帅的小伙子,他的女儿肯定丑不到哪儿去吧!

但独孤伽罗可不是只有一张漂亮脸蛋儿的"花瓶",她还有坚强的意志和高超的智慧。

她和杨坚刚结婚没多久,独孤信就在政治斗争中被逼自杀了,杨坚也因此受到牵连,被朝廷列入了黑名单。整整八年里,杨坚别说升职加薪了,连小命儿都随时不保。而在这段最黑暗、最压抑的岁月里,独孤伽罗一直陪在杨坚身

1.《周书·独孤信传》。

边，小两口儿的感情始终如一。杨坚也在爱妻的辅助下，一步步成了北周朝堂的大丞相、随国公，升级为可以架空皇帝的实力权臣。此时他遇到了一个很重要的选择——要不要取代北周，自己称帝。就在杨坚还没想明白的时候，独孤氏替他做了决定。她劝杨坚说，自古权臣就没有好下场，我们现在已经骑虎难下，不如改朝换代，创立咱们杨家自己的基业。于是，杨坚这才下定决心建立了隋朝。可以说杨坚能走上事业巅峰，独孤伽罗这位他背后的女人绝对功不可没。

这么一个出身好、容貌好，既坚强又有智谋的妻子，杨坚怎能不爱呢？

所以，电视剧也不完全是瞎编的。关于杨坚和独孤皇后的恩爱事迹，我们可以看史书上的三段记载。

《隋书》里说，隋文帝每天上班的时候，独孤皇后都和他一起出门，一直把丈夫送到朝堂办公的地方。隋文帝进去见大臣，独孤皇后就回去等他下班。隋文帝会随时派宦官给独孤皇后传话，告诉她朝堂上的事。独孤皇后也经常提出意见，帮隋文帝处理国事。

隋文帝下班，独孤皇后早早就等在外面。夫妻俩含情脉脉地看着对方欣然一笑，手拉手说说笑笑地回家，真是恨不得二十四小时都腻在一起。

独孤皇后喜欢读书又聪明过人，隋文帝对她是既宠爱又信服，可以说是言听计从。于是宫中的太监和宫女都称隋文帝和独孤皇后为"二圣"，就是几乎分不出两口子谁领导谁。前面提到的那首宫词，也称呼杨坚夫妇为"二圣"。

第二件事是，有一次隋文帝的小孙子杨昭在玄武门玩，结果遇到了爷爷隋文帝和奶奶独孤皇后。隋文帝因为常年劳累有些腰疼，很自然地把手搭在了独孤皇后的身上[1]。在中国古代的礼仪规范中，就算是夫妻俩，在公开场合做出搂抱的姿势也有点儿过于亲昵了。所以修史者就给隋文帝记了这"失礼"的一笔。但想想当时老两口儿都是奔五十的人了，还如此亲昵，足以见得他们的感情有多深厚。

第三件事，也是最神奇的一件事。杨坚和独孤皇后年轻时就约定"誓无异生之子"，就是只有老婆一个爱人，决不会跟别的女人有孩子的意思。他们一共生了五个儿子五个女儿，隋文帝经常向臣子们炫耀自己的专一，说他五个儿子都是一个娘生的，肯定不会有那么多宫斗的烂事[2]！他还拒绝了藩属国给自己进献的美女，几十年就只有独孤皇后这一个女人。在可以娶很多妾的中国古代，隋文帝如此专情，实在是太罕见、太难得了。

然而，这份看起来很美好的爱情，并没有善始善终。

晚年的隋文帝还是破了戒，宠幸了一个小宫女，结果很快就让独孤皇后知道了。面对突然冒出来的"小三"，独孤皇后毫不犹豫，趁着隋文帝上班不在家，直接就把那个小宫女给杀了。隋文帝回来一找才发现，人都死得透透的了，这下他是真怒了，觉得媳妇也太不给自己面子了，简直不能忍啊，不能忍！

不过，他没敢冲到独孤皇后那儿发火，而是跳上马，一个人气鼓鼓地离家出走了，也没什么目的地，反正就是信马由缰吧，一直冲进了山里，结果就迷了路。宰相高颎带着杨素等人找了半天，好不容易找到了独自在山里瞎转的皇帝陛下。隋文帝看到大臣们，也只能委屈巴巴地抱怨说：我一个天子，连一点自由都没有吗？这还有天理吗？还有王法吗？

---

1. 《隋书·杨昭传》。
2. 《资治通鉴·隋纪四》。

高颎劝隋文帝消消气，说：您总不能因为一个宫女就不要天下吧，淡定，淡定啊。最后臣子们好说歹说，隋文帝也自我调节了许久，直到半夜才跟着大伙儿回宫。

在家里着急等待的独孤皇后，流着泪跪拜道歉。一看老婆服软了，隋文帝也就顺着台阶下了坡，两口子跟什么都没发生一样，又和好如初了。

但是，事情真的有那么简单吗？感情的裂痕一旦产生，就会成为心里的一根刺。隋文帝的这次"出轨"，对独孤皇后来说是巨大的打击。曾经的誓言也好，多年的感情也罢，全都成了笑话。而自己的深情和骄傲，也因为皇帝的这次离家出走，成了人们口中"母老虎爱吃醋"的笑柄。

所以，事后隋文帝虽然跟没事人一样，独孤皇后却是心灰意冷，身体也每况愈下。没想到一波未平一波又起，刚被老公打击了一轮的独孤皇后，又被亲儿子杨勇给气个半死，直接导致她一怒之下要给大隋换个太子。

这又是怎么回事呢？很简单，因为杨勇犯了和他爹隋文帝一模一样的错误。

杨勇是隋文帝和独孤皇后的大儿子，也是隋朝的太子。他容貌俊美，而且很好学，身上有浓郁的文艺气质，擅长词赋创作。从性格上来说，杨勇宽厚没心眼儿，率真不做作，是挺阳光开朗的一个人。

如此大大咧咧的性格，要是在普通人家，说不定会让他很讨父母的喜欢。但杨勇错就错在他不是生在普通人家，他是大隋王朝的太子、未来的皇帝，身上肩负着王朝延续的重任，所以，张扬率真的性格反而成了他最大的问题。

隋文帝是艰苦奋斗出身，早就习惯了勤俭质朴的生活，杨勇却一点儿不像他爹。有一次，他找人给自己打造了一副蜀铠，就是四川出产的铠甲。铠甲巧夺天工，极其华丽，杨勇穿着它到处显摆。隋文帝知道后很不高兴，特意告诫杨勇要发扬艰苦朴素的传统，杨勇却是左耳朵进右耳朵出，根本没把老爹的教训当回事。

时间一长，隋文帝对杨勇就有点儿不满意了，偶尔便会敲打他一下。这时宰相高颎就会出来说好话。高颎不说还好，一说更糟糕，因为他和杨勇有姻亲关系。隋文帝觉得，你高颎是不是故意向着他啊？他从此对太子就更加疏远了。

杨勇被亲爹讨厌已经够惨了，可事儿还没完。原来只是隋文帝的"男子单打"，后来变成隋文帝加独孤皇后的"男女混合双打"了。

因为杨勇个性张扬，喜好奢侈品，什么珍宝古玩他都爱，同时喜好美色。这让本来就对感情不专一很抵触的独孤皇后十分不高兴，尤其是隋文帝离家出走事件以后，独孤皇后更是看着左拥右抱的杨勇各种不爽。

当时杨勇最宠爱的是一个姓云的姬妾。这位云姑娘很争气，一口气给杨勇生了三个儿子，所以在杨勇宫里的地位不比他的正妻元妃差多少。

元妃不受宠，便经常去婆婆独孤皇后那里诉苦，搞得独孤皇后火更大了。偏偏云姑娘给杨勇生完孩子没多久，元妃就突然病死了。杨勇就把自己宫里的管理权直接交给了云姑娘。云姑娘虽然不是正牌太子妃，但权势待遇自然水涨船高。

这让独孤皇后深深怀疑，是不是杨勇联合云姑娘把他那可怜的正妻元妃给弄死了。于是独孤皇后先把杨勇找来臭骂了一顿，然后派人暗中监视他，想要找到杨勇的罪证。应该说，在这时候，独孤皇后已经有了换太子的打算。前面那首宫词里的后两句"不道妒深同芮母，废储亦为宠人多"，说的就是杨勇因为宠爱小妾，遭到了亲娘的打击。

杨勇这边爹不疼娘不爱不说，更惨的是他还有个处心积虑要争宠夺位的二弟，也就是恶名远扬的隋炀帝杨广。

杨广从小也是聪明帅哥一枚，才二十岁就跟随隋文帝统领大军灭了南陈，后来更是长期坐镇扬州，安抚南方，个人能力和业务水平相当突出。关键的一点是，他还特别能装会演，非常懂得讨父母欢心。

隋文帝有一次到杨广的府邸转了一圈，发现杨广家里的乐器上全是灰尘，连琴弦都断了，一看就是好多年没用了。隋文帝很满意，觉得杨广不喜欢歌舞娱乐，是一个非常稳重靠谱的好孩子。

而且同样是年轻人，杨广的表现和大哥杨勇完全不一样。虽然他也有一些侍妾，但人数并不多，而且杨广一直只和正妻萧妃待在一起，别的侍妾连碰都不碰，表现得比老爹隋文帝还深情，这让独孤皇后非常满意。

可以说杨广完全是照着隋文帝和独孤皇后的喜好在"表演"。因为他出色的"演技"，人们都称赞他的仁孝。杨广在不断讨好老爹老娘的同时，私下也没闲着，他暗中联络杨素、杨约等大臣，已经形成了一个阴谋夺嫡的小集团。

600年，隋文帝终于下诏废黜太子杨勇，改立二儿子杨广为接班人。经过这番变故，本来就身心俱疲的独孤皇后更加觉得生活无趣，两年后就病死了。

都说少年夫妻老来伴，陪伴了自己四十多年的妻子突然去世，对六十多岁的隋文帝来说，是一个非常沉重的打击。这时他更念起妻子的好来，回忆起几十年的恩爱生活，那真是肝肠寸断。

于是隋文帝不顾大臣的反对，冒着严寒亲自走了很远为皇后送葬。之后，他又一反常态，为纪念信仰佛教的独孤皇后，花了一大笔钱修建了当时天下最大的佛寺——禅定寺（唐朝时改名为"大庄严寺"），还把中国当时唯一的一颗释迦牟尼佛牙舍利供奉在寺中为皇后祈福。

虽然独孤皇后去世后，隋文帝有宣华夫人陈氏、容华夫人蔡氏等人做伴，但他的身体还是每况愈下。有一次，病中的隋文帝摸着太子杨广的脑袋嘱咐说：皇后的后事已经办完了，估计也快轮到我了。我还是忘不了皇后啊，如果死后真的有灵魂的话，就让我们在地下相见吧[1]！

眼看老爹不久于人世，太子杨广开始为自己接班做起了准备。当时隋文帝在仁寿宫养病，尚书左仆射杨素跟在皇帝身边伺候。杨素是杨广的人，所以杨广就写信给他，请教万一皇帝驾崩了，自己需要做点儿什么才能保证顺利即位。杨素很认真地一条一条给杨广回了信。

神奇的是，这封回信不知道怎么就被送到了病重的隋文帝那里，这可把隋文帝气坏了：你个大逆不道的儿子，老子还没死，你就忍不住了，原来你之前都是装的啊！这时，宣华夫人陈氏也来告状说，刚才太子杨广想非礼自己。隋文帝气得捶床大骂：这个畜生，怎么能把天下托付给他！独孤啊独孤，你真是耽误我啊！说完就想废了杨广，再把原太子杨勇找回来。

但此时宫里上上下下早被杨广和杨素控制住，根本没时间给隋文帝反悔了。没过多久，隋文帝就离奇死亡了。关于他的死法莫衷一是，有说是被毒死的[2]，有说是被砍得血溅屏风的[3]。不管怎样，史学界多数人认为，是杨广下的黑手。

604年七月，杨广正式登基，次年改年号大业，中国历史上极为出名的暴君之———隋炀帝就此闪亮登场。

1. 《隋书·何稠传》。
2. 《大业略记》。
3. 《通历》。

不吉利的国号

  隋文帝杨坚之父杨忠曾被北周朝廷封为"随国公",杨坚后来继承了这个爵位。隋文帝建立新王朝时,按惯例应该用自己老爹的爵位"随"为国号。但隋文帝认为"随"字含有走的意思,实在太不吉利了。所以,他就去掉了"随"(繁体为"隨")中间的"走之",定国号为"隋(suí)"。但"隋(duò)"字的本义,指祭祀后剩下来的残肉和残食。国号为"随",还只是含有走的意思而已,而国号为"隋",则是要被祭天的节奏啊!真不知道哪个才更不吉利。

第三篇

尽道隋亡为此河："大业"为何"歇业"

提到中国历史上的辉煌盛世，很多人第一时间想到的通常是汉、唐，而紧挨在它们之前的秦朝和隋朝却经常被忽略。这俩就好像是一对为他人作嫁衣的小可怜，好不容易统一了乱世，创建了一大堆贼牛的制度，结果都因为选错了一个太子搞得二世而亡，辛辛苦苦攒下的家底都被后来的王朝给捡了漏。秦隋两朝的命运真可以说是熟悉的配方，一样的味道啊。

作为大隋王朝的断送者，隋炀帝在大多数人心中就是个昏庸无能又好色、败家享乐爱嘚瑟的大昏君，最后成功给自己博得了一个"炀"字作为谥号。"炀"这个谥号的意思就是不顾礼制和天意，虐待百姓，好大喜功，行为放纵等，反正没一点儿好就是了[1]。

那么，历史上的隋炀帝真的是个一无是处的皇帝吗？

唐朝诗人皮日休写过一首《汴河怀古》，里面有几句是这么说的："尽道

---

1. 《逸周书·谥法解》。

隋亡为此河，至今千里赖通波。若无水殿龙舟事，共禹论功不较多。"

意思是说，人们都骂隋炀帝挖大运河才亡国，可我们现在还在借隋炀帝的光，如果他没有奢靡地修龙舟出游，那他开通运河的功业完全可以和治水的大禹相提并论啊。

这就是隋炀帝，有人说他是极品暴君，也有人说他算千古一帝。那么，他究竟是一个怎样的皇帝呢？

605年，隋炀帝杨广把自己的年号定为"大业"。

中国古代皇帝的年号除了记录时间，有时也能反映这个皇帝内心的想法和追求，相当于皇帝给自己的未来立了一个小目标。

比如隋文帝开国的年号"开皇"取自道教经典《灵宝经》，表明一个新纪元的到来[1]，对应大隋开国要有新气象的意思。隋文帝晚年又改年号为"仁寿"，一听就是事业成功后追求养生保健的意思，有着浓浓的"保温杯里泡枸杞"的画面感。

而隋炀帝定的年号"大业"，几乎是赤裸裸地向天下子民表达自己的追求了，他就是要超越古今所有帝王，建立前所未有的伟大功业。

俗话说"新官上任三把火"，杨广这位新皇帝上台烧的可不是三把火，那是直接放了三颗"原子弹"。从大业元年开始，他接连启动了三个史诗级的国家工程——营建东都洛阳[2]、开挖大运河、修长城[3]。

就拿营建东都洛阳来说吧，要凭空造出一座比国都大兴城（今陕西西安）

---

1. 《隋书·经籍志》。
2. 《资治通鉴·隋纪四》。
3. 《隋书·炀帝纪》。

还豪华雄伟的新都城，这样高标准严要求的工程，你们猜杨广花了多长时间？

答案是，不到一年就完工了。

而连接海河、黄河、淮河、长江和钱塘江五大水系，沟通中国南北的京杭大运河，也只用了七年时间就完工了。

而隋炀帝在开皇年间五次修筑长城的基础上，又修建了两次，每次都是让二十多万甚至上百万的劳工去修建，时间短，要求高，就算手下的劳工都是蓝翔毕业生，也简直是不可能完成的任务。

可是这三个超级工程连着干，居然全干成了，真是不得不感叹隋朝当时强大的国力和搞基建的天赋了。

所以也难怪后来很多人骂隋炀帝劳民伤财，穷奢极欲。应当说劳民伤财是肯定的，但还真不能说隋炀帝的"穷奢极欲"就只为追求享乐。虽然他搞三大工程时也的确顺带给自己盖了宫殿、修了园子、造了龙舟，就是《汴河怀古》里提到的"水殿龙舟事"。可他做这些事主要还是为了实现他自己立的目标——"大业"。

隋炀帝为什么一上台就要兴建东都洛阳？

很简单。因为隋朝的都城大兴城虽然占据关中这块宝地，但是太靠西边了，朝廷无力控制东边的广大疆土，所以必须有一个交通便利、影响力强、能经营整个天下的新政治中心。

修大运河也是同样的道理，既可以加强朝廷对江南的控制，又可以把南方丰富的物产源源不断地输送到中央，从而保证隋炀帝有更多的本钱来创建更多的"大业"。

至于修筑长城，那是为了保证国内建设时能有一个相对安全的外部环境。

除了整合内部,隋炀帝还有个小目标,那就是要完成"天下归心,万国来朝"的英雄盛举,让隋朝以外的政权都臣服于他。

当时大隋的邻居里最有分量的就是东突厥了。东突厥的启民可汗当年内战失败来投奔隋朝,是隋文帝派人帮他坐稳了大汗之位,他自然得抱紧隋朝的大腿。只是隋文帝在位时一向低调,对磕头朝拜的形式不感冒。而隋炀帝就不同了,他这么爱面子的人,上位之后当然得亲自给启民可汗一个近距离表示臣服的机会。

于是,在607年,隋炀帝亲自率领文武百官和几十万大军,到塞外草原上接受启民可汗的朝拜。堂堂草原霸主、塞外强国的可汗都得卑躬屈膝地来给隋炀帝磕头,其他的草原部族首领更是亲自带着各种宝物来抱隋炀帝的大腿[1],这场面,当年"秦皇汉武"都没有过。

之后的609年,隋炀帝又灭掉了青海的吐谷浑,这也是青海地区第一次纳入华夏的版图。所以隋炀帝就带着百官、后妃和大军组团去了一趟青海,横穿祁连山,到达了河西走廊的张掖。

这次西巡可不是来玩乐的,那是来玩命的,祁连山是那么好爬的吗?隋炀帝一行遭到了暴风雪的袭击,文武百官和士兵冻死了一半还多,连隋炀帝的大姐、曾经的北周皇太后杨丽华也死在了这趟要命的自由行里。

在中国古代的皇帝中,隋炀帝是亲身抵达西北河西走廊的第一人。他在张掖招待西域各国使节,成了隋朝经营西域的"形象代言人"。除此之外,隋炀帝还派兵进攻过越南、琉球等地,可以说谁不服就打谁,妥妥的东亚第一霸主。

---

1. 《隋书·炀帝纪》。

时间来到 612 年，隋炀帝的"大业"终于到达了最高峰。洛阳城繁华壮丽，大运河流波千里，西域各国往来贸易，东突厥甘当小弟。隋朝的人口达到了八百九十多万户[1]。这是个什么概念？对比一下吧，历史上鼎鼎大名的"开元盛世"，统计数字为九百多万户[2]。也就是说，大唐顶峰时期的人口和隋炀帝大业年间的人口不相上下。

隋炀帝除了工作能力强，个人艺术修养也是一级棒。很多人都知道《全唐诗》，其实还有一本记录隋朝诗歌的著作叫《全隋诗》，书中收录了隋炀帝的几十首诗作，其中很多都是充满才情和浪漫色彩的佳作，在中国文学史上留下了浓墨重彩的一笔。

这么看起来，隋炀帝取得了丰功伟绩啊，怎么会在历史上留下千古骂名呢？

问题就在于他搞大战略是一等一的高手，但具体操作起来有个致命的缺陷，就是他的那些宏图伟业都是以牺牲其他人为代价的。

说到底，这和隋炀帝的性格有关。他年少成名，十三岁就被封为晋王，刚二十岁就成了元帅，协助他爹平定江南，统一中国，顺风顺水的生活让他觉得很多事情做起来很容易。而他三十六岁登基为帝，正是年轻力壮、急于表现自己的时候，所以才会那么着急推进他的"大业"，也正是他的优秀和自负，导致他根本不在意别人的死活，一切只以自己为中心。

就以三大工程为例，修建洛阳每个月征发男丁两百万，开凿运河又征发了三百多万人，修筑长城先后再征发了超过百万之众。隋炀帝在上台不到十年的时间里，被各种工程调动起来的男丁不下一千万人次。由于隋炀帝既要质量又

---

1. 《资治通鉴·隋纪五》。
2. 《通典·食货七》。

要速度，根本不考虑老百姓的死活，导致大量劳工死伤，以至于后来男人不够用，连妇女都得上场搬砖去。

除此之外，隋炀帝还很爱溜达，基本上每年都搞一次"说走就走"的旅行——三下扬州，两巡塞北，一游河西，三至涿郡，可能就没在国都大兴城待过几天。而皇帝的出行肯定不是轻车简从，那必须劳师动众。

比如 605 年，隋炀帝带着一支二十几万人的队伍到江都，也就是今天的江苏扬州巡游。当年隋炀帝还没当太子的时候在此地工作过好多年，如今当上皇帝了，必须得"衣锦还乡"一把啊。

皇帝的随行队伍如此庞大，一路上消耗的物资就是天文数字。而且招待皇帝那必须是各种高规格啊，包括皇帝出行乘坐的龙舟、沿途休息落脚的宫殿、每天的伙食和各种物资等，全都由沿途的州县来供应。这谁敢糊弄啊！地方官自然是玩儿命地往"高大上"方向使劲，根本不关心浪费不浪费的问题，只要皇帝高兴就成呗。当然，这些成本最后都由运河沿岸的老百姓负担了。

隋炀帝的"伟业"成就了他个人，也为后世留下了一些遗产，却偏偏没有为当时的老百姓带来一丁点儿幸福，更是对大隋国力的严重透支。当时的隋朝已经变成了一头快被压垮的骆驼，可骑在骆驼上的隋炀帝毫无察觉，挥手拿起最后一根稻草压了上去。

612 年，隋炀帝发布战争动员令，要发兵攻打辽东的高丽。

高丽，也称高句丽，是当时雄踞辽东和朝鲜半岛北部的大国。其实早在隋文帝时期双方就打过一架，只不过谁也没打过谁，但是梁子就这么结下来了。后来高丽不断扩张自己的势力范围，和隋朝的矛盾愈演愈烈，它甚至打算联合东突厥一起对付隋朝。这让隋炀帝哪能忍啊！此时他把南、西、北三个方向都已经打遍了，就剩东边没打过，于是决定倾全国之力好好教训一下高丽。

要东征，必须得水军和陆军配合作战。

隋炀帝命人在山东东莱海口一次性建造战舰三百艘，而且要求在期限内完成。监工的官员为了按时完成皇帝陛下的指令，逼着造船的工匠每天二十四小时工作。工匠们日夜泡在水里，导致皮肤被海水泡烂，腰以下的部位都长满了蛆。战舰造好了，这些工匠也死了快一半。

水军准备好了，陆军也在慢慢集结。隋炀帝命令天下的军队无论南北远近，都要到涿郡（今北京）一带集合，同时调集民夫运送各种战略物资。一时间，华夏大地上到处都是赶路的部队和劳工。因为奔波劳累和伤病死掉的人，躺在路边没人管，剩下的人不得不在漫天的尸臭中继续赶路。

此战隋军一共出动作战士兵一百一十三万，兵分三路进攻辽东。隋炀帝还把老婆、孩子、大臣、外国使节等闲杂人等全带上了。这与其说是出来打仗的，不如说是显摆实力的武装游行。为整支队伍提供各种后勤保障的民夫数量几乎是军队士兵人数的两倍，也就是说，当时直接和间接参战的人员已超过三百万。

这是7世纪的地球上空前强大的一支武装力量，堪比现在漫威电影里凑齐了六颗宝石的灭霸，按理说这次东征稳赢啊。可惜打仗不是做算术题，比一比谁的人多就行了。隋炀帝的东征军不但败了，而且败得很惨，几十万人战死辽东，损失的物资更是数都数不过来。

如此吓人的阵仗怎么还能败了呢？说白了，就是天时、地利、人和一个都不占。

从天时地利来说，辽东也就是现在的东北，这里的冬天从十一月一直冻到来年四月，零下几十摄氏度的气温，别说打仗了，连出门都费劲。而七八月份又进入了雨季，大雨滂沱、洪水泛滥，还是打不了。也就是说，留给隋炀帝的战争窗口期也就四个月的时间，那真是，有些仗，一旦错过就不在啊。

不过以隋军的庞大作战阵容，就算顶着天不时地不利也能平推了吧？可惜隋军连人和都没有。当时隋朝百姓的忍耐力已经到了爆发的临界点，除了隋炀帝之外，没人对当下的日子感到满意。

而且隋炀帝可能压根儿就没想过这仗能打起来，他觉得自己这么牛的阵容，只要一出场，对面的敌人应该二话不说，跪下就唱《征服》才对。他规定各路大军的战斗行止都必须由自己亲自下达命令；又命令诸将，如果对面要投降，一定立刻停止攻击——咱泱泱大国就是这么有气度。

于是战场上就发生了神奇的一幕：占据优势的隋军打得畏首畏尾、全无章法，而对面的敌军则据守城池玩命输出。攻城的隋军马上就要破城了，守城方立刻喊投降，隋军只能停下攻势，等待皇帝的指示。可等隋炀帝做出指示，守城方也缓过了劲来，又不投降了。高丽军就这么来来回回忽悠了隋军好几次，隋炀帝还天真地等着对面投降的好消息呢。

随着战事的拖延，物资消耗越来越大，东北的天气也越来越冷，隋军屡战屡败，最终只能无奈撤兵。当初渡过辽河的隋军有三十多万，最后退回来的不过两千七百人，可见这仗打得有多惨了。

惨败的消息传回来，民间积累的怨气被点燃了，各地零星的起义开始爆发，只是一时还不至于形成燎原之势，如果妥善安抚也没什么大事。但隋炀帝完全不在乎老百姓为什么要造反，只知道粗暴地用武力镇压。不仅如此，隋炀帝还做了一个更神奇的决定——明年接着打辽东，哪里被打脸就必须去哪里再打回来，这完全就是火上浇油啊。

第二年，隋炀帝不顾国内民变四起的局面，再次率军东征。当然，这次他吸取了第一次失败的教训，先招募百姓组成了一支精锐部队，叫骁果军，作为保护皇帝和冲锋在前的主力。战争开始后，隋炀帝也不搞隔空指挥了，直接让前线战士玩儿命地日夜攻城。眼看第二次东征就要大仇得报，结果身后的一场叛乱，却逼得他不得不在占据战场主动权的情况下匆忙撤军。第二次东征又没打赢。

不是说隋炀帝根本不在乎百姓叛乱吗，怎么打一半就回头平叛了？

因为造反的可不是什么平头百姓，而是整个东征大军的后勤长官、大隋的礼部尚书——楚国公杨玄感。

那么，隋炀帝到底做了什么，把杨玄感这位大隋重臣给逼反了？整个大隋的局势又会恶化到什么程度呢？

第四篇

此身安可保：朕的大隋就这么亡了

隋炀帝统治时期，民间流传着一首《挽舟者歌》，其中有几句是这么写的："我兄征辽东，饿死青山下。今我挽龙舟，又阻隋堤道。方今天下饥，路粮无些小。前去三千程，此身安可保！"

意思就是，当年我哥哥跟着皇帝去打高丽，结果饿死在青山之下。今天我给皇帝的龙舟拉纤绳，又困在这堤岸上了。如今全天下都在闹饥荒，之后的几千里路我恐怕也离饿死不远咯。

这就是隋炀帝大业年间普通百姓过的日子，那真是朝不保夕，分分钟都是要去投胎回炉、重新做人的节奏。

我们都知道隋炀帝兴高采烈地东征高丽，结果脸被打得啪啪作响。为什么《挽舟者歌》这首诗里，作者的哥哥不是战死、病死、淹死，却是饿死的呢？

其实别说一个无名小卒了，当时就连隋炀帝都差点儿被饿死，因为第二次征辽东的时候，在后方负责给整个东征大军送盒饭的"大管家"造反了，这就是隋末的"杨玄感之乱"。

杨玄感，正宗的关陇贵族出身，不但长得一表人才，更难得的是他饱读诗书，擅长骑射，称得上文武双全。而且杨玄感特别有责任感和使命感，他觉得隋炀帝一顿操作猛如虎，把好好的大隋给折腾得够呛，这样的皇帝不废掉还留着过年吗？

除此之外，杨玄感和隋炀帝之间还有私人恩怨。

杨玄感的爹是被称为"隋初第一名将"的杨素。杨素本来是隋炀帝杨广的亲信，为杨广登上皇帝宝座立下过汗马功劳，后来被封为楚国公。

当上皇帝之后，隋炀帝却对功高盖主的杨素十分猜忌。有一次杨素生病了，隋炀帝就派最好的医生，拿最好的药给杨素治病，事后却偷偷问那些医生：杨素什么时候死啊？

杨素一看皇帝这么盼着自己死，那还能活吗？就干脆不治病，不吃药，很快就去世了[1]。杨素很懂事，隋炀帝很高兴，给他各种追封，把葬礼办得特别风光。办完丧事，隋炀帝感慨道："使素不死，终当夷族。"意思是，幸亏杨素识趣死得早，不然早晚我得杀他全家[2]。

杨玄感此时已经继承了他爹的爵位，成了楚国公。他眼看着朝纲逐渐紊乱，一直憋着要造隋炀帝的反。为了赚取名声、培植势力，杨玄感主动请求去边塞带兵。隋炀帝对他的工作态度很满意，就在第二次东征的时候，把整个大军的后勤保障工作托付给了他。

可没想到杨玄感才是整局游戏里的"狼人"。他一看隋炀帝率领大军出征在外，后勤粮食都捏在自己手里，国内的守备力量又严重不足，这时候不造反

---

1. 《隋书·杨素传》。
2. 《资治通鉴·隋纪六》。

还等什么呢？

于是，杨玄感一边减少前方的物资供应，故意让隋炀帝和大军饿肚子，一边纠集部队准备起兵，给隋炀帝来一个背刺。

为了提高造反的成功率，杨玄感特意邀请自己的好友李密当军师。李密是出身关陇贵族的名人，祖上也曾是西魏八柱国之一，父亲在隋朝被封为蒲山郡公。他从小就擅长谋划，志向远大，而且特别喜欢读书，尤其是兵法和与战争有关的书。他出门的时候不骑马也不坐车，经常骑一头黄牛，在牛角上挂一套《汉书》，一手捏着缰绳，一手拿着书看，成语"牛角挂书"说的就是他[1]。他好学的样子有一次被杨素看见了，杨素特别欣赏他，特意让儿子杨玄感和他交朋友，希望杨玄感好好向这个"别人家的孩子"学习。

杨玄感和李密倾心相交，他这次起兵自然第一时间就想到了李密。

李密一到，就给杨玄感设计了上中下三条战略路线：上策是率军奔袭涿郡，这是中原和辽东之间的重要关口，卡住了涿郡就相当于把隋炀帝挡在入关的门外，东征大军不战自溃；中策是向西攻占长安，占据关中这块易守难攻的宝地作为基地，然后和带着大军回来的隋炀帝东西对峙；下策是进攻离自己最近的洛阳，这个策略的好处是目标就在眼前，而洛阳是大隋的东都、隋炀帝经营天下的大本营，拿下它是一本万利的事情。但风险同样大，万一洛阳打不下来，隋炀帝又及时赶回来的话，局势可就不好说了。

按照李密的意思，北上涿郡是最好的，再怎么也得西入关中。但杨玄感听完后，反而觉得打洛阳才是上策，就带着人马杀向了洛阳。

1.《新唐书·李密传》。

一开始杨玄感的叛军加起来没多少人，但架不住恨隋炀帝的人实在是太多了，当杨玄感走到洛阳城下的时候，叛军人数已经达到了十几万。洛阳当地的父老乡亲看到杨玄感的叛军比看到朝廷的军队还激动，纷纷杀牛送酒慰劳。

杨玄感对大家说：我家里要钱有钱，要权有权，还有什么可追求的？我之所以拼着身家性命要造反，就是为了解救天下黎民罢了！如此一宣传，来投奔他的人每天都有不少，这下叛军队伍更庞大了。

此时守卫洛阳的是隋炀帝的孙子——越王杨侗，还不到十岁的他哪儿见过这种阵势，只能闭城自守，然后玩儿命地对外求援。

杨玄感作战勇猛，每次都冲锋在前，当时人们把他和西楚霸王项羽相提并论。但洛阳城是隋炀帝当年搞的重点工程，城防坚固，易守难攻。就算杨玄感武力值爆表，他手下人的武力值却参差不齐，人数再多也不顶用，所以洛阳城打了好久也没打下来。

听说后院起火的隋炀帝率领大军疾驰回援，隋军的主力部队源源不断地从四面八方拥来。杨玄感一看自己要变"夹心饼干"，再耽误在洛阳城下就是死路一条，急忙率军西进，准备夺取关中，积攒实力和隋炀帝一分高下。

杨玄感带着部队在前面跑，隋军就在后面追，本来双方距离拉得挺大，可杨玄感走到半路，突然冒出来几个老头对杨玄感说，路边有个弘农宫没什么守备，又有好多粮食，将军为什么不去捞一票？反正也不费什么工夫啊，还能断绝隋军的粮草。

杨玄感一听觉得这是好事儿啊，赶紧带着人去围攻弘农宫，结果到了才发现让人给忽悠了。弘农宫守备森严，打了几天都没打下来。这时追兵已经赶上来了，杨玄感连战连败，和弟弟杨积善寡不敌众。临死前，杨玄感请求弟弟将他杀掉，他不愿死于敌军之手。杨积善便杀死了杨玄感，自己自杀未遂，被追兵擒获，与哥哥的脑袋一起被送到了隋炀帝面前。

隋炀帝真是恨透了在关键时刻拖后腿的杨玄感，他在洛阳把杨玄感分尸，并暴尸三天，然后把尸体切碎，一把火烧了，简直比挫骨扬灰还狠。

这样他还不解恨，当初杨玄感在洛阳为了收买人心，曾开仓放粮接济了不少老百姓，这会儿隋炀帝宣布，凡是曾经帮助过叛军，或者被叛军帮助过的人都得死！这一下又杀了不少人。

但杨玄感对隋炀帝及整个隋朝造成的冲击还远未结束。

之前都是活不下去的老百姓起来造反，隋炀帝还不太当回事。现在连自己最信任的关陇贵族成员、朝廷重臣都起兵反叛，人心散成这样，队伍还怎么带？这不明摆着告诉天下人，连大隋自己的官都来造反了，你们还不造反吗？难道自己做错了吗？难道自己心心念念追求的千秋伟业都是错的吗？

不！朕没有错！朕怎么会错？错的是你们！错的是这个天下，尤其是辽东的高丽！

于是乎，隋炀帝在平定杨玄感之乱的第二年，也就是614年，又一次召集军队第三次出征辽东。

此时隋朝境内的农民起义军已经是多如牛毛了，隋炀帝仍不管不顾，就是要和高丽死磕到底，一条道走到黑，不把辽东打服了誓不罢休，便一意孤行，带着大军出征了。

之前折腾过两回，隋军哪里还打得动啊，按理说第三次东征铁定是废的。可没想到还没等正式开战，高丽居然表示认栽了！这是怎么回事？怎么之前拼死抵抗的高丽，这次面对状态跌落谷底的隋军反而不打了呢？

其实也很好理解，三场战争下来，连家底丰厚、财大气粗的大隋都挺不住了，更何况国力很弱的高丽呢。他们本以为抵抗上两轮，隋国也该知难而退了，没想到遇上了隋炀帝这么个一激动就上头、不达目的誓不罢休的主儿，国内都快炸锅了还有闲心来东征呢！这可能就是横的怕不要命的吧，所以高丽最终选择服软了。

面对突如其来的请降，隋炀帝一开始也有点儿蒙。不过赢了就行，隋炀帝也就顺坡下驴，向天下宣布东征获得了空前的胜利，大隋依然天下无敌！

但事实真的是这样吗？

胜利之后的隋炀帝带着大军浩浩荡荡地回返，走到河北的时候，一股叛军袭击了隋炀帝的后勤团队，公然抢走了皇帝的几十匹御马，然后扬长而去[1]。这可是皇帝陛下的队伍啊，说抢就抢，可见国内的局势乱到了什么程度。

而隋炀帝解决问题的办法是什么呢？是让高丽国王来朝拜。你不是认怂了吗，那还不亲自来给大哥我磕一个？顺便让天下看看朕的英明神武！

没错，对于隋炀帝来说，国内丢面子了，就要从国外讨回来，他就是这么个"神逻辑"！

但没想到高丽压根儿就不理隋炀帝这一套——反正你现在都撤军了，我就是不来，你还能把我怎么样？这又给了隋炀帝一记响亮的耳光，于是他恼羞成怒，打算第四次组团打高丽，但当时哪里还有人力财力再搞一次远征啊，这事儿最后也就拉倒了。

辽东太远去不了，北边的草原还是能走上一遭的。615年，隋炀帝带着一

---

1. 《资治通鉴·隋纪六》。

票人北上草原，准备重新体验一把当年让突厥可汗跪地臣服的快感。

但此时大隋不是当年的大隋，突厥也不是当年的突厥了。

此时东突厥在位的是启民可汗之子始毕可汗。始毕可汗和他老子紧抱隋朝大腿的风格可不一样，突厥在他的带领下蒸蒸日上，和隋朝的矛盾也越来越大。

当始毕可汗听说隋炀帝要北巡的时候，就先下手为强，亲自率领几十万骑兵杀过来，准备直接把隋炀帝给灭了。

好在突厥内部还是有隋炀帝自己的人，那就是派到突厥和亲的义成公主。义成公主得知老公始毕可汗要动手的消息后，马上派人快马加鞭通知了隋炀帝。隋炀帝得到消息后大吃一惊，立即掉头返回了最近的北方重镇雁门郡，结果刚进城就被始毕可汗的大军给包围了。

雁门郡守军一共也没多少，隋炀帝带的士兵也不算多，更糟糕的是，粮草只能维持二十来天。战斗最激烈的时候，突厥人的箭都射到了隋炀帝面前。隋炀帝只能一边派人突围出去调兵救援，一边让义成公主放出假消息，说突厥后方有敌人来偷袭。围城一月有余的始毕可汗撤军退走，隋炀帝这才逃过一劫。

隋炀帝的这次"雁门之围"和当年汉高祖刘邦的"白登之围"有很多相似的地方，都是皇帝孤军深入，然后被敌人重重围困，最后靠敌方首领的媳妇使劲才逃出生天。但汉朝在"白登之围"后韬光养晦，埋头发展，最终在半个世纪后找到了机会一雪前耻，而隋炀帝还有报仇雪恨的机会吗？

坦白说，他完全没什么机会了。

此时隋朝境内的局势已经不是隋炀帝能控制的了。当时河南的瓦岗军、河北的窦建德军及江淮地区的杜伏威军是最强大的三支农民军，他们已经占据了大片土地，和独立王国没什么区别了。

更要命的是，除了那些被逼得活不下去的农民在造反，隋炀帝手下的地方官员也是蠢蠢欲动，整个大隋已经是风雨飘摇，呈现出末世的景象了。

这让隋炀帝内心充满了绝望与挫败感，而骄傲自负的人在面临失败时，往往很难东山再起，通常会逃避现实，甚至直接放弃努力，隋炀帝也不例外。

616年，隋炀帝把大隋帝国的重镇长安和洛阳交给自己两个孙子来镇守，他乘着豪华的龙舟，由无数纤夫拉着纤绳奔向了他最喜欢的江南，这一去就再也没能回来。

这是隋炀帝第三次下江都，也是《挽舟者歌》里说的："今我挽龙舟，又阻隋堤道。方今天下饥，路粮无些小。"

隋炀帝这时已经彻底颓了，每天荒淫无度，沉迷于酒色，到处游玩，不到深夜不回家，生怕再不玩以后就玩不到了。他每天用酒精来麻痹自己，甚至在喝醉后照镜子说：哎呀，这脖子长得这么好看，不知道会由谁来砍呢？

哪个心态正常的皇帝能说出如此不吉利的话啊！但此时的隋炀帝已经明白，他想追求的"大业"已经没戏了，甚至连自己的小命都未必能保住。他还对自己的媳妇萧皇后说：就算再怎么糟糕，我也能当个长城县公，你也能当个沈皇后，能吃吃喝喝就行呗。

长城县公和沈皇后不是别人，就是当年被隋炀帝亲自统兵灭国的陈后主和他媳妇。隋炀帝一直以来最瞧不起陈后主，在陈后主死后还给他定了一个谥号，就是"炀"。但谁能想到，陈后主这个"炀"没几个人知道，反而是隋炀帝的"炀"最后家喻户晓。

说实话，隋炀帝的结局其实还不如陈后主呢。

618年，隋炀帝打算正式在南方安家，不回北方了，但他手下的大臣和士兵以北方人居多，这帮人是想回家的。于是，他们合谋串通起来，推举右屯卫将军宇文化及为首领起兵叛乱，隋炀帝也被叛军抓住了。

隋炀帝其实一早就准备了自杀用的毒酒，但是兵荒马乱的，管毒酒的宫女早跑得没影儿了，叛军也没那个时间等他重新调一杯，就把他勒死了，杨广享年不过五十岁。他死后，萧皇后只能找人拆床板做了一副小棺材，随便找了个地方偷偷埋了。一心想做"千古一帝"的隋炀帝，最后竟落得如此凄惨的下场，又怪得了谁呢？

其实答案就在那首《挽舟者歌》里，这是一首在当时传唱天下却没有作者的民谣，因为它的作者，恐怕已经被隋炀帝追求的"大业"折腾死了。一个不顾百姓死活的皇帝，一个只顾着逼手下人冲业绩的老板，又怎能获得真正的成功呢？

第五篇

一朝时运会：抗隋合伙人

613年,大隋淮阳郡太守赵佗接到"热心群众"举报,说郡里有一个叫刘智远的教书先生行为很可疑。有人发现这位刘老师没事喝多了就写诗,写完还边念边哭。

要说一个文艺青年偶尔情绪上头,写点儿悲春感秋的小文字,然后潸然泪下,也是挺符合对应"人设"的。关键是这位刘老师写的五言诗《淮阳感秋》可不全是风景啊,里面有这么几句:"秦俗犹未平,汉道将何冀。樊哙市井徒,萧何刀笔吏。一朝时运会,千古传名谥。寄言世上雄,虚生真可愧。"

意思是,当年汉朝的开国功臣樊哙不过是个卖肉的,萧何顶多算个小官吏,可他们一旦抓住机会就千古留名,所以这世上的英雄们啊,还不努力傻愣着干什么呢?

对赵太守来说,这是一道容易得不能再容易的"阅读理解题"。当时大隋叛乱四起,这首诗明摆着在鼓励大家造反啊!

于是,赵太守马上派人去捉拿这位刘老师。不过很遗憾,刘老师闻讯早就

跑了。他没法儿不跑,因为这位刘老师根本不姓刘,其实是跟着杨玄感造反的大隋刑部"A级通缉犯"李密。

当初杨玄感造反失败,李密也跟着倒了霉,不过好在他逃了出来,到淮阳郡化名刘智远躲了起来,没事就教小朋友读书写字[1]。

但李密毕竟是世间少有的英雄,英雄气这种东西是藏不住的,这不,刚写了一首诗就被人举报了。作为大隋的头号通缉犯,李密只能选择再次逃亡,之后在造反这条不归路上一直走到了黑。

当然,光靠自己一个人是没法儿推翻隋朝的,他需要找一个合适的合伙人一起努力。好在当时扯旗造反的人多如牛毛,李密的选择空间很大。而这一次,他终于找到了一个能发挥自己才能的团队,那就是在后世大名鼎鼎的瓦岗军。

看过隋唐相关影视剧的小伙伴对"瓦岗英雄"肯定是不陌生的。

616年,东郡(今河南滑县)人翟让带着一票人造了隋炀帝的反。因为他们占的山头叫瓦岗寨,所以就被称为瓦岗军,当时有一万多人,在当地算比较强的起义军了。不过,以翟让为首的瓦岗军,上上下下也没长远的战略和目标。占山为王落草为寇,大口喝酒大块吃肉,这日子过得不挺好的吗?

不过瓦岗军没追求,李密有追求啊!就像他在《淮阳感秋》里写的那样,汉朝开国元勋樊哙和萧何一开局的时候,不也是普通人吗?一个人的起点低不怕,路子野也没关系,只要有人负责带他们飞就行了。而李密就是能带合伙人飞的"老司机"。

投奔瓦岗军的他,直接给首领翟让指了一条明路——当今大隋皇帝昏庸,

---

1. 《旧唐书·李密传》。

百姓怨恨，隋朝的主力部队都在辽东拼光了，还和突厥人翻了脸，就连皇帝都躲到南边去了，这简直是天赐良机。您就应该像刘邦、项羽那样，拿下长安和洛阳，然后夺取整个天下！

翟让听完他的话，神情有点儿恍惚：我本来就是个逃犯，怎么让他一说，还有当皇帝的命呢？

作为瓦岗军的一把手，翟让的业务水平一般，但此人有个很大的优点，就是宅心仁厚。在李密看来，这是一个合格合伙人可贵的品质——带不了头不要紧，别扯后腿就行。

翟让对李密的战略眼光也佩服至极，于是派他去游说周边其他起义军，结果李密一出马，周围其他山头的小股队伍纷纷前来投靠，瓦岗军的实力迅速壮大起来。

这时李密又出了第二个主意，他说：我们成天猫在山里，粮草是个问题，应该直接夺取大城市建立根据地，一边招兵买马一边囤积粮草，这样才能和别人争夺天下！翟让表示同意，于是瓦岗军出兵荥阳，连着打了好几场胜仗。

瓦岗军逐渐壮大，自然也引起了隋朝政府军的重视，荥阳太守派隋朝名将张须陀前来讨伐。

一听说张须陀来了，翟让马上准备打包闪人。张须陀是隋末名将，也是隋炀帝镇压各地起义军的得力干将。翟让之前被张须陀收拾了不止一次，如今又要碰到张须陀，那真像是老鼠见了猫，第一反应自然是赶紧跑路。

李密拦住了正在收拾行李的翟让，说：张须陀有勇无谋，您交给我，我保证一战就把他灭了。看着信心满满的李密，翟让再一次选择了相信他。翟让带兵迎战张须陀，李密在后方的树林里设了伏兵。按照计划，翟让要在前面佯装打败，然后把张须陀的部队引到埋伏圈里。

这个计划执行得非常顺利，甚至有点儿顺利过头了。因为翟让根本不需要假装，他是真的顶不住，一照面就被张须陀打得屁滚尿流。如此率真不做作的表现，让名将张须陀也放松了警惕，于是当张须陀的部队因为忙于追击而阵形散乱时，李密安排的伏兵突然跳了出来，和翟让前后夹击，大败隋军，张须陀本人也在战斗中被杀。张须陀一死，隋朝在中原最后的机动部队就此完蛋，压在瓦岗军心头的一块大石头终于被踢开了，李密也凭借这份战功声名鹊起。

面对李密的崛起，翟让再次展现了一个优秀合伙人的素质。他没有嫉妒或者忌惮李密，反而让李密单独成军，由其独立率领一支队伍。这意味着什么呢？就好比瓦岗军原来是翟让一个人搞起来的家庭小作坊，家族经营，股权自有，但规模小，效益低。后来小作坊招了个"临时工"叫李密，结果人家把瓦岗军一下子带成了"上市公司"。于是，原老板翟让把自己手上的股权分了一部分给李密，让李密也成为上市公司的大股东。也就是说，从这一刻开始，李密和翟让从原来的下属与领导的关系，变成了正式的合伙人关系。

荣升为"高级合伙人"的李密又出了第三个主意。瓦岗军这家公司已经上市，上市之后当然要融资，要扩大规模。而天下大乱，老百姓最看重的就是粮食，俗话说"手里有粮，心里不慌"，只要有了足够的粮食，那还不是想要多少兵就招多少兵啊！所以，李密建议翟让进攻洛阳东边的兴洛仓，用里面的粮食招兵买马。

兴洛仓，也叫洛口仓，是当年隋炀帝营建洛阳城时修筑的大型粮仓之一，也是隋朝六大粮仓里最大的一个。兴洛仓有多大呢？史书记载它有三千个粮窖，每个粮窖能存八千石粮食，加起来就是两千四百万石存粮[1]。隋朝一石大约是一百来斤，也就是说，一个兴洛仓里就存放了一百多万吨粮食。后来这个粮仓里的粮食一直吃到唐太宗贞观十一年（637年）还没吃完[2]，此时距离隋朝灭亡已经快二十年了。由此可见，兴洛仓必须拿下。

617年春，瓦岗军成功占领兴洛仓，然后直接开仓放粮，洛阳周边的老百姓不管男女老幼人人有份，想拿多少就拿多少。四周的百姓蜂拥而至，一下子来了几十万人[3]。而领到粮食的百姓又听说了另一个爆炸性的消息，那就是瓦岗军换头头儿了，原来的大当家翟让让位给了自己的合伙人李密。

要说翟让的名字起得是真应景，这一路走来真是处处"让"。在李密提出进攻兴洛仓时，翟让就表示自己是个粗人，没那么大的号召力，让李密带头先走，自己跟在后边当"替补"，这其实是让出了瓦岗军的实际领导权。

等到李密攻克兴洛仓后，翟让又主动提出推举李密做大当家。翟让如此谦让，李密也就当仁不让了。他祭天登位，称魏公，定年号为永平，正式接手了瓦岗军。李密虽然没有直接称帝，但也算是正式建立了自己的政权。而翟让也被加封为司徒、东郡公，安心地当起了二把手。

此时的李密觉得自己已经有了《淮阳感秋》诗里"一朝时运会"的机遇，很快就能"千古传名谥"了。

正当李密大军准备一鼓作气围攻大隋东都洛阳的时候，有一个叫柴孝和的手下给李密提了个建议说：关中地区有高山黄河为屏障，项羽离开关中最后失

---

1. 《资治通鉴·隋纪四》。
2. 《贞观政要》。
3. 《隋书·李密传》。

败了，刘邦定都关中才建立了汉朝。我们应该先西征拿下关中作为大后方，然后回过头来席卷中原，一旦错失了这个机会，后悔都来不及啊。"

听完柴孝和的话，李密心中顿时涌起一股知己之感。因为这个方案就是当初自己在杨玄感团队工作时向杨玄感提出的计策，只可惜杨玄感偏偏选了强攻洛阳这条不归路。

按理说李密应该眼含热泪给"柴知己"一个大大的拥抱，然后下令全军进攻关中才对。如果真是那样，也许中国的历史就会发生翻天覆地的改变。

然而李密并没有同意这个方案。因为当了一把手之后，李密才真正体会到了老朋友杨玄感当年的不得已。李密现在不是不想打关中，是真的做不到啊！

因为李密的崛起得益于他和瓦岗军的合伙人制度，而他最大的短板也是因为这个合伙人制度。

当时瓦岗军集团的"股权分配"是这样的：李密是最大的"股东"和"董事长"，翟让以下的老瓦岗军官兵是底下的"小股东"。看上去应该是李密说了算，但问题是当年李密是靠计谋和威望才混到了董事长的位置，说白了属于技术入股的"空降领导"，和翟让这种带着业务团队入股的实权派不一样。就算李密知道西入关中是最好的选择，但以翟让为首的"原始股东"都是山东人，对背井离乡去打关中毫无兴趣，反而对近在眼前的洛阳城充满了渴望，所以李密根本调动不了瓦岗军西征。

那为什么不兵分两路，一路围攻洛阳，一路进攻关中呢？

也不行。因为李密这个合伙人对瓦岗军的控制力仍有不足，不管是亲征关中还是派人进攻关中，他都担心留在后方的翟让旧部趁机自立山头，所以他只能选择把队伍牢牢控制在自己眼前，继续在洛阳城下死磕。

而事实证明，李密对合伙人制度的担心并不是多余的。

翟让为人老实，没什么志向和抱负，不然也不会把头把交椅拱手相让。但他没想法，不代表他身边的人没想法。随着瓦岗军的声势越来越大，翟让的心腹王儒信就一直鼓动他当大冢宰，这是个西魏、北周时期的官名，相当于丞相。王儒信的意思就是让翟让独揽大权，反过来架空李密。

翟让的亲哥翟宽也说：皇帝应该让我们老翟家当，哪能让给别人？你要不想当，那就我当！对于身边人的鼓动，翟让倒是没什么反应，李密知道后却如临大敌。也就是在这个时候，李密对翟让起了杀心，他和翟让的合伙人关系算是走到头了。

此时战局也发生了变化。洛阳城里的越王杨侗是隋炀帝很喜欢的孙子，所以隋炀帝就派了大将王世充来驰援洛阳。王世充一到就把翟让暴揍了一顿，于是李密借口支援翟让就带兵杀了过来。当晚李密邀请翟让来喝两盅，翟让没多想就来了，结果被李密安排的杀手当场砍杀，连带翟让的哥哥翟宽和手下王儒信等人也一并杀掉了。

之后，李密吞并了翟让的队伍，彻底实现了自己对瓦岗军的绝对领导，但这样恩将仇报除掉老领导的做法，也为李密日后的失败埋下了祸根。不过，现在的李密可想不了这么多，他就想一门心思地拿下洛阳。

李密数次击败王世充带领的隋军，围着洛阳一座孤城全力猛攻。明眼人都看得出来，这位魏公李密应该就是隋末天下大乱中最后的胜利者了，他和瓦岗军的声威此时也达到了顶点，洛阳周围的州县望风而降，连当年要捉拿李密的淮阳郡太守赵佗也投降了。而其他有实力的起义军，比如关中的李渊、河北的窦建德等人，也都把李密当成整个起义军的总领头，甚至很多人都劝李密干脆称帝得了。然而，正当李密意气风发的时候，意外来了。

618年，躲在江南的隋炀帝被吵着要"常回家看看"的宇文化及杀了，宇文化及带着十万骁果军浩浩荡荡地北上返回关中。

这一下洛阳城里的越王杨侗和洛阳城外的李密都尴尬了。宇文化及要北上，必须踢掉挡在路中间的李密；而宇文化及又是杀死隋炀帝的凶手，越王杨侗作为孙子必须为爷爷报仇。于是，一个神奇的局面出现了：前一秒还在打得你死我活的杨侗和李密不打了。杨侗说，只要你李密干掉宇文化及，我就让你进洛阳城辅政，把权力都交给你。而李密也害怕自己腹背受敌，便接受了杨侗的提议。起义军摇身一变成了政府军，替隋炀帝报仇、打宇文化及去了。真是完美诠释了"没有永恒的敌人，只有永恒的利益"这句话的意思。

宇文化及虽然是杀掉隋炀帝的首犯，听起来非常拉风，但他的业务水平很一般，只是因为官位大才被叛军强逼着坐上了首领之位。

这年七月，李密和宇文化及的军队在黎阳相遇。李密上来就给宇文化及一顿喷：你不过就是个匈奴野种，朝廷给你找工作、发媳妇，哪里对不起你啦？你不但不劝谏陛下，反而弑君造反，你说你是个什么玩意儿！

李密喷完等着宇文化及还嘴，好进入第二轮呢，哪知道宇文化及低头想了好半天，才憋出一句话：我是来和你打架的，说那么多文绉绉的玩意儿干啥？当场就把李密给逗乐了，他对随行人员说：这货原来就是这个水平啊，拿下此人简直不要太轻松。事实也的确是这样，宇文化及"将熊熊一窝"，成功拉低了骁果军的战斗力，很快被李密轰得渣都不剩了。

但刚打败宇文化及，李密在洛阳城里的"合伙人"杨侗就出事了。之前隋炀帝派来救援洛阳的大将王世充发动兵变控制了洛阳，把杨侗给架空了。对杨伙的"合伙人"李密，王世充自然不会接纳。对此李密倒没觉得遗憾：反正我有的是兵，咱就再打呗。

此时的李密依然相信，自己就是那个终结隋末乱世的大英雄。

但谁也没想到，这一次，李密败了，而且败得很惨——倒不是敌人有多强大，主要是瓦岗军内部出现了问题。

首先是李密自己，因为骄傲自满，他对手下没有以前那么体恤了，甚至打了胜仗都不把战利品分给将士。而他当年恩将仇报的事，也早令将士们心怀不满。人心散了，仗还怎么打？于是，许多人不是被俘，就是主动投降了王世充，这下子李密真傻了眼。

当时洛阳边上的黎阳还在瓦岗军的控制下，守城的是瓦岗大将徐世勣。但走投无路的李密没有投奔他，说起来这也是李密杀掉翟让带来的恶果。因为在那场刺杀中，作为翟让亲信的徐世勣在混乱中差点儿被砍死，李密可不确定他会不会记恨自己。最终，李密在身边人的劝说下投奔了关中的李渊，指望李渊看在自己阻在关外、为后来的唐王朝遮风挡雨的情分上拉兄弟一把。

曾经的起义军总领头、威震天下的魏公李密终于进入了关中，不过却是以屈辱的臣服为代价的。这一次他连当"合伙人"的资格都没有了，真是虎落平阳，龙困浅滩。

619年，心怀不满的李密想潜回山东重整旗鼓，结果半路上被李渊的手下杀掉了[1]。一代英雄就这样结束了自己的一生，不知道他在临死前，是否觉得自己如《淮阳感秋》中所说的"虚生真可愧"呢？

1.《旧唐书·李密传》。

第六篇
争信英雄解天亲：
豪门恩怨老李家

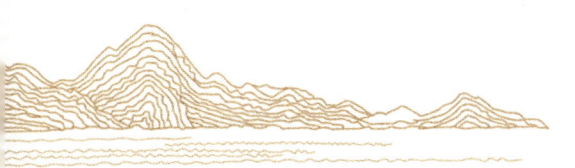

说到唐朝，很多人会自然想到"千古一帝"唐太宗。而说起唐太宗，又总是绕不开一场杀兄逼父的武装政变——"玄武门之变"。

宋朝诗人范成大写过一组七言绝句叫《读唐太宗纪》，对玄武门之变有过几句感慨："嫡长承祧有大伦，老公爱子本平均。只知世上寻常理，争信英雄解灭亲。"意思是，嫡长子继承父位是固定的伦理，父亲爱儿子也是一碗水端平，我只知道这是世界上最寻常的道理，没听说过英雄就非得杀掉亲人哪。

那么，这样一场惊天变乱到底为什么会发生？又是谁一手造成了这场人伦悲剧呢？

案情有三位涉事人员：大唐开国皇帝李渊、太子李建成和秦王李世民。

其实，大唐从起兵建国到玄武门之变的整个过程，总共分三段。

第一阶段，晋阳起兵。

616年底，隋炀帝任命自己的表哥——唐国公李渊为太原留守，负责镇压当地的起义军，顺便也防备边境上的突厥人。此时，大隋眼见要完，但位高权重的李渊每天只知道玩乐、敛财,一点儿雄起的意思都没有。

这可把李渊的二儿子李世民给急坏了。不到二十岁的李世民便开始暗中窝藏朝廷罪犯,到处网罗人才,还经常和自己的铁哥们儿——当时的晋阳令刘文静凑在一起密谋起兵反隋的事。

但造反这事儿总得老爹李渊点头啊。可看李渊每天喝酒享乐,好像一点儿都没起兵的意思,怎么办?作为儿子的李世民解决问题的思路那是相当清奇,他本着有条件要上、没有条件创造条件也要上的原则,花重金收买了晋阳宫监裴寂。宫监就是负责管理宫殿的人。而裴寂又恰好是李渊的好朋友,李世民就让裴寂给自己的亲爹整了一出"仙人跳"——请李渊到晋阳宫喝酒,把李渊灌醉了之后,往他床上塞了几个女子。

这可能是史上最赤裸裸的一次"坑爹"行为了,毕竟不是每个熊孩子都能把亲爹坑得这么"明明白白"的。

第二天,李世民第一时间冲过来向李渊汇报了整个造反计划。李渊被吓得够呛,说什么也不同意,还要大义灭亲把李世民抓起来。这时,裴寂站出来说:昨晚那几个女子可不是一般人,都是皇帝留在晋阳宫的宫女和妃嫔,您都把天子的女人给睡了,不造反还有别的活路吗?

被逼无奈的李渊只能同意儿子的造反计划,正式在晋阳宣布起兵。不过和别的造反者不一样,李渊打出的旗号是"废昏立明,拥立代王,匡复隋室"。因为当时镇守长安的是隋炀帝的孙子代王杨侑。李渊的意思是,我不是要造反,我是要废昏君立明君,我要拥立代王,我要匡扶大隋天下!

不得不说这个口号还是很有迷惑性的。李渊一路西进非常顺利,他进入关中之后也确实拥立了代王杨侑为皇帝,这就是隋恭帝,但权力实际上掌握在李渊手里。

可以说在第一阶段，如果没有李世民的苦心谋划，光凭李渊那又熊又软的个性，起兵反隋根本成不了。

第二阶段，统一天下。

618年，远在江南的隋炀帝被宇文化及杀掉，李渊也就不必留着隋朝这块招牌了。他一脚踢开隋恭帝，正式称帝，立国号为唐，封长子李建成为太子、二儿子李世民为秦王、四儿子李元吉为齐王。演义小说里战斗力逆天的"李元霸"，其原型就是李渊的三儿子李玄霸。这位小哥在历史上不但不是大力士，反而是个短命鬼，于614年就去世了。

唐朝虽然正式挂牌成立了，但领地仅包括关中和河东，就是今天陕西和山西一带，离统一全国还差得远呢。

当时的天下，可不是只有李唐公司这一家有笑到最后的实力，至少还有其他三位"种子选手"有"夺冠"的潜力：

一号"种子"夏王窦建德，坐拥河北精兵又爱兵如子；

二号"种子"郑王王世充，占据中原腹地又精明狡猾；

三号"种子"梁帝萧铣，这可是南朝萧梁政权的正牌后代，割据江南又名正言顺。

除了上面这三家巨头之外，还有刘武周、宋金刚、刘黑闼、杜伏威等，都是拥兵一方的实力派，谁都不好对付。

关键时刻又是李世民同学带着唐军主力南征北战、东征西讨，把群雄一个个斩落马下，最终奠定了大唐一统天下的局面。

可以说在第二阶段，是李世民奉献了全场最高的输出。

所以621年，为了表彰李世民同学的功劳，皇帝李渊特封他为天策上将，特许他的天策府可以自己招募官员。李世民就开设了一个文学馆，招揽八方人才充当顾问，俨然一个小朝廷。

第三阶段，不得不反。

当天下终于安定，大唐也走上正轨之后，劳苦功高的李世民却遭到了严重的不公正待遇和残酷迫害。这种伤害首先来自老爹李渊的过河拆桥。

当年打天下的时候，李渊曾答应过李世民：你好好表现，将来我就把江山传给你。现在他却翻脸不认账了。

而李世民的哥哥和弟弟——太子李建成和齐王李元吉更是蛇鼠一窝，对他是各种羡慕嫉妒恨，不断排挤下黑手，甚至都到了下毒谋害的境地。李世民是各种委曲求全，换来的却是各种伤害。

眼看着太子和秦王的斗争越来越激烈，朝中大臣纷纷开始选边站队，只有少数像李靖、徐世勣这种军中的实力派选择了谁也不帮，而此时的皇帝李渊还在犹豫不决。

矛盾终于在626年彻底爆发。

当时，北方的突厥进犯唐朝边境。一般这种打仗的事都是李世民出马搞定的，但太子李建成向皇帝李渊建议，派四弟李元吉出征。这是要趁机夺取李世民的军权啊，而李渊居然同意了。同时李世民还收到消息，李建成正准备派杀手刺杀自己。

于是，忍无可忍的李世民终于决定先下手为强，带人埋伏在帝都长安城宫城的玄武门。太子李建成一露面，李世民就一箭把他给射死了，齐王李元吉也被李世民手下的大将尉迟恭射杀。这件事史称玄武门之变。

事后,李世民派尉迟恭去跟李渊汇报,说太子和齐王谋反,已经被秦王就地正法。李渊一听居然没有特别生气,也没觉得特别心疼,只说:反正这两人以往也没出过什么力气,我就把天下托付给老二吧。

三天后,李世民被立为太子,李渊从此不再管事,朝廷大事都由李世民说了算。两个月后,李渊更是直接退位当了太上皇。李世民登基为帝,第二年改元"贞观",这才有了后面的唐太宗和他开创的"贞观之治"。

三个阶段概括起来,晋阳起兵李世民是主导,统一天下李世民是主力,但最后这出玄武门之变中,李世民不是主动,完全是被逼的。

这么一看,李世民真是委屈大了,简直就是忍无可忍无须再忍,玄武门之变也是合情合理,情有可原啊。

但由于李世民开创了皇帝活着的时候看自己《起居注》的先例,又对老爹李渊的《高祖实录》等史料的编写过于"热心"[1],我们怎么能保证现在看到的历史就一定是真相,而不是他动过手脚的呢?就像范成大《读唐太宗纪》里写的"只知世上寻常理,争信英雄解灭亲",这段历史还有没有别的解释呢?

人们经常说"历史是由胜利者书写的"。作为玄武门之变的最终胜利者,唐太宗李世民可能忠实地践行了这句名言。

如果我们看《新唐书》《旧唐书》《唐会要》里的有关记载,就会发现,所有的事情都是李世民的功劳:提前窝藏朝廷逃犯的是他,到处招揽造反人才的是他,大把花钱收买各路官员的也是他。在老爹李渊混吃等死、兄弟李建成和李元吉各种坐享其成的时候,是他,是他,还是他,撑起了整个天下。

---

1. 《唐会要》。

好吧，这就是李世民同学改史书改得高明的地方。他说了一些真话，只是没有说出全部真话罢了。

他故意没说的真话就是，这些无比光荣伟大的行为其实都是一个人让他去做的。而这个人就是被亲儿子黑成废物的唐高祖李渊。

要说委屈，李老爹可能比儿子还觉得委屈。大多数人印象中的李渊是一个胸无大志、沉溺酒色、优柔寡断又胆小如鼠的窝囊废。讲到大唐盛世的时候，人们第一个想到的就是李世民，而李渊仿佛只是一块背景板。

那历史上的李渊真是这样的吗？

李渊是西魏八柱国之一的唐国公李虎之后，史书记载他年轻时为人洒脱，性格开朗，待人宽容，上上下下都非常喜欢他。而李渊的媳妇，即李建成和李世民的亲娘窦氏，也不是一般人。窦氏的父亲是北周大将军窦毅，舅舅是北周武帝宇文邕。

当年李渊娶到窦氏的过程也富有戏剧性，他是通过"比武招亲"实现的。据说窦氏的老爹窦毅曾在一架屏风上画了两只孔雀，说谁能在远处两箭各射中一只孔雀的眼睛，谁就能娶窦姑娘。前边射的人有几十个，都没做到，而李渊嗖嗖两箭就射中了，最终抱得美人归。这就是成语"雀屏中选"的来历[1]。

那么远的距离射中屏风上孔雀的眼睛，可见李渊的箭术有多了得。后来李渊去河东镇压起义军，带着十几个骑兵对战几千叛军，他连射七十多箭，箭箭命中，靠一手恐怖的远程"狙击"，活生生把几千叛军给打崩溃了[2]。如此英武勇猛的人，怎么可能是一个胆小的窝囊废呢？

---

1. 《旧唐书·高祖窦皇后传》。
2. 《新唐书·高祖本纪》。

但后来李渊的确是越来越窝囊。不是他越活越退步了，而是因为他那个多疑的表弟隋炀帝对他越来越猜忌了。李渊为了自保，只好开启"隐忍"模式——玩儿命贪污、滥权、酗酒，说白了就是往自己身上泼脏水，好让隋炀帝放心。

隋炀帝果然放心了，所以才在616年派李渊去镇守晋阳。而李渊为了让隋炀帝继续放心，也只能继续表现出一副花天酒地的样子。

于是，我们看到反隋前期的主力活儿都被李世民干了——李世民招降纳叛，李世民大把撒钱，李世民谋划起兵。但仔细想想，李世民这些行为的背后能没有李渊的影子吗？

首先，李世民的钱从哪儿来的？就算是唐国公家的二公子，那一个月的零花钱也不至于那么多吧？

其次，李世民窝藏了很多犯人，为什么被隋炀帝通缉的犯人都往晋阳跑呢？从另一个角度来说，这群得罪了大隋皇帝的人，真正能指望的难道就是李世民这个富家公子吗？要是没有李渊的默许和纵容，李世民一个十来岁的小青年，能有多少威望和能力把一干朝廷钦犯安顿在晋阳？

还有一个问题，李世民一直告诉大家：我爹不想造反，起兵都是我逼的。但李渊真的就没想过造反吗？

有件事儿可以说明李渊的心思。

616年，李渊带兵反击突厥时，曾被手下的一个小官举报，说他想谋反。这个小官就是后来大名鼎鼎的"大唐第一军神"李靖。李靖当时实名举报李渊，还想亲自到江南去找隋炀帝告状，结果道路不通没去成。李渊本想把李靖杀了，但觉得这人特别有才，于是收为己用，后来派到了李世民手下。

李渊为什么觉得李靖有才？那是因为李靖说得对啊！自己就是想造反啊！

还有一件事。619年，杀害隋炀帝的宇文化及完蛋了，他的弟弟宇文士及来投降唐朝。李渊因与宇文士及有旧交，倒也没为难他，还指着他对起兵功臣裴寂说：我早就和这小子讨论过天下大事，那已经是六七年前的事了，你们啊，都得排在他后面[1]！

天下大事是什么事？就是起兵造反的事啊。而且六七年前就说过，可见李渊早就有起兵反隋的想法，哪里需要李世民和裴寂用"仙人跳"及美人计来逼着下水呢？

事实上，李渊到了晋阳后，一面努力表演昏庸无能，一面已经着手安排李世民在晋阳秘密招揽造反人员。这是一个成熟政治家的手腕，他特意没让嫡长子李建成当主力，而让二儿子李世民冲在前面，就是为了留一手。万一事情真办砸了，推出去当替罪羊的也是年轻不懂事的老二，就算没了他，还有老大李建成不是？

这才应该是真相的全部，只不过后来李世民上台掌握了话语权，把老爹主导的这段剧情一并去掉，事情自然就变成秦王殿下目光远大、居功至伟了。

不可否认，李世民在大唐开国的过程中的确劳苦功高。大唐统一天下的重要战役中，有一半都是他指挥的，但这并不能说明他大哥李建成就是一个坐享其成的"捡漏王"。实际上，在起兵初期，唐军的主力是由李建成和李世民一人一半指挥的。李建成负责坐镇后方，李世民负责冲锋前线，这一时期哥儿俩的军功其实差不多。

真正的转折点发生在618年。此时，大唐正式建立，李建成被立为太子，

1.《旧唐书·宇文士及传》。

当了储君，当然就不太方便直接上前线了。所以，从这一年开始，李建成被李渊委以重任，负责统筹整个大唐的行政工作，而李世民则在前线战场上夺取了一个又一个的胜利。

当天下逐渐平定，李世民麾下已经形成了一个强大的军功集团，其力量大到连李渊都没办法轻易摆平了。作为皇帝，李渊需要借助李世民来制衡太子李建成，这也是皇帝防备太子提前接班的常规操作。而当李世民的实力过于野蛮生长之后，皇帝陛下同样也会敲打一下李世民。

619年，晋阳起兵中的关键人物刘文静，那个在李渊不得不花天酒地的时候，就开始和李世民密谋反隋的大唐功臣，莫名其妙地被人诬告谋反，然后直接就被李渊杀了。要知道，刘文静可是李世民的铁哥们儿，李渊其实是在用刘文静的命警告李世民。

而后来再有打仗的事，李渊也尽量不给李世民出场的机会。比如622年，河北出现叛乱，李渊选择派太子李建成和齐王李元吉带兵平叛，压根儿就没有用李世民的意思。

所以，李世民自大唐建立以后所有的不得已、不如意和不顺利，表面上看是大哥李建成带来的，其实背后真正给他巨大压力的是老爹李渊。

李渊作为一个父亲，不会让李建成伤害李世民的性命。但作为一个皇帝，他也不允许李世民占据李建成的位置，造成朝野的动荡。

但李世民能就此满足吗？就算他相信大哥上台之后会对自己手下留情，他手下这些忠心耿耿的文臣武将又怎么会愿意追随另外一个主子呢？

所以玄武门之变注定要发生。

从李世民具备了挑战李建成甚至李渊的能力的那一刻起，这场悲剧就不可避免了。李世民在玄武门之变中真正要搞定的，并不是大哥李建成和四弟李元吉，而是自己的亲爹李渊。

所以，玄武门前的战斗一结束，李世民做的第一件事就是派全副武装的尉迟恭冲进宫里"保护"李渊。而李渊也很清楚二儿子的这种"保护"到底是什么意思，马上痛痛快快地交了权。

至于事后父子和好如初、李渊退位禅让的套路，不过是李世民在这场豪赌中赢得的筹码。而李世民用后来的"贞观之治"，努力证明了自己配得上这个皇帝宝座。

可惜，他也给大唐开了一个很不好的头，《读唐太宗纪》里描写的骨肉相残的剧情，后来又多次在大唐重演了。

守不住的玄武门

唐朝太极宫北面偏西的玄武门，原来是隋朝大兴宫的正北门。由于地形关系，这座玄武门是能俯瞰整座宫城、控制皇宫的制高点。无论是从地理位置，还是从战略意义上来说，这座玄武门都是皇宫联系外界的重要通道。当然，真正让这座城门家喻户晓的，还是唐高祖时期的玄武门之变。

其实玄武门不止一座。唐太宗在兴建大明宫时也许是吸取了之前的教训，把大明宫的玄武门营建成了一座守备森严，易守难攻的要塞，但这依然挡不住有人在这里搞事情。唐中宗景龙元年，也就是707年，太子李重俊发动政变，攻打玄武门，结果未遂；唐殇帝时期的唐隆政变中，李隆基率众攻入玄武门，把自己的老爹李旦扶上了皇位。女皇武则天在洛阳营建的紫微宫也有一座玄武门。太子李显、宰相张柬之等发动神龙政变，他们攻入玄武门之后，武则天被逼退位。

第七篇
不教胡马度阴山：打出来的"天可汗"

大家想必都对唐朝诗人王昌龄的七律《出塞》非常熟悉："秦时明月汉时关，万里长征人未还。但使龙城飞将在，不教胡马度阴山。"

虽然王昌龄写这首诗的时候已经是盛唐了，但来自边境的国防压力始终存在。就像诗里所说，从秦汉时期开始，边塞的关隘和明月就见证了一代代戍边将士保家卫国的豪情与艰辛。

那古人通常会选择在哪里挡住游牧民族的骑兵呢？

答案就是阴山。

东西走向的阴山山脉自河套平原横贯华北大地，长约一千公里，历来是中国北方的重要屏障，也是中原王朝防备草原帝国南下的第一道防线。

自古以来，中原王朝和北方草原上的游牧帝国就是冤家对头。中原王朝强大的时候一般都会选择主动出击，把防线尽可能地向北推进。赶上中原王朝不给力的时候，那情况可就不一定了。

626年八月的一天，大唐帝国都城长安城外的渭水河边正上演着一场神奇的骂战。一边是东突厥颉利可汗和侄子突利可汗率领的二十万突厥铁骑,一边则是可怜的几个唐朝骑兵。

在这种人数对比下,一般人别说骂人了,估计早就闪人了。可没想到数量少的唐朝人是骂人的一方,河对面那二十万突厥大军才是挨骂的。这到底是什么情况?

说起来,这张嘴骂人的可不是普通人,而是刚刚登上皇位、屁股还没坐热的大唐天子李世民。

唐太宗为什么带着几个人和突厥大军对骂上了呢?

事实是,他也不想,可是没招儿啊。

大唐和突厥之前其实是有互不侵犯盟约的。可没想到唐太宗这边刚通过玄武门之变搞定了老爹和大哥,那边突厥人就突然打过来了。此时各地的援军还在路上,长安城里就算把老百姓都武装起来也仅能凑几万守军,硬拼根本没多少胜算。但李世民是谁啊,他能怕吗?于是,他直接带着几个大臣冲出玄武门,到渭水边和突厥人理论去了。

唐太宗隔着渭水开始喷颉利可汗:你怎么背信弃义、违反盟约啊,你要脸不?骂得那叫一个气息悠长、气势雄浑。

大唐天子的怒斥还真把颉利可汗给镇住了,他也弄不明白唐太宗后面就跟着寥寥几个人,哪儿来这么强大的底气。而且眼看着唐朝的援军在陆续抵达,颉利可汗一寻思,这便宜看来是占不着了,就和唐太宗重新签署了和平协议。双方在渭水边杀白马,立盟约,之后颉利可汗就带着队伍回家了[1]。

---

1. 《资治通鉴·唐纪七》。

这就是贞观前一年的"渭水之盟"。唐太宗又一次在玄武门外创造了奇迹，几乎是单枪匹马就吓走了突厥大军。这战绩要换作一般人那都得骄傲到天上去，唐太宗却高兴不起来，他只感到无比羞辱。

为什么呢？

你想想，一国君王、堂堂的大唐天子，竟然被敌人打到家门口，还得靠咋呼才能送走敌军，这不是耻辱是什么？对于在战场上没吃过亏的李世民来说，简直就是奇耻大辱。

但凭良心讲，唐太宗也是替别人背锅的，突厥其实是个老大难的历史遗留问题了。

"秦时明月汉时关，万里长征人未还"，就跟汉朝当初被匈奴人威胁一样，大唐在开国初期也始终笼罩在突厥人的阴影之下。

唐太宗此时面临的局面，其实和八百多年前的汉高祖差不多：当年秦朝统一六国后二世而亡，后来楚汉争霸又把中原人口打掉近一半，这才给了匈奴嘚瑟的机会；现在也一样，隋朝统一南北朝后也是二世而亡，隋末战乱又是一通杀来杀去，草原上的突厥人才趁机做大。

尤其是颉利可汗即位后，他仗着自己兵强马壮，硬把中原当成了"提款机"，时不时南下来抢一票。

不仅如此，突厥人还凭借自己的力量在中原扶植了一批"代理人"。就连李渊当初在太原起兵前，也给突厥人送过各种好礼，甚至跟突厥人商量求点雇佣兵，许诺到时候打下地盘来金银珠宝归突厥[1]，土地人口归自己。

1.《旧唐书·突厥传》。

可以说在隋末争霸的群雄中，只要是靠近北方边境的，基本上都得看突厥的脸色过日子。

等到李渊逐渐统一全国后，虽然不用再那么低声下气了，却也不敢轻易刺激突厥，对突厥的各种无理要求，他都尽量满足。但颉利可汗并没有因此停手，他想要的更多。

一方面是因为当时唐朝刚建立，确实惹不起突厥，所以颉利可汗觉得腰杆很硬。另一方面，颉利可汗的媳妇是当年隋朝派来和亲的义成公主，她是颉利可汗从他老爹和哥哥那里"继承"来的，也是突厥内部的传统。义成公主作为大隋的公主，对取代大隋的唐朝肯定一点儿好感都没有，所以一直撺掇老公攻打唐朝。

621年，也就是唐高祖李渊登基的第四年，颉利可汗攻打雁门，被唐军击退；一年后突厥人再次攻入雁门，俘虏了唐朝军民五千多人；过完年，颉利可汗又南下骚扰唐朝边境，李渊派太子李建成和秦王李世民镇守边境，双方互有胜负。

可以说，突厥就跟定好了闹钟似的，年年都准时来给唐朝"拜年"。

有人劝李渊说，突厥人就是来抢钱抢粮的，不如我们迁都，躲远一点儿不就没事啦？李渊也是被突厥搞得头大，还真让人到襄阳一带去搞调研，准备搬家躲一躲。

大臣们都赞成迁都，但秦王李世民坚决反对。李世民说，草原民族自古就是边境上的问题，但也没听说哪个朝代因此而搬家啊。请给我几年时间，我一定能把突厥打败！李渊这才打消了搬家的念头，继续在长安和突厥耗着。

之后突厥又几次进攻唐王朝，李渊都只能防守，始终无力发动大规模的反攻。好在到了626年，李渊终于不用为突厥问题犯愁了，因为李世民发动玄武门之变控制了政局，李渊"光荣"地退居二线，这个难题该轮到刚上台的李世民头痛了。

颉利可汗可不是省油的灯，他听说唐朝内部发生了动乱，马上带着人浩浩荡荡地来占便宜，打了唐太宗一个措手不及，所以才有了开头渭水边的那一幕。

虽然唐太宗凭借自己非凡的勇气，成功地让大唐逃过了一劫，但这种事躲得过初一躲不过十五。所以，解决突厥问题就成了唐太宗上位后治国备忘录上的头等大事。

俗话说"打铁还需自身硬"，要想赢突厥，就得修内功。

为了壮大国家的实力，唐太宗吸取隋炀帝的教训，厉行节约，与民休息。他身边还围绕着一群以魏徵为首的贤臣"天团"，他积极听取他们的意见，终于造就了中国历史上著名的"贞观之治"。大唐的国力迅速提升，反击突厥的条件终于具备，此时的李世民就差一位像卫青、李广那样的"龙城飞将"，来统率大军反击突厥，真正实现"不教胡马度阴山"的目标了。

而唐初又恰好是一个名将辈出的时期。比如被当成"门神"的尉迟恭和秦琼；出身瓦岗军、被后世尊称为"徐懋功"的徐世勣；还有同样出身瓦岗军的程知节，他就是被小说《隋唐演义》描写成只会"三板斧"的程咬金，实际却是文能出镇地方、武能上马杀敌的名将。

但有一位将军比其他人都高一个量级，也是统领唐军反击突厥的最佳人选，他就是被称为"大唐第一军神"的名将李靖。

李靖能在众多名将中脱颖而出，绝对是靠实力。如果说大唐的江山一半是李世民打下来的，那另一半就是李靖打下来的。

李靖，字药师，是隋朝名将韩擒虎的外甥。李靖不仅颜值高，而且熟读兵法，业务水平更是过硬。他年轻时曾去拜访当时隋朝第一名将杨素，杨素见到李靖后欣赏得不得了，摸着自己屁股底下的坐床说：你早晚会坐到这个位置的！意思是李靖未来也能取得像他那样的成就[1]。

关于李靖的故事有很多。唐朝的传奇小说里就写着，杨素有个歌姬，因为总拿一把红拂尘站在杨素旁边，所以人称"红拂女"。她看到李靖这个小伙子才貌双全，于是半夜从杨府跑出来投奔李靖，二人从此结为夫妻。这就是"红拂夜奔"的故事[2]。

而另一个关于李靖的传说就更夸张了，直接让李靖一个唐朝人穿越到商朝，在《封神演义》里变成了陈塘关总兵，还有个踩风火轮的儿子叫哪吒。助姜子牙伐纣成功后，一代大唐"军神"成了《封神演义》里统领天兵天将的托塔李天王。

当然，这些都是人们的美好想象，明显不是真实的历史。不过百姓这么喜欢给李靖编故事也好理解，毕竟是英雄人物嘛，而且李靖的战绩也确实耀眼。

621年，李靖被唐高祖李渊任命为夔州行军总管兼行军长史。行军总管在唐朝相当于某军区的司令，夔州就是今天的重庆奉节。而李靖此时的任务就是顺江东下，消灭南梁皇帝萧铣。

李靖不负所望，趁着长江发大水的机会对萧铣发动了"闪电战"，不到两个月就灭掉了南梁。

之后，李靖又南下岭南，不费吹灰之力就让岭南九十六州、六十多万户的

---

1. 《旧唐书·李靖传》。
2. 《唐传奇·虬髯客传》。

人口纳入了唐朝的版图。

岭南这边刚安抚好，江南又出事了。

623年，原本投降唐朝的农民军领袖辅公祏举兵反唐，李靖拍马赶到，又仅用半年时间就平息叛乱，可以说大唐在江南的版图基本是李靖带着人搞定的。唐高祖李渊对李靖更是赞不绝口说，敌人遇见李靖就跟得了绝症一样，古代名将韩信、白起、卫青、霍去病，没有一个能比得上李靖。

所以，当突厥人闹事的时候，李靖当然也第一时间被调到了北方前线坐镇。在唐高祖眼中，李靖就是能抵挡突厥人的"龙城飞将"。

"渭水会盟"后，唐太宗李世民那真是憋着一口气要打突厥。他采取了一系列政策来增强国力，积极备战。

之前朝廷有规定，大臣是不能带武器上班的，但唐太宗说，必须带，不但带武器，还得给朕操练起来！他身先士卒，每天带着好几百名士兵在办公的显德殿外骑马射箭，很快就训练出一支精锐部队。

同时，唐朝又相继消灭了几个突厥人扶植的傀儡势力，把战线不断北移，获得了反击东突厥的前进基地。

而此时，突厥由于连年征战和天灾，内部非常不稳，许多小部落趁机群起反抗。敌人的敌人就是朋友，对朋友，大唐一向是很慷慨的，要钱给钱，要粮给粮。很多小部落首领都接受了唐朝的册封，就连颉利可汗的侄子突利可汗都暗中和大唐"眉来眼去"，表示愿意充当卧底，跟自己的叔叔玩起了"无间道"。

629年，李世民正式发动了对东突厥的灭国之战，兵分六路杀向草原。

这六路唐军可以说是豪华的全明星阵容——尉迟恭、秦琼、李道宗、程知节、苏定方、薛万彻、柴绍……总之，大唐军中能打的一线战将几乎全部而出。十多位名将和几十万大军都由李靖全权指挥，奔着敌方老家杀了过去。

630年正月，李靖一马当先，率领三千精锐骑兵从马邑，也就是今天的山西朔县出发，长途奔袭颉利可汗大营。唐军趁着夜色占领了襄城，也就是今天的内蒙古和林格尔附近。

颉利可汗没想到唐军来得这么快。他一看李靖带几千人就敢打到自己眼前，后面指不定还跟着多少人呢，就自以为明智地选择了撤退。

李靖一看颉利可汗退了，马上派间谍打入敌人内部各种挑拨离间，还真取得了不小的成果——颉利可汗的心腹大将康苏密直接投降了，还买一送一把躲在突厥的隋炀帝的皇后萧氏和隋炀帝的孙子拱手送上，李靖这一次真是赚大了。

颉利可汗眼看心腹大将都倒戈了，更不敢在这儿待了，匆忙带着人马向阴山撤退。结果在路上，他先是被柴绍的队伍碾压了一波，之后又遭到徐世勣的暴揍，好不容易逃出去，回头一点人数，发现就剩下可怜的几万残兵败将了。颉利可汗自觉已不是对手，就派人到长安向唐太宗求饶，表示愿意洗心革面重新做人，其实他是想等到来年草青马肥了再转移，好东山再起。

唐太宗可不管他心里的小九九，看突厥被打服了，就大方地同意了颉利可汗的求和。

李靖却另有想法。他找到徐世勣，两个人一商量，都觉得颉利可汗留着肯定是个祸害，正好趁着双方和谈，敌人没有防备，干脆直接消灭他。

于是，李靖让徐世勣在后接应，自己亲率精锐，奔着颉利可汗而去。在雪夜的掩护下，李靖带着人马跨过了阴山，顺利抵达了颉利可汗大营，发现敌人竟然毫无防备，简直就是天赐良机啊！

李靖马上派都尉苏定方带二百骑兵作为敢死队，在浓雾的掩护下悄悄摸到了颉利可汗的大帐边，发动突然袭击。突厥人慌乱中也不知道浓雾里有多少敌人，被冲得阵脚大乱。颉利可汗倒是趁乱跑了，可他的突厥大军被李靖打散了。此战唐军歼敌万余，俘虏十万，取得了大胜。

而一路西奔的颉利可汗挡不住部将不断叛逃，最后身边只剩下了几十人。还没等他有工夫伤心，迎头又撞上了李道宗的拦截部队，最后他逃无可逃，只能当了大唐的俘虏。

颉利可汗被抓到长安后，为了显示大唐的大国气度，唐太宗并没有为难他，反而封他为归义王，让他在长安度过余生。之后，唐朝又通过一系列战争，将东突厥的领地完全划入了自己的版图。曾经威胁大唐北疆的东突厥帝国彻底成为历史，大唐也终于像强汉一样，实现了"不教胡马度阴山"的壮举。

因为大唐的强大，也因为唐太宗开明的民族政策，东突厥灭亡后不久，四方部落的族长都到长安朝见唐太宗，尊他为"天可汗"，就是各族共同的首领。这是之前历代君主都没能取得的成就，而对大唐来说，民族融合仅仅是走向远方的开始。

第八篇
大漠狐烟直：唐僧是个"偷渡犯"

打败了强大的东突厥之后,唐太宗成功解锁了"天可汗"这一成就。接下来,他打算把西域也纳入大唐的势力范围。但唐朝毕竟没有飞机和高铁,疆域和地盘太大也是一种甜蜜的负担。远方的"小弟"离自己太远,要怎么管呢?

唐太宗那句"以古为镜,可以知兴替"的名言我们都会背,他本人遇到问题当然也会从古人那里找答案。这个答案就是建立都护府。

盛唐诗人王维在《使至塞上》这首诗中写道:"大漠孤烟直,长河落日圆。萧关逢候骑,都护在燕然。"意思是,大漠中一根烟柱直冲云霄,黄河边的落日显得格外浑圆。在萧关时遇到了一个侦察兵,他告诉我,都护正在燕然山前线坐镇呢。

这个"燕然都护"既可以指边疆、前线,也可以指唐朝专门管理边疆事务的军事机构——都护府。

公元前60年,汉宣帝设立西域都护府,用来保障丝绸之路的畅通,同时想借此告诉南来北往的人,此地的秩序是由大汉来守护的,想搞事情的话请先掂量掂量自己能不能承受住大汉"虽远必诛"的怒火,这就是都护府的起源。

如此霸气的宣言实在是太对唐太宗的脾气了。

不过,一心想要追随大汉脚步的唐太宗没想到,在唐朝的势力进入西域之前,一个偷渡出去的和尚已经先把西域走了个遍。这位胆大包天的和尚便是《西游记》中唐僧的原型——玄奘法师。

历史上的玄奘法师可不是什么金蝉子转世,更没有骑着白龙马,后面跟着仨徒弟。在他西去取经的一路上,虽然没有要吃唐僧肉的妖精,但九九八十一难嘛,可能真的是只多不少。

玄奘俗家名字叫陈祎,他从小学习儒家经典,品德优秀,"颜值"也应该很"能打",因为史书记载他爹是个"美眉"[1]。这"美眉"可不是今天的网络用语,在古代指的是眉毛胡须长得都很漂亮的帅哥。唐僧有这么优秀的基因,看来《西游记》里写女妖精总是哭着喊着要嫁给他,也算有点儿事实依据吧。

后来因为父亲去世,小玄奘被洛阳净土寺破格录取,成功出家,从此走上了弘扬佛法之路。玄奘游历各地,拜访名师,越学越觉得当时国内流传的佛经翻译质量太差而且分歧很多,感到十分苦恼。

626年,玄奘认识了一位天竺僧人,听说天竺那烂陀寺有位戒贤法师佛法高深,就萌发了去天竺看一看梵文原版佛经的念头。

第二年,即627年,此时已经是唐太宗贞观元年了,玄奘给唐太宗打了个报告,申请去天竺取经的护照。但当时正值大唐准备反击东突厥的关键时刻,对边关出入境的管理非常严格,玄奘也就理所当然地被拒签了。所以,《西游

---

[1] 《大唐大慈恩寺三藏法师传》。

记》里的"御弟哥哥"是假的，唐太宗跟玄奘可没有拜过把子，法师身上更没有到哪儿都得盖章的"通关文牒"。

但玄奘西行求法的决心已定，就算没护照也要去。

当时从唐朝去西域必须经过河西走廊，穿过戈壁大漠才能抵达。这条路线走起来，就算是官方使团都危险重重，更何况玄奘这样一个"偷渡犯"了，那可真是一步一个坎儿啊。

玄奘先到了凉州。他那个光头发型站在人群里实在太显眼，结果第一时间就被当地官府盯上了，要被遣送回长安。多亏了凉州当地的僧人，他们在夜里带着玄奘翻墙跑了，之后的玄奘，为了不被人发现，就只敢昼伏夜出了。

第二站到了玉门关。这里是通往西域的必经之地，也是当时大唐西北边境的尽头，出了玉门关就算是出境了。但玉门关外有一大片沙漠，唐朝在能补充饮水的地方都修了烽火台。"大漠"为什么"孤烟直"？因为那是烽火台报警用的狼烟。烽火台可谓是正经的武装据点，闲杂人等随便靠近，被当场击毙那是分分钟的事。

但是，想穿过沙漠就必须靠近烽火台去补充饮水，这可把玄奘给难住了。

正当一筹莫展时，他遇到了一个叫石磐陀的当地人。石磐陀被玄奘西天取经的精神所感动，不但拜玄奘为师，还帮他绕过了玉门关。据后世考证，这位长相怪异、毛发旺盛的石磐陀很可能就是《西游记》里孙悟空的原型。

但他比起孙悟空来可差太多了。

师徒俩刚出玉门关，石磐陀看到眼前的茫茫大漠，又想起朝廷的禁令，当场就打了退堂鼓，不但吵着要回家，甚至半夜起来想杀玄奘灭口。

玄奘又没有紧箍咒来治这个不肖之徒，只能好说歹说才脱了身，孤身奔向了第一座烽火台。他本想趁着晚上偷偷摸摸灌点儿水，结果还是被发现了，差点儿就被当场"击毙"。好在管这个烽火台的小官也信佛，不但放了玄奘，还给他指了条近道。

玄奘再次出发，却在沙漠中迷了路，不但没找到新的水源，还把自己带的水给弄洒了，几乎要当场圆寂。好在他信念坚定，在补给断绝的情况下，硬撑着走了好几天，终于遇到了一小块绿洲，找到了水，这才活着走出了沙漠，成功踏上西域的土地。

玄奘先抵达伊吾国，在这里遇到了一群高昌国的使者，使者说，我们国王特别信佛，您来我们国家吧。便把玄奘请到了高昌国。高昌国位于今吐鲁番市高昌区，是古代西域地区的交通枢纽，也是丝绸之路上一个重要的经济、文化中心，可以说是非常繁荣富裕的国家。

当时的高昌国国王麴文泰，对玄奘的到来表现出极大的热情，甚至还有点儿热情过度。他好不容易碰到一位东土大唐来的高僧，哪儿能轻易放过？就强行要把玄奘留在高昌国当国师，不让玄奘去天竺了。

那玄奘怎么能干呢？他拒绝了麴文泰开出的各种优厚条件，说什么都要走。麴文泰也急眼了，说：你别逼我啊，不然我把你这个偷渡犯送回大唐去！

玄奘根本不吃这一套，直接来了个绝食抗议。这下子麴文泰也傻眼了，只好答应放玄奘走，不过要求玄奘取经回来一定要在高昌再待三年，好好地给大家讲讲课。玄奘自然是同意的。

麴文泰很高兴，便和玄奘结拜为兄弟，给他配好了装备、随从和手续，从此玄奘在西域的旅程就轻松多了。这可能就是《西游记》里玄奘与皇帝结拜的原型吧。

就这样，玄奘顺利地穿过了西域，经过今天的吉尔吉斯斯坦、乌兹别克斯坦、阿富汗和巴基斯坦等地，终于在632年抵达天竺，天竺其实是古代中国对整个南亚次大陆的统称。

玄奘用了几年时间，走了一万多里路，终于来到向往已久的那烂陀寺学习，自然十分珍惜。刻苦钻研了五年，玄奘成功地从一个外国来的旁听生，成了能给本地僧人讲课的"客座教授"。

641年，也就是唐太宗贞观十五年，天竺著名的戒日王召开了一场盛大的佛学辩论大会，邀请了十八个国王和五千多名参会者。玄奘被推举为"论主"，就是把自己写的文章放在那儿，谁都可以来辩论质疑。结果几天过去了，在场这么多人，愣是没有一个人能挑出玄奘文章里的一丁点儿漏洞，连一个敢上台挑战的人都没有。这场佛学辩论大会也成就了玄奘实力碾压各路高手的著名场面。

643年，玄奘带着六百多部佛经启程回国。想想也知道这么多书得多沉，按理说走海路是最划算最便捷的，但玄奘坚持走陆路，原路返回。因为他答应了高昌国国王麹文泰，回来的时候还要在高昌待一段时间呢，都说"出家人不打诳语"，玄奘法师当然是言而有信的人。

但当他走到疏勒国时，当地人告诉他，高昌国早就没啦，现在只有大唐的安西都护府。到底什么情况？这还得从"天可汗"唐太宗的西进战略说起。

玄奘是在628年，也就是贞观二年偷渡走的，两年后大唐就打垮了东突厥。但东突厥完蛋了，还有一个西突厥，当时的西域就是西突厥的势力范围，像高昌、龟兹、疏勒这些西域国家，都是西突厥的"小弟"。

唐太宗自然恨不得马上出兵把西突厥灭了，但饭要一口口地吃，事要一点点地办。在跟西突厥动手之前，大唐还有两个国家需要先解决：一个是由鲜卑人建立的吐谷浑王国，领土大概在今天的青海省；另一个则是发源自青藏高原、由古代少数民族建立的吐蕃王国。

这两个国家时不时就来骚扰唐朝的西部边境，甚至随时都可以阻断大唐沟通西域的道路，就这么放着不管，实在不符合唐太宗的性格。

其实，之前唐朝也和吐谷浑过过几次招儿，但吐谷浑总是好了伤疤忘了疼，还是不停地在唐朝边境挑事儿。对这种没事找削的主儿，唐太宗向来都是不惯毛病的，他直接拿出了手中的"大规模杀伤性武器"——已经年过花甲却老当益壮的"战神"李靖。

635年，唐太宗派李靖率领侯君集、李道宗等大将击破吐谷浑。吐谷浑可汗自杀，其儿子只能服软。唐太宗既往不咎，还嫁了个公主过去，于是吐谷浑成了大唐的亲戚兼"小弟"，进军西域路上的第一块绊脚石算是搞定了。没想到，大唐嫁公主到吐谷浑，却惹来了吐蕃的进攻。这又是唱的哪一出呢？

原来，当时吐蕃的赞普松赞干布很倾慕唐朝，他也派了使者出使唐朝，想求娶一位公主。但唐朝的公主也不是"批发"来的，谁想娶就能娶，所以唐太宗就没同意。

松赞干布的使者为了推卸自己办事不力的责任，就跟松赞干布说，这事儿本来就要成了，都是咱那个倒霉邻居吐谷浑搅黄的！松赞干布听了之后很生气，直接带兵把吐谷浑暴揍了一顿，然后又带着二十万大军来到唐朝边境。

来干什么？来娶媳妇啊！

松赞干布一边送上金银珠宝当彩礼，说来娶公主啦，一边又大兵压境说，你不嫁公主给我，我就打过来啦！这属于带着打手到老丈人家踹门，想强取豪夺啊。

不过，松赞干布还是不了解唐太宗的性格。当年突厥人带着二十万人打到长安城边上，都没让这位老哥低头，吐蕃这二十万人他能放在眼里？

638年，唐太宗派大将侯君集率领五万唐军迎战。

五万对二十万，看上去没多少胜算，但实际战况很魔幻。

还没轮到侯君集的主力军出手，走在前面的唐军前锋左武卫大将军牛进达就给松赞干布好好地上了一课。他带领少量前锋士兵夜袭吐蕃军营，杀了个人仰马翻。

松赞干布一看这么点儿人就如此生猛，主力部队来了那还得了啊。于是，他马上来了个退兵、道歉、求婚三连击。

唐太宗也是吃软不吃硬，一看吐蕃服软道歉就不予追究了，还将文成公主嫁给了松赞干布，这就是历史上著名的"文成公主入藏"。

经过这次事件之后，吐蕃从大唐引进了许多先进的技术和文化，极大地促进了内部的发展，大唐、吐蕃和吐谷浑三国也保持了长期的良好关系。自此，大唐通往西域的道路就算是基本打开了。

唐太宗想要控制西域，下一步就是要拿下处在咽喉要道的高昌国了，当时的高昌国国王就是那个曾想把玄奘扣下来的麴文泰。

其实麴文泰曾和唐太宗打过交道。630年，大唐把东突厥灭了之后，麴文泰曾亲自到长安朝见过唐太宗，也是亲口喊过唐太宗"天可汗"的。但是几年之后，麴文泰抱上了西突厥的大腿，不但阻挠别的西域国家向唐朝入贡，还发兵进攻唐朝在西域的伙伴，这简直就是嫌日子过得不够刺激啊。

麴文泰为什么要这么做呢？

一方面，他觉得自己有西突厥罩着，后台硬得很；另一方面，他觉得高昌距离唐朝那么远，中间既是沙漠又是戈壁的，唐朝人应该打不过来。

的确，《使至塞上》这首诗里为什么"长河"之上的"落日"会那么"圆"？不就是因为这地方太空旷、太荒凉吗？当初玄奘一个人穿过这片沙漠都费劲，现在好几万唐军哪能说过来就过来呢？

麴文泰这么想，只能说他还是太不了解唐太宗的决心。唐太宗想打谁从来就不在乎距离。在李某人的世界里，那才真的是"敢问路在何方，路在脚下"。

640年，唐太宗派侯君集、牛进达等人率领大军讨伐高昌。唐军在向导的带领下顺利穿过大漠，给高昌国来了个突然袭击，而高昌国连大佬——西突厥援军的影子都没看到。

麴文泰一看这该来的不来，不该来的已经到了门口，一着急上火直接一病不起，最后居然病逝了，高昌国也很快灭了国。大唐就在这里设立了安西都护府，来管理西域地区。

高昌灭亡几年后，玄奘才从天竺动身回国，自然没机会实现当初的诺言。而离家越近，玄奘的心情也越忐忑。当年自己毕竟是偷渡出去的，现在回来，这算是取经归来呢，还是投案自首呢？

走到于阗国时，玄奘提前给唐太宗打了个报告，把自己这些年取经的事完整地汇报了一下。这次唐太宗回信很快，还安排专人迎接玄奘兼护送经书。玄奘西行求法行程数万里，历时十余年，终于带着经书回到了故乡。

当时唐太宗正在筹备出征辽东的事，就在洛阳紧急接见了玄奘。

一见面，唐太宗就丢出了一个灵魂拷问：法师去西天取经，怎么事先不和我说一声啊？

对这个问题，玄奘早就准备好了答案，他说：我当初申请过好几次了，可能是因为诚意不足吧,所以也就没拿到许可。但实在是求佛法心切,想要造福大唐,只好不顾国法偷渡出去,还请陛下责罚。

这台阶给得多舒服。毕竟偷渡是违法的,虽然取经回来是好事儿,但唐太宗就是想嘉奖也得先服众啊。玄奘说完这话,唐太宗赶紧顺坡下驴,安慰他说:哎,法师是出家人嘛,和普通人不一样,而且法师是为了普度众生才冒着生命危险去取经的,这事以后就别放在心上啦!意思是,你偷渡的事我不追究,我拒签的事你也别在意,此前的事就此翻篇儿。

后来,唐太宗又问了玄奘很多有关西域的情况,玄奘都对答如流。唐太宗发现他不但佛法精深,更是外交的一把好手,就几次三番要求玄奘还俗:别当和尚了,来我手下当官得了。此时唐朝正和西域、西突厥打得不可开交,特别需要玄奘这样熟悉对方情况的人来当顾问。

但这和玄奘立志翻译佛经、弘扬佛法的初心是相悖的,所以他屡次拒绝了唐太宗的招揽。唐太宗一看玄奘不愿还俗,也只能拉倒,转而支持玄奘的译经工作。

此后的近二十年中,玄奘把全部心血和智慧奉献给了译经事业,共译出佛教经论七十多部、一千三百多卷,占了整个唐朝译经总数的一半以上。而因为玄奘的关系,唐朝和天竺也建立起了官方层面的联系,双方多次互派使节,促进了国际间的文化交流。

另外,玄奘在闲暇之余还通过口授的方式完成了著名的《大唐西域记》,全面介绍他游学异国的所见所闻,为大唐在西域的开拓做出了贡献。

第九篇

早服还丹无世情：明君也有黑历史

唐太宗李世民这个名字，无论是在官方史书中，还是在民间故事中那都是光芒万丈的。诸如"有道明君""千古一帝""天可汗"之类的顶级头衔满天飞，总之就是英明神武得一塌糊涂。

但你可能不知道，一代明君居然也沉迷过丹药，这又是怎么回事呢？

其实古人沉迷炼丹求长生这事儿，在中国古代出现过不是一次两次了。比如唐朝著名的"诗仙"李白就是个资深"丹药控"，一生写过无数首和寻仙吃药有关的诗歌。他在《庐山谣寄卢侍御虚舟》这首诗中就写道："早服还丹无世情，琴心三叠道初成。遥见仙人彩云里，手把芙蓉朝玉京。先期汗漫九垓上，愿接卢敖游太清。"意思是，我吃了仙丹有道行，马上要脱离俗世了，能远远地看到神仙在云彩里跟我打招呼呢，之后我邀请你一起遨游太清，飞升成仙啊。

你看看，这既是"仙人"又是"太清"的，听起来还真是很"高大上"的样子。可你要知道，中国古代炼丹的原料基本就是现在元素周期表里有毒有害

的那一类——铅、汞、金、锡这些玩意儿，吃了能不能成仙不好说，反正让人咽气升天是问题不大的。

这种吃重金属中毒的慢性自杀的行为，在唐朝的高端人士圈里却是非常时髦、非常高档的人生追求，就连"千古一帝"唐太宗也未能免俗。

其实唐太宗年轻的时候也瞧不起之前的皇帝动不动就炼丹吃药的"脑残"行为。

627年，二十九岁的唐太宗和周围的人谈到了"秦皇汉武"求仙吃药的黑历史。他表示，神仙这玩意儿根本就是胡扯，哪能是想找就能找到的？

直到十年后的637年，三十九岁的唐太宗还在诏书里说，人这一辈子撑死也就活个一百来岁，就算你"一顿操作猛如虎"，最后还是得入土，毕竟苍天饶过谁呢[1]？

可以看出，此时的唐太宗对生死的态度是豁达的，对求仙吃药这种"脑残"操作是唾弃的。但是到了643年，一切突然就来了个一百八十度的大反转——四十五岁的唐太宗竟然也开始寻仙吃药求长生了，丝毫不在意现在的行为有多"打脸"。

那么，643年到底发生了什么事呢？

简单来说，就是历史重演了，唐太宗也遭遇了一次山寨版的"玄武门之变"，他最宠爱的太子李承乾竟然起兵想要造反。

李承乾是唐太宗和长孙皇后的长子，也是他非常喜欢的儿子，这从名字上就能看出来。因为李承乾小朋友是在太极宫承乾殿出生的，所以李渊为皇孙取

1.《旧唐书·太宗本纪》。

名承乾[1]。而"承乾"两个字本身就很有内涵,明摆着是要"继承乾坤,总领天下"啊!可见这个孩子身上承载了长辈多大的期望。

李承乾从小就接受了良好的教育,既聪明又懂事,人见人爱。后来李世民登基为皇帝,李承乾就被立为太子,这一下子可真的要"继承乾坤"了。唐太宗随后加大了对太子的教育力度,还让十二岁的李承乾参与朝政,提前进行岗位培训,可见对这个孩子的重视。

而李承乾也没有辜负老爹的期望,他不但虚心学习,表现出了卓越的政治才能,而且平易近人、尊师重道,人品好得没话说。唐太宗对这个太子更满意了,经常在自己出门的时候让太子监国,而李承乾也都会把事情处理得很好。

照理说,这父慈子孝、君臣相得的样子,怎么看都应该是一个皆大欢喜的大结局啊,怎么后来会闹到父子反目,甚至儿子要造反的地步呢?

首先是 636 年,也就是贞观十年,唐太宗的一生挚爱长孙皇后去世了。这对人到中年的唐太宗真是一次沉痛的打击,对太子李承乾来说同样是巨大的伤害。不幸的是,这时候李承乾的脚还得了重病,导致走路都不太利索。堂堂的太子、未来的大唐皇帝竟然是个瘸子,这对李承乾的心理造成了不小的影响。所以,自从长孙皇后去世之后,原本乖巧听话招人爱的太子李承乾,突然进入叛逆期,开始变得不省心了。

唐太宗的处理方式是给太子找了一群德高望重又严厉的老师,组团来教育他。但这时候李承乾已经是个二十多岁的人了,连儿子都生了,自然不高兴被这群老师们成天训得跟三孙子似的。他不但没有收敛,反而越来越放飞自我,

---

1. 《旧唐书·李承乾传》。

甚至十分喜爱一个很会跳舞的男乐工，还给乐工取名叫称心。可能只有在称心面前，李承乾才真正觉得称心如意吧。

唐太宗一听简直是五雷轰顶，二话不说就派人把称心给杀了。悲愤交加又害怕父亲的李承乾，只能在自己宫里给称心建了一座坟，然后每天蹲在坟头以泪洗面。这下，他们父子之间的矛盾和隔阂就更大了。

太子那边传出了丑闻，唐太宗其他的儿子可就坐不住了，尤其是魏王李泰。

长孙皇后一共给唐太宗生了三个儿子，太子李承乾、魏王李泰和晋王李治。李泰虽然体重有点儿超标，却是个才华横溢的胖子[1]，他是当时著名的书画鉴赏大师，还带人主编了一本地理学著作《括地志》，可以说是文理兼备的"学霸"。所以唐太宗虽然很喜欢李承乾，但对李泰也宠爱有加。这就让李泰产生了一种错觉：可以把哥哥李承乾拉下马，然后自己当太子。

不得不说"不是一家人，不进一家门"，李承乾也意识到了这个弟弟是块绊脚石，就提前一步派人去刺杀李泰，结果没成功。

失败后，李承乾也想明白了，李泰其实不重要，老爹唐太宗的态度才是关键。于是，他决定接过"父辈的旗帜"，再搞一次玄武门之变。不过，唐太宗本人就是这方面的行家，所以太子的叛乱还没来得及开始就被摆平了。虽然制止了太子的"暴走"，但唐太宗也不忍心对这个他非常喜欢的儿子下死手，就把他废为庶人，流放黔州了事，算是给他留了一条命。

太子一完蛋，魏王李泰马上觉得自己的机会来了。他找到唐太宗，边撒娇边赌咒发誓说，如果我能当上皇帝，老了以后就把自己的儿子杀了，然后把皇

1.《旧唐书·李泰传》。

位传给弟弟李治,这样老爸您就不用担心我们兄弟相残啦!

　　唐太宗听了好感动,还真打算立李泰为太子。可这时有两个人表示了反对,一个是废太子李承乾,他交代说自己之所以造反,就是被李泰逼的。如果现在立了李泰,那不就是说大唐的太子之位是可以靠明偷暗抢搞到手的吗?唐太宗自己就不是正经太子上台,要是再来一轮非正常继位,那大唐以后的日子还过不过了?

　　另一个反对的人则是大臣褚遂良,他说:李泰说的那根本不是人话,弟弟难道还能比亲儿子亲?等他老了,谁知道他会不会传位给弟弟!唐太宗一想也确实是这么个理儿。于是,本来很有希望成为太子的李泰,就因为用力过猛和表现浮夸出了局。

　　而一直毫无存在感的晋王李治,反而一跃成了热门候选人。

　　唐太宗找来大臣们商量立李治的事。君臣聊着聊着,唐太宗就想起故去的妻子和几个不省心的儿子,顿时觉得生活真是没追求了,当着大臣的面抽出刀来就要自杀,一群大臣吓得不行,好不容易才把他的刀抢下来[1]。一番闹腾之后,唐太宗虽然心有遗憾,还是决定立晋王李治为太子。原因有两个,一是李治也是长孙皇后所生,是嫡子;二是李治心软性子柔,就算以后当了皇帝,应该也不会对两个哥哥下手,相对比较安全。

　　太子的问题终于解决了,但唐太宗也被一波又一波闹心的家务事打击得够呛,精神受创,身体也每况愈下。在衰老和病痛的双重折磨下,终于有一天,唐太宗也亲手打了自己的脸,掀起了一场浩浩荡荡的"大炼丹运动"。可道士

1.《新唐书·长孙无忌传》。

没少找，丹药也没少吃，唐太宗的身体始终没有好转。俗话说"外来的和尚会念经"，既然国内的不行，也许引进国外的技术能行呢？

还真就这么巧，一场意外取得胜利的战争，解决了唐太宗对外国"专家"的迫切需求，也直接导致了这位"千古明君"的突然"下线"。

这一切竟然是当年偷渡去天竺取经的玄奘法师引发的。

话说玄奘游学天竺时，和中天竺的戒日王关系搞得很不错。当时的天竺有很多个国家，而戒日王所在的戒日帝国，是其中最大的一个。因为戒日帝国的位置比较居中，所以唐朝的史书一般称它为"中天竺"。

戒日王从玄奘口中了解了大唐，于641年，也就是贞观十五年派出使节访问了唐朝。两年后，大唐也礼尚往来地派遣了一个使团到天竺进行友好访问，大唐和天竺的官方交往就此拉开了序幕。

按理说，这是大国之间的正常外交，也没什么特殊的。但在647年，唐太宗第二次派遣使团出访天竺时，造就了中国古代外交史上的一次传奇。而创造这个传奇的，是一个叫王玄策的人。

王玄策，出生年月不详，具体资料欠缺，史书上只记载他当过一任县令，个人工作履历苍白得近乎零，在"大神"扎堆儿的唐初完全就是个万年"背景帝"。

王玄策作为此次大唐出访天竺使团的最高领导，听起来虽然很带感，但其实使团一共也就三十来人。不过这也是没办法的事，从大唐到天竺要绕着青藏高原走大半圈，人数太多的话，沿途补给和差旅费都不好解决。而且这是外交使团，又不是野战部队，有几十人防范一下沿途的小偷强盗也就够了，真正的靠山还是大唐的赫赫威名。毕竟在贞观年间，又有哪个不开眼的敢惹大唐呢？

所以，王玄策去天竺一路都很顺利，到了之后也没发生什么意外。他向天竺传达了来自大唐的亲切问候，指出大唐和天竺是山水相连的好邻居，大唐愿与天竺共同努力，携手开创更美好的未来等等。天竺方面也做出了积极回应，很多国王都派来使者，带着丰厚的财物，准备跟着王玄策使团一起到唐朝朝贡。

但就在这时，意外发生了。

那位对大唐心怀好感的戒日王去世了，而戒日王手下有个叫阿罗那顺的大臣，竟趁机篡位自立了。

按理说，对中天竺的内政，王玄策使团顶多是表示一下关切。但篡位的阿罗那顺不知道是怎么想的，竟然盯上了王玄策使团要带回大唐的财物，发动军队攻击了王玄策一行。

作为大唐的外交使节，王玄策那是不能怂的。虽然人数上处于绝对劣势，但三十多名使团成员与敌人展开了激战。不过，毕竟力量悬殊，尽管王玄策和手下英勇作战，那些本该朝贡给大唐的财物最终还是被阿罗那顺抢了个精光。

趁着敌人乱成一团的时候，王玄策逃了出去，一路向北进入吐蕃境内。

为什么要往吐蕃跑呢？因为这时吐蕃是大唐的铁杆盟友。

虽然俗话说"君子报仇，十年不晚"，但在大唐，通常没有隔夜仇，有仇当场就得报了。王玄策也没打算跑回国麻烦朝廷，他直接搬出大唐的招牌，就地征召了一支雇佣军，由一千两百名吐蕃士兵和七千名泥婆罗骑兵组成。这个泥婆罗就是今天的尼泊尔，当时是吐蕃的好伙伴。

部队集结完毕，王玄策二话不说就带着这支外籍兵团杀了回去。

阿罗那顺没想到王玄策回来得这么快，只能匆忙应战。双方血战三天，阿罗那顺的部队不但被斩首三千，撤退的时候还淹死一万多人。

但阿罗那顺仍不服输,还想聚拢残兵败将再挣扎一下,结果又被王玄策的副手蒋师仁一顿暴揍,阿罗那顺最后被生擒活捉,他的老婆、孩子、大臣也都被一锅端了。

王玄策没动大唐一兵一卒,靠着借来的部队一路横扫了整个中天竺,五百八十多座城邑望风而降[1],所以后世称他为"一人灭一国"的史诗级外交官。

第二年,王玄策押着阿罗那顺和他的王妃、王子等一万多名俘虏,还有缴获的牛马两万余头送回了长安。唐太宗封王玄策为朝散大夫,这个官在唐朝的文官等级中是从五品下,是文官的第十三阶。

这个官职听起来也没多么"高大上",而且唐朝的官方史书对王玄策的事迹也只是几笔带过,一点儿细节都没展开,后来王玄策也没有获得进一步的重用,就像凭空消失了一样。这是什么情况呢?

其实,王玄策回国后待遇不高,也是有原因的。

第一个原因是,在当时大唐的概念里,突厥才是头号敌人,北部边境才是唐太宗关注的重点。至于天竺嘛,不好意思,从来就不在"天可汗"唐太宗的劲敌名单里,对付它充其量只能算超低难度。所以,王玄策的战绩听起来很拉风,但在唐太宗看来也就那么回事。

而第二个原因,大家说起来就有点儿难以启齿了——王玄策可以说是害死唐太宗的一大"帮凶"。这就得回到前头说的唐太宗求仙问药的事儿了。

当时唐太宗正沉迷炼丹吃药,而王玄策俘虏的天竺人中,刚好有一个会炼丹的和尚叫那逻迩娑婆寐。这哥们儿自称已经活了两百岁,还知道长生不老的

1.《新唐书·天竺国传》。

方法[1]。

唐太宗一看这是捡到宝贝了啊，立刻发动人手来配合那逻迩娑婆寐制造"长生不老药"。那逻迩娑婆寐一顿神操作，居然真的制造出了所谓的仙丹，唐太宗就赶紧吃了。

后来发生了什么呢？

《旧唐书》里说唐太宗吃完了"仙丹"，病情没见好，也没恶化，但没几个月就突然病死了，刚五十岁出头。这么说唐太宗应该是因病抢救无效去世的。

但事情并没有这么简单。

古代人写历史讲究"为尊者讳"，就是对领导、长辈的一些事情不好太直接记下来，所以通常会在本纪里说得模糊一点儿，然后在别的地方再埋下事情的真相。

同样是《旧唐书》，另外两个地方记载的唐太宗之死就值得仔细琢磨了。

一处是后来唐高宗李治的记载，说李治也曾因为身体不好尝试炼丹吃药，当时就有个大臣表示反对说，当年太宗就是因为吃了天竺"神药"才过去的，那么多大夫都没救过来呢[2]。

另一处记载是关于唐朝第十一位皇帝（不包括武则天和唐殇帝）唐宪宗的。说唐宪宗时期，大臣李藩也提过太宗皇帝就是吃了"长生药"才驾崩的[3]。

你品，你仔细品。

从这两处侧面记载，我们大概可以判断，唐太宗的死和他吃的"仙丹"有

---

1. 《太平御览·药部一》。
2. 《旧唐书·郝处俊传》。
3. 《旧唐书·宪宗本纪》。

直接关系，而这仙丹是哪儿来的？可不就是王玄策俘虏回来的天竺"大忽悠"那逻迩娑婆寐鼓捣出来的吗？你说史书上还能大张旗鼓地记载王玄策"一人灭一国"的传奇故事吗？

"千古明君"唐太宗就这样以一种相对尴尬的方式谢幕了，但并不影响后世对他的推崇。不过，我们也不能搞盲目崇拜，要知道任何一个历史人物都是复杂多面的，唐太宗的英明神武和他的求仙问药，其实都是他真实的一面。

古人炼丹常用物料

黄金：古人痴迷于真金不怕火炼的纯粹和永不腐朽的璀璨，相信服用黄金可以长生不老。史书里记载更多的，却是吞服黄金自我了断的事例。

水银：水银是一种活泼的液态金属，加热时会产生强烈的化学反应，充满让人痴迷的玄幻色彩。但水银接触皮肤会使人中毒，水银蒸气则可以通过人的呼吸系统进入神经系统，同样会使人中毒。

铅：铅的一个重要特点是可以和其他物质化合，生成红白等不同颜色的物质。炼丹的时候加入铅，能使所谓的仙丹变得色彩鲜艳，惹人喜爱。当然，铅有毒性，会对人体造成巨大的损害。

硫黄：硫黄易燃，可以作为燃烧剂，燃烧时淡蓝色的火焰十分神秘。硫黄颜色纯黄，很容易和古代的五行学说及皇权相联系，极具象征意义。

铜：因为长得像黄金，也很受青睐。

丹砂：丹砂即硫化汞，一经加热会分解出水银，水银和硫黄加热化合，又会形成硫化汞，恢复原状。这一现象使古人感到惊奇，因此炼丹者一直想利用这些物质炼成具有神奇效用的"还丹"。

第十篇
开箱验取石榴裙：触底反弹的武则天

650年,也就是唐高宗永徽元年的五月,是千古一帝"天可汗"唐太宗逝世一周年。为了表达对父亲的缅怀,大唐的第三位皇帝李治来到感业寺上香。

从感业寺出来,唐高宗的脸色很悲伤,明显有哭过的痕迹。大家都觉得皇上真是孝顺啊,老爹都死了一年了还这么伤心。但很少有人知道,唐高宗的眼泪可不全是为老爹流的,是有人偷偷塞给他一首诗才让他如此伤心。

诗叫《如意娘》,是这么写的:"看朱成碧思纷纷,憔悴支离为忆君。不信比来长下泪,开箱验取石榴裙。"意思就是,我精神恍惚,看东西都差色了,就是因为整天想你啊!你要是不信,就打开箱子看看我的那条石榴裙吧,上面可全是我的泪痕!

呃,等一下,按理说寺庙里不是和尚就是尼姑,他们怎么能写出如此幽怨缠绵、深情愁苦的情诗呢?

其实这也很好理解,因为唐高宗来感业寺本身就动机不纯。

如果只是为了纪念自己的老爹,玄奘大师坐镇的大慈恩寺或者历史悠久的皇家寺院大兴善寺才是最好的选择，他为什么偏偏要来这小小的感业寺呢？

当然是因为这里有一个唐高宗苦苦思念却求之不得的人，这个人就是《如意娘》的作者、后世大名鼎鼎的女皇武则天。

首先要说明的是，武则天的名字其实并不叫"则天"。"则天"是她死后的谥号，除此之外她还被叫过武媚娘、武才人、武昭仪、武皇后等。作为中国历史上唯一一位女皇帝，她称帝后还给自己生造了一个名字叫武曌[1]。在此我们就统一称她为武则天了。

武则天和唐高宗的感情是怎么开始的呢？这就得从唐太宗时期说起了。

637年，也就是唐太宗贞观十一年，才十四岁的武则天成了唐太宗的才人。才人是唐朝的一种嫔妃品级，正五品，属于中低档"职称"。当时唐太宗还给了她一个很香艳的赐号，叫"武媚"[2]。这其实是当时一首很有名的艳色小曲的名字，武则天能捞到这个赐号，可以推测是大美女一个了。但神奇的是，武则天当了十余年的才人，不但没给唐太宗生下一儿半女，就连"职称"都没升级过，这又是为什么呢？

对武则天在唐太宗时期的宫廷生活，史书上几乎没有任何记载，不知道是没什么可写，还是有什么不方便写。唯一流传下来的记载是武则天自己的回忆。她说，有一次唐太宗在驯马，其中一匹马名叫狮子骢，听起来就很威武雄壮，很不好驯服。

当时唐太宗也不知怎么想的，问后宫嫔妃里有谁能驯服这匹马。

武则天说：我能！

---

1. 《旧唐书·则天皇后本纪》，下同。
2. 《新唐书·则天皇后传》。

唐太宗很感兴趣地问：你想怎么驯呢？

武则天说：驯马总共分三步——先用铁鞭子抽，再用铁棍揍，最后用匕首割了它的喉咙。

这是驯服不了就直接杀了吃肉的节奏啊[1]。

皇帝的嫔妃一个个都恨不得善良到"发光"，哪有武则天这样上来就是一个"死亡三连击"的？估计唐太宗也不太能接受这种类型的"黑暗萝莉"，所以武则天十几年都在原地踏步了。

唐太宗不喜欢这一款的，但是有人喜欢啊，此人就是他的儿子李治。

史书中总把李治描述为善良、孝顺、懦弱的乖宝宝，比如在哥哥欺负自己的时候他不敢反抗啦，比如在父亲出门打仗的时候他号啕大哭啊，比如在生病的父亲床前恭恭敬敬地端汤喂药啊……

但事实真的是这样吗？

在唐太宗生命的最后时光里，作为太子的李治的确是片刻不离左右，各种孝顺是没的说。但也就是在这个时候，李治和比自己大四岁的武则天走到了一起。按照辈分，武则天算李治的庶母，这两人完全就是不伦之恋。我们今天总说一个词叫"十恶不赦"，不伦之恋在古代就属于十种最大的罪行之一。在历史上被骂成狗的隋炀帝，当初也搞过类似的剧情，而李治的保密工作做得明显比隋炀帝好，所以除了他和武则天，就没有第三个人知道。

等到唐太宗去世，按照当时的规定，凡是级别不高又没生育过的妃子，不能继续留在皇宫，所以武则天就被安排到感业寺出家为尼了。

1.《资治通鉴·唐纪二十二》。

于是，一对小情人一个在皇宫，一个在寺院，当真是无从相见只能相互想念了。不过，唐高宗显然对武则天难以忘怀，所以才会借去感业寺上香的机会和她见面。

送走情郎唐高宗没多久，武则天这天又迎来了一位皇宫里的客人。不过，这位客人不是唐高宗派来的，而是唐高宗的正妻王皇后的手下。

就在大家以为马上要上演一幕"苦情正房怒打小三"的狗血戏码时，事情却朝着奇怪的方向发展了。王皇后派来的人跟武则天说：你从现在开始留头发吧，等头发长长了，就接你回宫去伺候皇帝。

武则天当时也有点儿蒙。这和通常的剧情不一样啊，王皇后怎么还主动把"小三"往家里带呢？

王皇后如此与人方便，当然不是雪中送炭，她这么做是有理由的。

用最简单的话来说，武则天其实根本算不上"小三"，顶多算个"小四"。因为当时王皇后最大的敌人是唐高宗的另一个妃子——萧淑妃。这位妃子把唐高宗迷得神魂颠倒，搞得王皇后只能夜夜独守空房。如何才能分散唐高宗对萧淑妃的宠爱呢？王皇后想到的办法就是找一个比萧淑妃更能吸引唐高宗的人，让萧淑妃也尝尝空虚寂寞冷的滋味。

所以，当王皇后得知武则天的存在后，不但不生气，还很高兴。虽然她也不能理解唐高宗为什么对这个庶母如此着迷，不过无所谓，只要能让萧淑妃不痛快就行啦！

651年，也就是唐高宗永徽二年，已怀有身孕的武则天"二进宫"，不久生下了儿子李弘。而武则天也没浪费这第二次进宫的机会，她对王皇后各种奉承服从，并在王皇后的配合下，成功地把唐高宗拢在了自己的身边。第二年，武则天被唐高宗封为二品昭仪,成了王皇后和萧淑妃之外的第三位后宫巨头。

这时王皇后才发现,武则天比萧淑妃更能争宠,自己的日子依然不好过。从此以后,三个女人一台戏,明争暗斗的小动作不断。不过,唐高宗李治比较"钝感",不管谁说谁的坏话一概当没听到,一时倒也维持了后宫的均衡。

但武则天是什么人,哪能容许王皇后永远骑在自己头上呢?

就在她处心积虑要扳倒王皇后时,后宫中发生的一起人命案,直接导致了王皇后的垮台。

654年,武则天生下一位可爱的小公主。这是她和唐高宗的第二个孩子,小两口现在也算儿女双全的人生赢家了。

在小公主满月后的某一天,下了班的唐高宗第一时间来到武则天的宫殿,要来看看可爱的小公主。结果一掀开包着孩子的被子,发现小公主竟然已经死去多时。

武则天一见痛哭不已,就问伺候小公主的侍从:刚才谁来过这里?

侍从回答:皇后刚才来看过小公主。

唐高宗一听勃然大怒,说:这是皇后杀了我的女儿啊!

武则天也在旁边痛哭流涕地数落王皇后的罪过,而被指控为凶手的王皇后又拿不出有力的证据来表明自己的清白,于是唐高宗李治决定废后,这就是最终导致王皇后垮台的"小公主事件"。

故事的"真相"大家好像都知道,王皇后是来看过小公主,不过她走的时候孩子还活得好好的。很有可能是小公主的亲娘武则天为了扳倒王皇后,趁着没人,亲手掐死了自己的女儿,然后嫁祸给王皇后!可见这个女人为了达到目的是多么狠毒[1]！

但是，这就是事情的真相吗？

不好说。

五代时期编纂的《旧唐书》和《唐会要》对这次的"小公主事件"记录得非常简单，只说小公主死了，然后武则天说是王皇后害死的。至于小公主到底是怎么死的，根本没说。

反倒是几百年后宋朝人编的《新唐书》里，突然出现了这桩武则天杀女"案件"的全部细节，情节紧凑，场面惊悚，还有堪比电影的画面感。

按照历史学家顾颉刚先生的观点，这属于"层积的历史"，就是后人开"脑洞"加上了很多原本没有的情节，所以可信度是存疑的。

王皇后来看过小公主是真的，小公主后来突然死亡也是真的，唐高宗要废王皇后还是真的，但整件事中可能并没有所谓的凶手。毕竟在古代，婴儿夭折的概率是很高的，小公主可能只是突然暴毙，武则天不过是第一时间利用这个机会往皇后身上泼脏水罢了。

而唐高宗真的相信是王皇后杀了小公主吗？

恐怕也没有。

唐高宗的确在永徽五年（654年）开始有了废王皇后的打算，却从来没用皇后杀小公主这事做由头。那唐高宗到底为什么要废王皇后呢？

因为两个人。一个自然是他最爱的女人武则天，他想把皇后之位给她，爱她就要给她最好的嘛；而另一个，则是让唐高宗又爱又怕的人，这个人就是他

---

1. 《新唐书》《资治通鉴》皆持此观点。

的亲舅舅长孙无忌。当时真正执掌大唐朝政的宰相长孙无忌,也是整个关陇贵族集团的代言人。

说起来唐高宗能成为皇帝,多亏了舅舅长孙无忌的助攻。原太子李承乾和魏王李泰夺嫡的时候,是长孙无忌力推李治当上了太子。唐太宗去世后,又是长孙无忌作为托孤大臣保着唐高宗上位的。

自永徽元年以来,也是长孙无忌各种施展拳脚,把朝政安排得明明白白,把那些能威胁唐高宗的反对者处理得干干净净,这才让唐高宗在皇位上高枕无忧。这么算起来,于公于私,唐高宗都要感谢舅舅长孙无忌。

但感激归感激,不代表唐高宗心里没想法。

唐朝实行的是三省六部制,三省是中书省、门下省和尚书省。按照唐朝的制度,所有的行政命令都必须由中书省起草,然后门下省批准,最后由尚书省执行。就连皇帝的命令也是一样的,如果不从三省走一遍程序,那就是无效的。

而当时三省的主要长官,基本被以长孙无忌和褚遂良为首的元老旧臣所把持,他们要么是长孙无忌的"伙伴",要么是不敢惹长孙无忌的小字辈。整个高宗朝初期,只有一个人在资历和势力上能和长孙无忌相提并论,那就是大唐名将李勣。

这个李勣其实也是一位熟人,就是当年和"战神"李靖一起打突厥的徐世勣。后来他因为功劳大被李唐皇室赐姓为李,所以又叫李世勣。因为唐太宗叫李世民,为了避皇帝的名讳,他又把名字中间的"世"字去掉,叫李勣了。

李勣虽然能量很大,但他毕竟出身军方,在文官主导的朝堂上显得势单力孤,所以他也不和长孙无忌争什么,每天就按时上班下班,基本对朝中政事不发表什么意见,安安静静地当个旁观者。于是,长孙无忌成了整个朝廷说话最有分量的那位,大臣们都围着他转,几乎不把年轻的唐高宗放在眼里。

对此,唐高宗当然不高兴,不过此时长孙无忌已经把朝廷经营得铁板一块,唐高宗完全就是狗咬刺猬——无从下嘴。而且长孙无忌不只在朝堂上能量巨大,在后宫也同样有门路,王皇后就是他最大的关系户,因为王皇后的舅舅就是长孙无忌的铁杆"小弟",双方一内一外配合得不要太默契。

所以,唐高宗不喜欢王皇后,除了觉得她为人高傲、不亲切之外,更因为她是长孙无忌那边的人,所以这皇后必然得换!

就这样,一场围绕着"废王立武"的激烈斗争在君臣之间轰轰烈烈地拉开了大幕,对阵双方一方是皇帝李治和武则天,另一方则是宰相长孙无忌和他的支持者。

第一轮交锋,唐高宗采用了温和路线。他亲自带着武则天到舅舅长孙无忌家吃饭,各种说好话,还送了一大堆礼物,封了一大堆官。唐高宗说:舅舅,你看皇后这么长时间也没孩子呀,是不是可以换换人啊?没想到长孙无忌饭照吃,礼照收,到最后也没接皇帝的话茬儿。后来唐高宗又派心腹许敬宗去说,没想到直接被长孙无忌骂了回来。

第一轮,长孙无忌完胜。

软的不行,唐高宗打算来硬的。他把主要大臣召集起来,说要废王皇后,换武则天上。这次长孙无忌没吱声,他的"小弟"褚遂良倒是跳出来给皇帝一顿教育,结果这事儿又没成。

第二轮,长孙无忌再胜。

不过唐高宗倒是挺有毅力,第二天再召集大臣开会,主题还是要换皇后。褚遂良又出马了,他说:就算换皇后,也得从元老重臣家里找啊,武昭仪那是什么出身，也配当皇后？而且她再怎么说也算先帝的妃子，这都差着辈儿呢，也好意思当皇后？

这句绝杀一出，彻底把唐高宗干没电了，也让在后面偷听的武则天气炸了肺。她大声喊道："何不扑杀此獠？"意思是，为什么不杀了这个王八蛋！

场面一度失控，这会议也开不下去了。

第三轮，长孙无忌又胜。

但就是这样，唐高宗还是没有放弃，他想到朝中另一位"大佬"李勣还没表态，于是单独召见了李勣，询问他对换皇后这事儿的意见。而李勣就说了一句话：这是陛下的家事，问外人干什么？

这就叫一句顶一万句。

李勣的话有两层意思。第一个意思是说，这是皇帝自己家里的事，没必要问我这个外人，也没必要问别人；第二个意思则是，皇帝就应该自己说了算，怎么能受制于别人？

唐高宗听懂了李勣的话外音，有了"枪杆子"支持的他立刻挺直了腰杆子，强行把武则天立为皇后。

按照历史学家陈寅恪先生的说法，"废王立武"事件固然代表着唐高宗和武则天夫妻正式成为政治舞台上的男女主角，但其实更是以长孙无忌为首的关陇贵族集团走向没落的开始——这才是永徽年间所有斗争背后最大的真相。

第十一篇
摘绝抱蔓归：带血的皇冠

对中国古代的皇室家族来说，为了争夺至高无上的皇权，家人反目甚至骨肉相残都是稀松平常的事情。比如三国时曹丕、曹植兄弟的夺嫡大战，就留下了"相煎何太急"这样的扎心金句。

唐朝也有一首和曹植《七步诗》几乎齐名的诗，叫《黄台瓜辞》，据传这是唐高宗和武则天的二儿子、章怀太子李贤作的一首伤心诗。诗文是这么说的："种瓜黄台下，瓜熟子离离。一摘使瓜好，再摘令瓜稀。三摘尚自可，摘绝抱蔓归。"

这首诗的字面意思很好理解，瓜熟了之后就摘呗，一个两个三个四个都摘光了，也就只剩下光秃秃的瓜蔓了。表面上看，这好像说的是去别人家"开心农场"偷菜的事儿，但其实是用藤蔓来比喻武则天，用藤蔓上结的瓜来比喻武则天和唐高宗李治所生的四个儿子——李弘、李贤、李显和李旦。最后，这四个瓜娃子都被老娘武则天拿下了。所以，这首五言古诗说的就是一出妥妥的家庭惨剧啊。

等一下，人都说"虎毒不食子"，之前我们提过武则天身上还背着一个掐死亲生女儿的嫌疑呢，她怎么又对四个儿子下手了呢？

没法子，通向最高权力的道路有时候就是用鲜血和眼泪铺成的。这事儿我们得一个一个地说。

永徽六年（655年）十月，武则天终于成了大唐的皇后，此时距离她第一次进宫已经过去了整整十八年。虽然武则天成了后宫之主，但她并没什么岁月静好的日子，还有一大票敌人等着她去对付呢。

上台仅一个月，武则天就把关在冷宫的王皇后和萧淑妃除掉了。

不狠心是不行的。因为生性温柔又念旧的唐高宗竟然去冷宫看望了王、萧二人，还要把幽禁她们的冷宫改名为"回心院"，这名字的意思实在不能更直白了。

武则天哪会给唐高宗回心转意的机会，她又怎么可能容忍被自己打倒的敌人卷土重来？所以王、萧二人必须死。

对这两位的死法，《旧唐书》《太平御览》里说是被勒死的，《新唐书》里则记载她们被除掉的方式有点类似汉代吕后对付戚夫人的手段。武则天的原话是"令二妪骨醉"，意思就是把二人的骨头都用酒泡醉。具体操作方法是先打一百棍，然后砍去手足，泡在酒缸里等死[1]。这种"骨醉"可是比当年吕后的"人彘"还要残忍。而《资治通鉴》在记载这段历史时，又在最后加了一个让人细思极恐的细节——"数日而死，又斩之"，就是死了之后还把尸体给毁了[2]。

除掉了失势的情敌，接下来要参与政事、掌握政权，就得踢走挡路的太子

---

1. 《新唐书·王皇后传》。
2. 《资治通鉴·唐纪十六》。

了。第二年没还出正月，武则天就撺掇唐高宗废掉了当时的太子，也是王皇后的养子李忠，把自己的大儿子李弘立为太子。之后，武则天又配合唐高宗，用了两年时间，把长孙无忌和褚遂良这帮反对派贬的贬，杀的杀。至此，唐高宗和武则天才真正掌控了大唐的最高权力。

在这一过程中，唐高宗和武则天已经超越了一般的夫妻关系，成了一起打拼的"创业伙伴"兼"战友"。而唐高宗的身子骨又有点儿弱，史书记载他得的是"风症"，一发作起来头晕目眩，可能类似今天高血压一类的心脑血管疾病吧，反正根本没法儿上班，只能经常让武则天帮着处理朝政。

结果，武则天有时候比唐高宗本人干得还好，甚至比他还有责任感和使命感，以至于后来唐高宗想干点儿什么，反而要武则天拍板才行[1]。

这下子事情就有些变味儿了，唐高宗也好，朝中的大臣也好，都被武则天的权力欲吓着了。

所以664年，唐高宗又有了废后的打算。他秘密召见宰相上官仪，让他起草废皇后的诏书。上官仪刚出门去写诏书，武则天马上通过自己的各种眼线收到了消息。她立即冲到唐高宗面前又哭又闹又求情。唐高宗就心软了，说：我本来没有这个意思，都是那个上官仪怂恿的啊。

于是，可怜的上官仪很快就被武则天扣了个谋反的帽子除掉了。唐高宗卖队友一时爽，却搞得再也没有朝臣敢跳出来反对武则天了。

此后唐高宗上朝的时候，武则天就弄个帘子坐在后面垂帘听政，大事小情都由她说了算。

---

1. 《资治通鉴·唐纪十八》。

665年，武则天又极力劝说唐高宗去泰山封禅。

封，就是祭天；禅，就是祭地。泰山封禅历来是祭祀的皇帝觉得非常光荣的事情，武则天这么做表面上是为了给唐高宗长脸，其实另有目的。

在以往的封禅典礼中，皇帝是当仁不让的"男一号"，文武百官都是陪衬，皇后嘛，顶多算个"热心观众"。这次武则天却提出要和皇帝一起祭祀。中国古代祭祀天地，实际上也在祭祀祖先。所以，皇帝祭祀天地，其实也是祭祀之前的皇帝和皇后。

武则天决定拿这件事做文章，她说：祭祀的历代皇后里也包括我的婆婆长孙皇后啊，这岂能让文武百官那群外人去呢？就应该由我这个儿媳妇亲自上手啊。唐高宗一想觉得也有道理，就同意了。于是，武则天配合皇帝完成了祭祀仪式，名正言顺地提升了自己的政治地位。

这还没完。674年，武则天又撺掇李治称"天皇"，自己称"天后"。这个"天后"的职称可比皇后更高级，武则天再一次借着抬高丈夫的由头拔高了自己的身份。唐朝时人们称皇帝为"圣人"，而当时人们称唐高宗和武则天为"二圣"[1]，所以武则天的权势、地位和皇帝相比，也没差多少了。

到了675年，唐高宗病情加重，他开始和大臣们商量让武则天来摄政。但宰相郝处俊表示反对说，自古以来皇帝干不了活儿，应该让儿子、孙子顶上，哪有让媳妇接手的道理？宰相都开口了，唐高宗又是个耳根子软的人，所以这事儿也就没了下文。

得知自己直接执政的梦想被宰相搅黄了，武则天马上召集了一大批"笔杆

---

1. 《资治通鉴·唐纪十八》。

子"——当时人称"北门学士",让这群人玩儿命地编书。武则天表面上是在繁荣大唐的文化出版事业,实际上她是想安排这群人把那些反对自己的大臣给挤掉,进一步把持朝政。

也就在这个时候,阻碍武则天接手大权的另一个关键人物——太子李弘突然去世了,不得不让人产生一些联想。李弘当时二十多岁,正是年轻能干的时候,而且他仁孝聪明,很得唐高宗喜爱,也深受朝臣拥戴。怎么那边大臣刚说太子比皇后更适合接班,这边太子就死了?事情发生得会不会太过巧合了?

《新唐书》和《唐会要》都认为李弘是被武则天毒死的,当然也有史料认为李弘死于肺结核,这仅仅只是一个巧合。真相到底如何,大家只能见仁见智了。不管怎么说,藤蔓上的第一个"瓜"就这么没了。

李弘死后,唐高宗改立自己与武则天生的二儿子雍王李贤为太子,也就是《黄台瓜辞》的作者了。李贤也有很强的政治能力,唐高宗让他留守监国,他把大小事处理得井井有条,得到了唐高宗的高度赞扬。

但是李贤和母亲武则天的关系很糟糕。武则天曾送《孝子传》给李贤,表面上看这是母亲让儿子多读书。但光看书名就很有内涵了,《孝子传》,明显是说儿子不孝顺啊!武则天还好几次亲笔写信来斥责李贤,说他不懂得怎么当儿子,也做不好太子,母子关系紧张得不得了。

680年,武则天甚至派人揭发太子李贤谋反。唐高宗本想网开一面,武则天却坚持要大义灭亲,最后李贤被废为庶人,流放巴州,他的手下也被武则天"团灭"了。李贤成了第二个被摘的"瓜"。

太子下台,三儿子英王李显替补了皇太子的位置。李显的能力和水平都算不上突出,加上他目睹两个优秀的哥哥一死一废,态度就更消极了,老老实实地服从母亲武则天的安排，让干什么就干什么。

683年，久病的唐高宗李治驾崩，临终遗诏让太子李显即位，这就是历史上的唐中宗。第二年，唐中宗改年号为嗣圣，尊母亲武则天为皇太后，封媳妇韦氏为皇后，任命宰相裴炎统领外朝。当然，里里外外的事情还是武则天说了算。

唐中宗这个皇帝，能力水平有限，性格又懦弱无能，本来武则天对他挺放心的。不过，再窝囊的皇帝也是皇帝啊，唐中宗也有自己的追求，上位没多久，他就开始谋划对抗母亲武则天了。但他看了一圈周围的人，发现能依靠的只有自己的媳妇韦皇后了。因为只有韦皇后娘家的势力能为他所用，这是他对抗母亲武则天的唯一筹码。

唐中宗首先下令把岳父韦玄贞提拔为侍中，侍中是宰相一级的官职。韦玄贞之前只不过是个小地方的参军，现在一下子被提升进了核心领导层，这严重违背了唐朝的组织任命原则，所以宰相裴炎表示了反对。以唐朝的制度而言，没有现任宰相的认可，皇帝的提拔令也不过是废纸一张。

于是，唐中宗只能恼羞成怒地对着裴炎吼道：一个小小的侍中算什么，我就是把天下都给他又怎么了？

这是一句气话，也是一句混账话。但在敏感时期，这更是一句要命的话。

武则天听说之后非常生气，很快就把唐中宗废为庐陵王，直接赶出了长安。唐中宗就这样成了武则天摘掉的第三个"瓜"，从上岗到下岗一共才过了五十多天。

现在四个"瓜"只剩最后一个，武则天的第四个儿子豫王李旦了。

李旦在历史上被称为唐睿宗，不得不说这个"睿"字定得是真合适。

李旦虽然接了哥哥李显的班，成了新一任皇帝，但他心里清楚得很，大唐说了算的根本不是他自己，而是他的老娘武则天。

武则天以皇帝李旦的名义改年号为文明，册封了他的媳妇刘氏为皇后，也册立了他的长子为太子，看起来皇帝该有的配套待遇一样都不缺。但实际上，睿宗根本是被软禁在皇宫里，是个有名无实的傀儡皇帝，对外面的事一点儿发言权都没有，被当成"瓜"摘掉也就是时间问题。

当然，对于武则天这种六亲不认的"摘瓜"行为，并不是所有人都打算保持沉默的。

唐初名将、英国公李勣的孙子李敬业（也叫徐敬业），第一个站了出来。他在扬州集结了一批对武则天不满的"小伙伴"共同起兵表示反对。

在这些人中，有一位"小伙伴"知名度很高，就是大家小时候都背过的"鹅鹅鹅，曲项向天歌"这首诗的作者，也是"初唐四杰"之一的骆宾王。这位七岁就能写诗的神童长大更不得了，他写了一篇讨伐武则天的战斗宣言，叫《讨武曌檄》，又称《代徐敬业传檄天下文》。在这篇文章里，他充分发挥大师级的骂人功力，把武则天给喷了个体无完肤。

一般人听到这样骂自己的文章早就气炸肺了，武则天却生出了爱才惜才之心，甚至感慨道：这样的人才没落到京城来，真是大臣们选才的失误啊！

武则天感慨归感慨，该下手的时候可是丝毫不手软。她派出三十万大军前往扬州平叛。徐敬业虽然有个"战神"爷爷，却没有继承爷爷的战斗力，很快就兵败被杀。他手下的大才子骆宾王也从此不知去向，这场兵变除了留下一篇千古传诵的文章之外，什么水花都没激起。

但叛乱给武则天敲响了警钟，让她认识到反对自己的人还是很多的。所以在686年，武则天公开下诏，表示自己要退休，把所有权力还给皇帝睿宗。

但知母莫若子，唐睿宗哪能不明白，这是老娘在搞以退为进的试探呢。什么还政退休，说得好听，自己要是真敢接茬儿，保证分分钟就被除掉。别的不说，就现在这个年号"垂拱"，还不说明问题吗？

"垂拱"是什么意思？就是双手交叉，衣袖下垂，形容安静不动、毫不用力[1]。古人说皇帝"垂拱而治"，那是比喻统治者什么都不用做，无为而治就能让天下太平。

这的确是个很好的词，但也得结合具体情况不是？武则天给唐睿宗定这个年号，就是摆明了告诉儿子：你最好什么都别做，什么劲儿都别使，老妈我替你代劳就完了。

如此明显的潜台词唐睿宗当然清楚，所以他数次上表，态度坚决地推辞，哭着喊着求母亲继续临朝主政。

果然，武则天顺水推舟，很欣慰地接受了睿宗的恳求，依旧把朝政攥在手里。此时的武则天已经不满足于当一个垂帘听政的皇太后了，包括她背后的整个团队都在憋着劲，想让她更进一步，成为史上第一位女皇帝。

两年后，武则天的侄子武承嗣突然报告了一个天大的好消息，说在洛水中出现了一块白色的大石头，上面写着八个字——"圣母临人，永昌帝业"。这分明就是上天发来的"短信"，告诉圣母皇太后应该称帝啊！

当然，这石头上的字到底怎么来的大家都心知肚明，武则天还得装成好惊喜、好意外的样子，把白石头命名为"宝图"，然后给自己加了个尊号，也就是荣誉称号，叫"圣母神皇"。这摆明了告诉天下人自己接下来要干什么了。

1.《尚书注疏·武成第五》。

同时，地方上一些李唐的宗室子弟掀起了零星的叛乱，正好给了武则天打击反对者的机会。她迅速调集兵力平定叛乱，然后任用了一大堆心狠手辣的酷吏，他们各种栽赃陷害，搞冤狱，把唐朝的李姓宗室杀了个血流成河，连圣母神皇的亲孙子都没放过。

反对派已经肃清，支持者自然也就登场了。

690年，大唐上上下下掀起了一场轰轰烈烈的请愿运动，内容只有一个：请武则天赶紧称帝。仿佛武则天要是不当皇帝，地球就得爆炸一样。连唐睿宗也被迫上表，恳求母亲称帝。

于是，这年的九月九日，武则天正式称帝，尊号"圣神皇帝"，改国号为周，史称"武周"。原来的皇帝唐睿宗被回炉重炼，成了"皇嗣"。这个皇嗣可不是太子，简单来说就是"皇帝的子嗣"而已，以后这皇位可不一定是你的。李旦没保住的不只是自己的皇位，他连自己的姓都没保住，被赐姓为武，改名叫武轮了。这最后一个"瓜"，也终于被武则天摘了下来。

从637年第一次走进皇宫，到690年登基称帝，武则天用五十多年的时间攀上了权力的巅峰。这一路之上，充满了各种匪夷所思和曲折离奇的事情。武则天戴上沾染了自己和他人鲜血的皇冠，成了前无古人后无来者的历史传奇。

第十二篇
花须连夜开：霸气女皇的身后事

清朝小说《镜花缘》中曾记载了这么一个故事：有一年冬天，大唐天后武则天边赏雪边喝酒，喝高兴了，就给御花园里的花发布了个命令说，明天要来赏花，让这些花明天必须开放，否则后果自负。

没想到，第二天御花园里还真就百花齐放。只有牡丹特别有性格，说什么也不开，于是被武则天贬到了洛阳。结果，被贬洛阳的牡丹反而开得特别好。

当然，这只是小说家的夸张，是为了体现武则天的威武霸气。不过，武则天的确写过一首《催花诗》："明朝游上苑，火速报春知。花须连夜发，莫待晓风吹。"

这说的不就是给花下命令吗？武则天这首《催花诗》到底是在什么情况下写的呢？

关于这首诗的创作背景，宋朝人编写的《全唐诗话》和《唐诗纪事》里记载了另一个版本的故事：在武则天称帝的第二年冬天，有人报告说御花园里的花竟然开了，请武则天去看。其实花根本没开，是有人想把武则天骗去然后趁机造反。武则天将计就计，去之前先让人到御花园里念了这首《催花诗》，结果第二天一早百花竟然真的都开了。那些心怀不轨的大臣一看，这武则天简直就是神魔附体啊，从此再也不敢有别的想法了。

后来唐朝的民间传说将此事与牡丹联系起来[1]，改编衍生出"武则天怒贬牡丹"这么一个故事，由此被后世的小说家写进了《镜花缘》里。

但是大冬天的，这花到底是怎么开的呢？

其实道理和今天培育反季节蔬菜一样，很大概率是利用了温室大棚一类的技术。

用温室大棚技术来种植反季节蔬菜，这玩意儿在古代还真不算"黑科技"。早在汉代，古人就能利用类似温室大棚的装置来种植葱和韭菜了[2]。唐太宗时期也有一个叫陈元璹的官员，因为在冬天给皇帝上贡反季节蔬菜而被批评为谄媚[3]。既然蔬菜可以反季节，花卉自然也行。

问题的关键在于，武则天为什么要这么做呢？有大臣闹事杀了不就完了，干吗搞得这么神乎其神？

答案就在于，这件事发生的时间——691年，是武则天称帝的第二年。

武则天经过几十年的奋斗，终于在六十多岁的高龄成了中国历史上第一位，也是唯一一位女皇帝。但她的战斗并没有就此结束，她还要和李唐的残余势力战斗，要和根深蒂固的男权思想战斗，要和整个儒家的伦理道德战斗，所以她几乎是以一己之力在和整个社会对抗。

---

1. 《控鹤监秘记》。
2. 《汉书·循吏传》。
3. 《资治通鉴·唐纪十四》。

那如何才能赢得这场艰难的战斗，巩固自己手中的权力呢？

只有两条路可走，第一是拔高自己，第二是打击敌人。

历来帝王称帝前后，都会搞点儿祥瑞，证明自己是天命所归。武则天给花下命令的操作虽然奇特，但本质上还是为了神化自己，给自己脸上贴金。当然，光靠这些"灵异事件"还不够，武则天得为自己执政找到更高级的理论支持。

中国古代影响力最大的三大思想体系是儒、道、释，简单来说就是尊奉孔子的、尊奉老子的和尊奉释迦牟尼的。

尊奉孔子的儒家，武则天是指望不上了，因为无论哪一本儒家经典对女人执政这事儿都是口诛笔伐的，更别提女人当皇帝了，那简直就是滑天下之大稽。所以，儒家出局。

尊奉老子的道家原本是很好的，讲究无为啊，自然啊，阴阳啊。既然代表"阳"的男子能当皇帝，那代表"阴"的女子当皇帝也不是问题啊。但很遗憾，道家尊奉的祖师老子偏偏姓李，而李唐王朝的执政者说他们就是老子的后裔，用祖宗的学说来反对自己的后世子孙也说不过去啊。所以，道家也落选了。

最后只剩下了佛家。武则天发动手下人去佛经里找，看能不能找到女子当皇帝的案例。结果，功夫不负有心人，还真被他们找到了。在一本叫作《大云经》的经书里，还真有一个女子当国王的故事。武则天听了乐坏了，赶紧组织手下开展《大云经》的宣讲普及工作，让全天下的佛寺天天给老百姓讲这本经书，让大家知道武则天当皇帝是经过佛祖认可的。拍马钻营之人甚至把武则天说成是弥勒佛转世，这可比李唐子孙是老子的后裔高级多了。

于是，佛教一跃成了整个武周王朝的官方信仰，其他信仰统统靠边站了。

不仅如此，武则天称帝后把国都定在洛阳，改名为"神都"，听听这名字

都不走寻常路，弥漫着一种高大上的气质。她把宫城叫紫微城，因为紫微星是中国古代专门用来指代帝王的星星。

此外，武则天还筹建了两个标志性的形象工程，一个叫明堂，一个叫天堂。

明堂最早是周代的周公在洛阳建造的，是古代彰显天子身份的标志性建筑，而武则天在登基前就盖好了一座明堂，有九十多米[1]高，相当于今天二三十层楼那么高，洛阳百里之外的人都能看到。后来，她又盖了一个专门礼佛的地方，名曰天堂，里面建有一尊大佛，佛像手的小拇指上就能放下数十人。徐克导演的电影《狄仁杰之通天帝国》里那座巨大的佛像就是以此为原型的。

武则天这么卖力地表现，就是为了明确自己当皇帝的合理性，也希望以此来彰显自己的身份，好堵住反对派的嘴。

当然，除了抬高自己，武则天也没忘记打击敌人。而女皇陛下收拾反对派最有力的武器，就是放任告密和任用酷吏。

武则天统治初期，鼓励底下人互相揭发。当时有个叫鱼保家的人，为武则天发明了一款"多功能自动分拣意见箱"，叫铜匦。这个铜匦在四个方向开口，一个口收求职信，一个口收意见书，一个口收申冤状，一个口收告密信，功能多样，分拣方便，还节省空间，实在是一种极具智慧的发明，大大提高了告密工作的效率。不过，鱼保家后来也被人用铜匦举报而遭腰斩，不得不说天道好轮回啊。

除了收集匿名文字材料举报，武则天还支持实名举报。她特别规定，地方官员必须为告密者提供交通工具和高端接待，武则天还会亲自接见这些告密

---

1. 《资治通鉴·唐纪二十》。

者。一旦告成了,升官发财不在话下,就算告不成也没什么损失。这么划算的事,傻瓜才不干呢!所以,告密成了当时许多人走上人生巅峰的绝佳选择。一时间告密者前仆后继,而冤死者自然是层出不穷。

不仅如此,武则天还从这些告密者中选拔出了一批表现拔尖分子放进司法队伍,这群人最大的特点就是内心冷酷,手段凶残,只要能讨武则天的欢心,什么都愿意干,他们就是酷吏。

其中非常著名的酷吏是周兴和来俊臣,冤死在这二位手下的人简直不计其数。不过,这两人也没什么好下场,最后都死于告密。武则天一看酷吏这么招人恨,也就像丢破布一样把他们抛弃了。

说了这么多,是不是看起来武则天就是一个醉心封建迷信和爱搞特务政治的人?这样去评判一个人其实太片面了,武则天同样有英明神武的一面。

对内,她完善了科举制度,尤其是开创了殿试制度,由皇帝在宫殿里亲自面试考生。武则天直接干起了"人力资源"的活儿,为的是把人才选拔权进一步抓在手里。而且她开创了武举,说白了就是招体育特长生,让更多武艺优秀的人有了出人头地的机会。同时,她知人善任,非常善于发掘人才,那位总爱问"元芳,此事你怎么看"的"神探"狄仁杰就是她提拔的,甚至后来唐玄宗时期的很多名臣也是武则天任用起来的。

经济方面,武则天统治时期国家实力进一步增强,人口和粮食产量都大幅提升,这都是古代反映国家实力的重要指标。

至于文化方面,武则天本人就有很高的艺术修养,她精通史籍诗文,《全唐诗》中收录了她四十多首诗,她还自创了很多"则天文字"。所以这一时期的文化艺术思想也有了井喷式的爆发。

对外，武则天延续之前唐太宗的政策，继续安定西域，经营四方，为后来的开元盛世奠定了基础。

从这些方面来说，武则天的功绩和唐太宗、唐高宗相比是毫不逊色的。

但很遗憾，无论武则天的事业有多么成功，她还是要面对一个令她无比头痛的问题——皇位继承人问题。

等一下。武则天当初称帝的时候不是把四儿子李旦封为"皇嗣"了吗？这皇嗣虽说不叫太子，但从字面上看就是"皇帝的子嗣"啊，李旦不是现成的继承人吗？

要是一般的皇帝，这根本就不叫事儿，老祖宗留下来的嫡长子继承制明摆着呢，传给自己正妻生的大儿子不就完了？就算正妻没儿子，其他儿子也可以，只要和自己一个姓就行。

但武则天不是一般的皇帝，她是前无古人后无来者的女皇帝，意味着她将面临一个很尴尬的局面：自己儿子和自己不是一个姓，和自己一个姓的不是自己儿子，无论选哪边都尴尬。这可真让人头大！

从 698 年开始，这个问题就让武则天非常头痛，也成了她手底下人关心的头等大事。因为武则天在登基的时候就已经六十多岁了，一国之君的身后事是早晚都得考虑的。

当时争夺继承人的主要有两股势力：

一边自然是被武则天挤下岗的老李家人。当时武则天和唐高宗的孩子，只有三个还活着，分别是三儿子李显、四儿子李旦和小女儿太平公主。这些人自然希望武则天能把皇位传给老李家。

另一边则是武则天的娘家人，说白了就是姓武的，其中以武则天的两个侄子——魏王武承嗣和梁王武三思为首，他们自然希望武则天能立武家人当继承人。

武承嗣和武三思好几次跟武则天说：自古天子没有把位置传给外姓人的道理，您得传给咱们武家人。意思就是，老李家不是咱家人，一旦接了班肯定就得恢复李唐江山，那咱老武家的大周朝不就完蛋了？

武则天虽然觉得侄子说得很对，但还是拿不定主意，就找到狄仁杰问出了那句著名的灵魂拷问：爱卿，此事你怎么看？

狄仁杰对武则天说：侄子和儿子哪个更亲？陛下要是立了儿子，以后还能在太庙里享受祭祀；但要是立了侄子，谁听说过把自己姑姑放在太庙里祭祀的？那您和高宗皇帝以后连个烧纸的人都没有啊！那不成孤魂野鬼啦？

武则天觉得狄仁杰说得有道理，就更纠结了，迟迟下不了最后决心。

都说"日有所思，夜有所梦"，一天晚上，武则天做了一个梦。她梦见一只长得很漂亮的鹦鹉，但两只翅膀都折了，怎么也飞不起来。

武则天醒了之后找到狄仁杰说了这个梦。狄仁杰狄阁老不但破案是一把好手，解起梦来也头头是道。他说：陛下姓武，这鹦鹉说的就是您啊。您有两只翅膀却飞不起来，因为这两只翅膀就是您的两个儿子李显和李旦，只要您重新起用他们，这鹦鹉自然就能展翅高飞啦[1]！

武则天一听就知道狄仁杰还是在劝自己传位给儿子。两害相权取其轻，最终她觉得立儿子更靠谱，于是下令把自己废掉的三儿子庐陵王李显从流放地接了回来，正式立为太子，原来的"皇嗣"李旦则被封为相王。

1.《资治通鉴·唐纪二十二》。

这就是圣神皇帝在向天下宣布她要把皇位还给儿子了，也意味着她放弃了自己一手创立的武周政权，正式承认李唐王朝将再次回归。

呃，等一下。四儿子李旦已经当了近十年的皇嗣，三儿子李显这么多年来一直被放逐，怎么最后立的太子反而是三儿子李显呢？

这就是武则天的智慧了。

首先，李显是老三，之前当过几十天皇帝，按照先来后到的原则也应该立他这个哥哥；另外，李显被贬在外地多年，在朝中毫无根基，相对更好控制——所以武则天才选择了这个性格懦弱又胸无大志的儿子。

事实上，李显这次回来后表现很好。他不但对母亲毫无怨言，言听计从，还主动把两个女儿分别嫁给武承嗣和武三思他们的儿子，和老武家攀上了亲戚，也是在向母亲武则天示好。

虽然武则天此时依然掌控着局势，但其实她已经知道自己输了，她还是没有战胜千百年来男子为主的传统。斗了一辈子，也折腾了一辈子，武则天是真累了，她也不想再为难自己了。

放下这块心病之后，武则天彻底放飞了自我，开始沉迷于享乐，并大修宫殿，还养了两个颜值一流的面首张易之、张昌宗。

随着年龄的增大，武则天对朝廷的控制力开始下降，二张兄弟仗着武则天的宠爱，越来越嚣张跋扈，不但插手朝政，甚至和太子李显杠上了，害死了李显的一对儿女，导致武则天和李显的母子关系再次紧张了起来。

705 年正月，武则天生病卧床不起，只有二张兄弟在身边伺候。底下的大臣坐不住了，他们担心武则天突然去世，朝政失控，二张兄弟还封锁消息，想要趁机搞事情。所以，当时的宰相张柬之联合其他几位大臣，还有相王李旦和

太平公主这些李姓宗室一起发动了政变。正月二十二这一天，他们带兵冲进迎仙宫，把二张兄弟当场杀掉，然后浩浩荡荡地包围了武则天养病的寝殿。

病中的武则天吃惊地看着这群人——里面有自己的儿子，有自己的宰相，还有自己亲手提拔起来的官员，没想到他们现在竟然都站到了自己的对立面。看清形势的武则天当然不会破罐子破摔，她意识到属于自己的时代已经结束，是时候把舞台让给后来者了。

正月二十四，武则天将帝位传给太子李显，武周王朝宣告结束，李唐王朝重新上线，李显也第二次登基为帝。因为这一年是神龙元年，所以这次事件在历史上被称为"神龙政变"。

神龙政变虽然让武则天下了台，但其余威仍在，没人敢给她脸色看。不仅如此，新皇帝李显还给武则天上了一个尊号，叫"则天大圣皇帝"——"武则天"这个称呼就是这么来的。

十个月后，重病的武则天去世，享年八十二岁。她是中国历史上待遇最好的"亡国之君"，也是中国历史上第三长寿的皇帝。

武则天死后，以皇后的身份与唐高宗合葬在乾陵。所以，从某种意义上来说，乾陵是唯一埋着两位皇帝的陵墓，也是唐朝所有帝王陵墓中到今天唯一保存完好的，这也算是一个传奇了。

如果今天你到乾陵去，会看到两块巨大的石碑，西边那块是唐高宗的，上面密密麻麻写满了唐高宗一生的功绩，而东侧属于武则天的那块一字未刻，被人们称为"无字碑"。

对于无字碑没有字的原因，人们有很多种说法。有的说武则天威武霸气，自认没人有资格评论她；也有的说武则天良心发现，故意不写字，留待后人评说。这些说法其实都不靠谱，因为碑是武则天死后唐中宗李显立的，压根儿没让武则天经手。

至于立了石碑却没刻字，是因为武则天死后唐朝政局持续动荡，对武则天的评价始终没法统一，后来这事就不了了之了。

结果，这块无字碑反而成了最能说明武则天一生的标志物，因为她的一生实在是太传奇、太复杂，真的很难用合适的文字来总结概括，倒不如留下这么一座"无字碑"，是非曲直、对错功过，都留给历史去评说。

无字碑上其实有字

武则天乾陵前的"无字碑"如今已成了她的一个标志,其实这块无字碑上是有字的。无字碑上虽然没有原始碑文,却有不少后人的题字。自北宋开始就不断有参观过无字碑的人在上面题字,据统计一共有四十二段之多。其中还包括用契丹文写成的《大金皇弟都统经略郎君行记》,更难得的是题字旁边还有汉字译文,这成了后世研究契丹文字的珍贵资料。

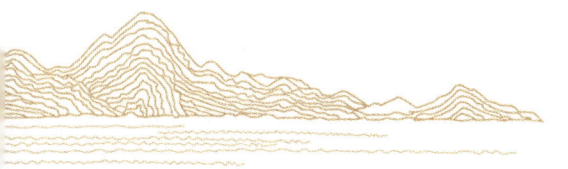

第十三篇

艰难安可忘：
"妇女杀手"李隆基

对唐朝历史稍微有点儿了解的小伙伴都知道，唐朝的巅峰时刻"开元盛世"是唐玄宗李隆基开创的。但很多人并不知道，李隆基年轻时也有过一段非常难熬的艰辛岁月。他在成为皇帝后曾写过一首诗《过晋阳宫》，回顾了大唐建立国都以来一路的困苦和不易。在全诗的最后，他写了这么一句："艰难安可忘，欲去良踟蹰。"用今天一句流行语来说就是，我太难了！

那么，他到底难在哪儿呢？

李隆基是唐睿宗李旦的三儿子，人称"李三郎"。虽然是皇室子孙，李隆基小时候过得可是很刺激，谁让他有个女皇奶奶呢？那真是稍有差错就完蛋的节奏。

直到705年"神龙政变"爆发，这样提心吊胆的日子才总算熬到了头。

李隆基的太子伯父李显重新上台，李唐王朝满血复活了。当时李隆基才二十岁出头，资历、人脉、实力全都排不上号，他只能在这场改变唐朝命运的政变中安静地当一个"吃瓜群众"。但他老爹李旦可是实打实地参与了这场政变,后来被二次上位的唐中宗李显加封为安国相王。

"安国相王"的头衔听着很拉风,但说到底也不过就是个王爷。而且李隆基上面还有两个哥哥,也就是说,如果剧情正常发展下去,李隆基这辈子别说继承皇位,就连安国相王的爵位都轮不到。

但剧情很快就反转了。而一手促成这种反转的,是李隆基的那个倒霉伯父唐中宗李显。

唐中宗当初做了五十多天皇帝就被老娘武则天给废了,之后一直被流放了十几年,多亏了媳妇韦氏的陪伴才挺过来。所以他曾对韦氏发誓:以后要是发达了,你想干什么都行[1]。

男人的誓言有时候不太可靠,但李显是个例外。

唐中宗上台后对媳妇韦皇后是各种宠溺、各种纵容,她真是想怎么样都行。而野心勃勃的韦后也想像婆婆武则天当年那样干预朝政甚至临朝称制,只是苦于很多事不方便亲自出马,需要找一个顶在前台的"合伙人"。这时,唐中宗的另一个妃子、野心同样不小的上官婉儿,向她推荐了武三思。

上官婉儿才华出众,武则天时期就受到了重用,唐中宗也靠她来起草诏令,还把她纳入后宫。当了妃子的上官婉儿并没闲着,积极鼓动韦皇后干政,来达成自己的政治目标。

那么,上官婉儿为什么要推荐武三思呢?很简单,因为她和武三思有暧昧关系,武三思上位只会让她的权势更加巩固。武三思的儿子又娶了韦皇后的女儿安乐公主,两人本来就是亲家。于是,韦皇后和武三思一拍即合,他俩不但

---

1. 《资治通鉴·唐纪二十四》。

把持了朝政，私下还暗通款曲。

自己的两个媳妇都和武三思不清不楚，唐中宗还是没什么反应。咱也不清楚他是真不知情，还是并不在乎，反正没什么反应就是了。

但唐中宗的纵容还是不能满足韦皇后的欲望，毕竟韦皇后的终极目标同样是当女皇帝。而且不只是韦皇后，唐中宗最疼爱的女儿安乐公主也想当女皇帝，这娘俩的"脑回路"是惊人的一致。

当时中宗的太子是李重俊。这可怜的娃并不是韦皇后生的，因为韦皇后生的儿子都没留下来，他才捡了个漏儿，所以韦皇后一直琢磨着怎么把太子除掉。而安乐公主更嚣张，不但对哥哥各种家暴，甚至鼓动唐中宗废太子，立自己为"皇太女"，简直不把太子当盘菜啊。

太子李重俊最终忍无可忍，选择了反抗。他带人把韦皇后的盟友武三思一家全杀了，接着还准备打进皇宫把韦皇后、安乐公主和上官婉儿也杀掉。但因为唐中宗支持韦皇后，太子手下的士兵又临阵倒戈，倒霉的太子就这么稀里糊涂地丢了性命[1]。

太子死后，韦皇后和安乐公主在朝中的势力更强大了。她们大肆排除异己，公开买卖官职，把朝廷搞得一团糟。本来大家对这娘俩已经很不满了，结果又一个重磅炸弹把所有人都炸蒙了。

710年，五十多岁的唐中宗突然去世。对这位"奇葩"皇帝的死因，《旧唐书》和《资治通鉴》都说是韦皇后和安乐公主毒死的，但也有人说唐中宗死于老李家祖传的心脑血管疾病。不管真相是什么，反正中宗的突然死亡，让韦

---

1. 《旧唐书·节愍太子李重俊传》。

皇后彻底放开了手脚，她准备搞事情了。

她先立了个傀儡皇帝叫李重茂，然后自己临朝摄政，并且煞有介事地把年号定为"唐隆"，从字面上看就是"大唐兴隆"的意思。但这纯粹是唬人的，实际上，韦后已经派心腹控制了朝廷的关键部门和京师禁军。同时，她发动舆论攻势，要弄出点儿"灵异事件"来证明自己称帝的合法性。套路和武则天当年简直一模一样。

唐朝之前被武则天强制"退市"一次，好不容易重新"挂牌"，眼看又要毁在韦皇后手里了。而且韦皇后怕相王李旦和太平公主等李唐宗室从中作梗，准备把他们提前除掉。

也就是说，此时大唐的国运和李隆基的小命都要保不住了。但此时的李隆基已经不是当初的"吃瓜群众"了。他很早就注意联络朝廷中一切可以团结的力量，甚至放下身段刻意结交了葛福顺、陈玄礼这些禁军中的下级军官，而且他找到了姑姑太平公主做盟友。太平公主本身也是有政治追求和野心的，姑侄俩准备联合发动政变，拥立相王李旦为皇帝。

不过，就算这样，李隆基手头的力量也是有限的。韦皇后掌握着朝廷的军政大权，手里还攥着一个皇帝，无论是在力量上，还是在名义上，都处于绝对的优势。

但有时候成功真不一定是自己多出色，也得靠对手的"帮衬"。

还没等李隆基动手，韦皇后内部先稳不住了。为了控制京师的"枪杆子"，韦后派自己的亲戚去统领禁军。没想到，她派去的几个货，怕底下的士兵不好管，就用鞭打侮辱的方式来立威。那些禁军可不是好欺负的，都恨不得把韦皇后派来的人碎尸万段，连带着对韦皇后也是怨声载道。

李隆基在禁军中的眼线葛福顺和陈玄礼把这一情况告诉了他。李隆基一想，这是绝好的机会啊，决定正式动手。在发动政变前，有人建议：马上要动手了，这么大的事是不是要通知一下你爹相王？

李隆基却豪迈地说：我是为了拯救大唐！成功了算大家的，失败了算我的，哪能把父亲拉下水呢！

这话听着确实感人，细琢磨却有另一层意思。

从小在残酷斗争中长大的李隆基，对权力的渴望不比任何人少。他知道，如果按照正常的继承顺序，就算老爹当了皇帝，太子也轮不到自己。所以，他唯一的机会就是立下天大的功劳，这样才能创造属于自己的机会。这就是人们常说的，既然希望不常有，那就只能大力出奇迹了。

唐隆元年（710年）六月二十日深夜，李隆基亲自指挥了这场政变。他派葛福顺和陈玄礼先杀掉了韦皇后派去禁军的人，成功策反了禁军，然后带着人马打进了皇宫。

皇宫内的守军对嚣张跋扈的韦皇后不满已久，纷纷临阵倒戈。接到消息的韦皇后赶紧开溜，最后在逃跑的过程中被砍了脑袋。安乐公主死得更有戏剧性，当时她正对着镜子画眉毛呢，被冲进来的士兵一刀斩杀。其他的韦皇后余党，比如上官婉儿之类的，也全被李隆基派去的人就地正法，局面很快被控制住了。

当尘埃落定时，李隆基才把事情的经过告诉老爹李旦。李旦激动地抱着李隆基说：大唐得以保全，多亏有你啊！

不久，唐睿宗李旦上岗，而李隆基也凭着政变之功被立为太子。史书上称这次政变为"唐隆政变"。

"唐隆政变"粉碎了韦皇后称帝篡位的计划,再一次化解了大唐的危机。但这事儿还没完,拥戴唐睿宗李旦登基的两个大功臣——太子李隆基和太平公主,两个人又掐了起来。

看过电视剧《大明宫词》的小伙伴或许对演员周迅饰演的"小太平"印象深刻,但千万不要以为太平公主就是一个长着大眼睛的"小可爱",她是武则天最宠爱的女儿,也是最像武则天的人。她不仅有着和母亲一样杰出的政治才能,同样具有和母亲一样的权力欲望。她之所以积极掺和侄子李隆基的政变计划,就是为了在政治舞台上给自己捞好处。所以,政变成功后,太平公主的地位更加显赫了。

偏偏唐睿宗本人是个拿不了主意的人,经常和妹妹太平公主商量国家大事。如果太平公主没来,唐睿宗还会派宰相去她家里咨询大事小情。以至每次宰相征求皇帝意见时,唐睿宗总是先问:这事儿和太平公主商量了吗?然后再问:那和三郎商量过吗?"三郎"指的就是太子李隆基。

也就是说,唐睿宗虽然是至高无上的皇帝,但基本都是听妹子和儿子的。尤其是太平公主,只要是她想干的事,唐睿宗就没有拒绝的,朝中文武百官是升职加薪,还是离职回家,全在她一句话,这威风几乎快要超过皇帝了。

于是乎,好多人都投奔到了太平公主麾下。太平公主的三个儿子都封了王,她的田产遍布于长安郊外各地,她本人的排场更是大得不得了。

而这个时候,太平公主和太子李隆基的矛盾也变得突出起来。

最开始,太平公主并没把李隆基放在眼里。不过,很快她就发现,这个侄子不但英明果敢,而且对权力同样执着。这让想大权独揽的太平公主感到了威胁,所以她就一直琢磨着把李隆基这个太子给废了,最好换一个像哥哥唐睿宗一样昏庸懦弱的人，这样才好控制。

说干就干。

太平公主先拿李隆基的排行说事儿，她到处散布流言：太子都不是皇帝的嫡长子，凭什么立他啊？

按照古代嫡长子继承制，李隆基上面还有两个哥哥，他的确属于插队加塞，一时间流言四起。但李隆基在政变中立下了大功，这一点唐睿宗心里还是有数的，所以他颁布诏书警告底下人不许乱嚼舌头，算是暂时平息了这场舆论风波。

一看舆论攻势不见效，太平公主就亲自下场拉盟友。

她堵在朝臣每天上班的必经之路上，暗示一些大臣应该改立太子。在场的大臣都大吃一惊，其中有位名叫宋璟的宰相，对着太平公主就是一顿喷，说：太子立下了那么大的功劳，凭什么说换就换啊？李隆基又躲过一劫。

太平公主的攻势一波接着一波，李隆基的太子之位岌岌可危，指不定哪天就得下台。而且太平公主既受唐睿宗的信任，又是李隆基的亲姑姑，一时间李隆基也没有有效的反击办法，只能被动防守。

更大的危机还在后面。

712年七月，天空中出现彗星。在我国古代，凡是彗星出现的年份，往往伴随着战乱、灾祸等非常不好的事情。于是，太平公主指使一个懂天文历法的人对唐睿宗说：彗星出现，标志着要除旧布新啊。从星象上看，这是太子要当皇帝的预兆啊！

对这次出手，太平公主非常有信心。因为这计策实在是太毒了。彗星出现代表除旧布新，那最大的旧是谁呢？自然是唐睿宗本人啦，所以你得下台让太子当皇帝。但哪个皇帝干得好好的愿意突然被撵下台？当然会选择牺牲别人保住自己，所以李隆基这次肯定要"凉凉"。

太平公主的这个计划的确完美，但美中不足的是她搞错了一个假设条件——如果唐睿宗同意下台，该怎么办？

什么？好好的皇帝不当了，自己主动下台？这怎么可能呢？

太平公主没想到，这世上就没有什么是不可能的。

唐睿宗听完了彗星出现的预示后，很平静地说：哦，那我就下台好了。

这可把太平公主给闪折了腰，心说：哥，你怎么不按套路来啊？

太平公主赶紧发动手下劝谏唐睿宗，各种挽留各种求，就差没说：哥啊，那个彗星的预兆是我编的。

之前不太拿主意的唐睿宗这次却拿定了主意。712年八月，他传位给李隆基，自己退位做了太上皇，并且改年号为先天。

此时太平公主的内心是崩溃的，她设计了如此完美的计划，就是想让李隆基这个太子干不成。结果计划也太"成功"了，李隆基果然不是太子了，人家成皇帝了！

应当说这一次太平公主并不是输在智慧和谋略上，她只是不懂自己的哥哥唐睿宗罢了。唐睿宗虽然性格软了点儿，但毕竟不傻，他能不知道自己的妹子和儿子之间的矛盾吗？只是他一直试图在两者之间寻求一种平衡，避免伤害到其中任何一个人。在唐睿宗的心中，有两个底线不能突破：一是妹妹不能伤，二是太子不能换。

怎么才能两全其美呢？唐睿宗觉得只有一个办法，那就是把皇位让给太子。这下太子当上皇帝了，还能随便换吗？只有这样，妹妹才能死心，儿子才能安心。

李旦虽然当了太上皇，却仍掌握着三品以上官员的任命权和重大事件的裁决权。他还定期接见朝臣，仍自称"朕"，作为皇帝的李隆基则只能自称"予"。李旦这个办法既保证了李隆基的皇帝名分，又保留了自己的最高权力，还保护了最亲爱的妹妹，简直就是一举数得的完美方案啊。

但很遗憾，想让所有人都满意，大多时候是谁都不满意。

首先，太平公主并没有死心。她凭借李旦的信任，在朝中依然拥有强大的势力，她甚至想着要废掉皇帝李隆基。

其次，李隆基也没有安心。说是皇帝，但最高权力还在老爹手里攥着，这皇帝当得除了名头好听之外，什么实际意义都没有啊！

面对这种尴尬局面，李隆基最后想到的解决方案还是"政变"。反正大唐从唐太宗那辈儿开始政变就没断过，也不差多一回。

713年，李隆基动手了。

和上一次政变不同，他这时已经是皇帝了，做什么都有天然的合法性。所以，他很轻松地就调动禁军把太平公主的党羽给剪除了，史称"先天政变"。

这次政变中，除了端掉太平公主的势力，李隆基还有一个小目标，就是把老爹手里的权力拿过来。政变发生后，太平公主跑路了，他却没急着去抓这个姑姑，反而带兵把自己老爹给围了起来。最终，他老爹，也就是太上皇李旦，不得不承认政变的合法性，并且宣布交出全部权力，彻底退休。

三天后太平公主被抓，李隆基不顾李旦的苦苦哀求，还是把她赐死了。上一轮"唐隆政变"，李隆基除掉了自己的伯母和堂妹；这一轮"先天政变"，他又除掉了自己的姑姑——大唐"第一妇女杀手"之名算是彻底洗不干净了。

组织了两次政变，历经了无数艰难，李隆基才终于成了一个名副其实的皇帝。对他来说，这可不就是一段"艰难安可忘"的回忆吗？

第十四篇

一骑红尘妃子笑：绝世宠妃诞生记

谈一场甜到齁人的恋爱几乎是现代每个"单身狗"的终极追求，但不要以为只有现代人才会秀恩爱，古人也是一样的。尤其当古代最高统治者皇帝动用手中的皇权"撒狗粮"时，那绝对是史诗级的花式"虐狗"惨案了。

唐朝诗人杜牧的名篇《过华清宫》里，有一句诗大家应该都很熟悉："一骑红尘妃子笑，无人知是荔枝来。"说的是杨贵妃喜欢吃荔枝，唐玄宗就动用国家的战略物资运送能力，在最短的时间把南方的荔枝送到长安来，给爱妃解馋，这可能是有史以来行政级别最高的一次生鲜快递了。

但这首诗中有个问题，细想起来很有意思。

荔枝的保质期一般不超过七天，其主要产地是两广地区，距离长安有四千多里地，那荔枝是怎么在变质之前运过来的呢？

很简单，除了两广地区，四川也是有荔枝的[1]。

1.《荔枝图序》。

唐朝人一般说杨贵妃吃的荔枝是从两广地区运过来的[1]。实际上，以当时的物流水平，想在数天时间里完成这单快递还保鲜几乎是不可能的。而南宋以后，才有史书记载，杨贵妃吃的荔枝应该产自四川[2]。这距离一下子就近了一半，按照唐朝"加急快递"一天跑五百里的极限速度，在荔枝变质前送到贵妃面前还是可能的。

虽然杜牧在诗里是想讽刺唐玄宗耗费那么多物力财力秀恩爱的败家行为，但从中也能看出唐玄宗有多么宠爱杨贵妃。

杨贵妃本名杨玉环[3]。她于719年出生，此时的唐玄宗已经是个三十多岁的大叔了。

杨玉环虽然出生在山西，但童年是在蜀中度过的，也算半个川妹子。她从小就生得漂亮，再加上家人的悉心教导，养成了温婉的性格，也具备一定的艺术素养。传说她精通音乐，擅长歌舞，还弹得一手好琵琶。

734年，十五岁的杨玉环受邀参加一场在洛阳举办的皇室婚礼，结果被唐玄宗的第十八个儿子寿王李瑁相中了，杨玉环就此变成了寿王妃。婚后小两口还挺恩爱。

是的，你没看错，第一个和杨玉环秀恩爱的男人并不是唐玄宗，而是唐玄宗的儿子。后来被唐玄宗宠上天的杨贵妃，一开始其实是唐玄宗的儿媳妇。

只能说大唐的"贵圈"真乱。

当然，此时的杨玉环还不知道自己后来的"职称"变动，毕竟正常人谁能

---

1. 《唐国史补》。
2. 《舆地纪胜》。
3. 《明皇杂录》。

想到后边会有这种"神剧情"呢。那么,后来的神剧情是怎么发生的呢?

这得从杨贵妃的婆婆武惠妃说起了。

武惠妃是女皇武则天的侄孙女,也是唐玄宗的表妹,更是他前半生最喜欢的女人。她一口气给皇帝生了四个儿子、三个女儿[1],可见唐玄宗有多喜欢她。

唐玄宗的原配王皇后出身军人世家,在唐玄宗搞政变的时候是个好辅助,但因为自身文化水平较低,和注重生活情趣的唐玄宗越来越过不到一块儿去。于是,唐玄宗想废掉王皇后,改立当时还是婕妤的武惠妃为后。

但当年唐高宗废了自己的王皇后,改立了一个叫武则天的女人,结果差点儿把大唐都给玩没了,以至唐玄宗时期的人对姓武的女人都有不小的心理阴影。所以,大臣们都拼命反对唐玄宗"废王立武"的"2.0版本"。后来唐玄宗虽然成功废了王皇后,却也只能给武氏一个"惠妃"的称号。

武惠妃名义上是妃子,实际上礼节待遇都享受皇后标准,但她并不因此满足。因为如果当不上真正的皇后,她的儿子就当不成太子,这差的可不是一点半点儿。

而让武惠妃拼了老命想推举为太子的宝贝儿子,就是杨玉环的老公寿王李瑁。武惠妃和唐玄宗生的前两个儿子都夭折了,她自然对三儿子李瑁格外宠爱,恨不得把天下最好的东西都给儿子搞到手。之前李瑁对杨玉环一见钟情,武惠妃二话不说就帮儿子娶了回来,现在这太子之位也得给儿子拿下啊!

然而,唐玄宗当时是有太子的,名叫李瑛。李瑛和另外两个兄弟——鄂王李瑶、光王李琚都是母亲已经失宠的可怜娃。大概是同病相怜,他们平时走得

1.《旧唐书·贞顺皇后武氏传》。

比较近，经常在一起发发牢骚。所以，武惠妃如果想让李瑁当上太子，得先把这三位一锅端了。

737年，武惠妃给三兄弟挖了一个大"坑"。她派人跟他们说，宫里进贼了，让他们赶紧穿上盔甲、拿着武器进宫抓贼。三位皇子宫斗经验也是少了点儿，还真就这么被骗来了。

武惠妃接着向唐玄宗告状说：太子带着两个弟弟要造反，都穿着盔甲杀进来啦！

唐玄宗大吃一惊，赶紧派人去看，发现这三人果然全副武装"闯"了进来。这下子算是坐实了"造反"的罪名，唐玄宗命人将三个儿子全部拿下，事后还把他们都废为庶人并赐死。

太子宝座就这样空了出来，按理说武惠妃和寿王李瑁就要笑到最后了，杨玉环也马上要跟着升级了。

但令人意外的是，这娘俩都没落什么好。

首先是武惠妃。她通过阴谋诡计害死太子等人后，反而得了疑心病，总是看到三人的鬼魂来找自己报仇。这都出幻觉了，可见病得不轻。请大夫看病吃药也好，找巫师作法跳大神也罢，总之各种办法都用遍了也没用。最后，武惠妃还是被自己给吓死了，死的时候年仅三十八岁。

寿王李瑁就此成了没娘的娃。更倒霉的是，母亲的死仍然没有为李瑁换来太子之位。

当时的宰相李林甫和武惠妃是盟友，惠妃死后他力推李瑁当太子。可唐玄宗这时候回过味来了，他一方面觉得之前的"太子谋反案"绝对不简单，另一方面对李瑁和宰相李林甫的密切关系有所防范。最后他选择了毫无存在感的三儿子忠王李亨（当时名叫李玙）当太子，李瑁就这么出局了。

老妈没了，太子的位置飞了，还能更惨吗？

还真能。接下来李瑁又遭受了新一轮暴击。

武惠妃死后，唐玄宗又是伤心又是寂寞，虽然宫里漂亮女人一大堆，但他一个也看不上。这时有人说，寿王妃杨玉环美得很，要不皇帝您就笑纳了？这个"有人"到底是谁，正史上并没有详细记载，民间传说则把这口黑锅安在了高力士头上[1]。没办法，谁让他是皇帝身边的心腹宦官呢，自然成了反派角色的合适人选。

不管是谁撺掇的吧，唐玄宗就真的出手把杨玉环留到了自己身边。

740年，唐玄宗找了个理由让杨玉环出家去了，道号"太真"，实际上是让儿子和儿媳妇合理离婚。几年后，唐玄宗给李瑁找了个新媳妇，然后把杨玉环册立为贵妃，正式开始了老夫少妻的甜蜜生活。至于寿王李瑁这个死了亲妈、丢了太子之位，还被亲爹抢走媳妇的倒霉蛋过得好不好，唐玄宗可就不关心了。

我们来关心一下这位新鲜出炉的贵妃吧。

杨贵妃被认为是中国古代"四大美人"之一，样貌肯定是没的说。都说唐朝以胖为美，很多人觉得杨贵妃应该是个胖美人，但真的是这样吗？

其实，史书中对杨贵妃实际的身材和容貌并没有详细的记载，只说她"绝色冠代""资质丰艳"。这里的"丰"不一定指肥胖，更可能是丰腴圆润的意思，说白了就是那种身上有点儿小肉的微胖美人。

---

1. 《长恨歌传》。

直到后来宋朝的苏辙写下"拥扇执拂知从谁,瘦者飞燕肥玉妃",把杨贵妃和赵飞燕做对比,才有了"环肥燕瘦"的讲法,于是杨贵妃成了人们心目中的大胖子。

不管杨贵妃到底胖不胖,她肯定是唐朝审美眼光下的顶级美女。不过,唐玄宗作为拥有四海的皇帝,这么多年下来应该对美女"免疫"了,为什么就偏偏独宠杨贵妃呢?

那是因为杨贵妃不仅仅靠外貌吸引皇帝,她内在的才华和情趣更让唐玄宗迷恋。杨贵妃有极高的音乐和舞蹈天赋,而唐玄宗正好是一位喜欢音乐也懂音乐的全能音乐人。

唐玄宗曾专门在宫中培养了一大批演艺人才,并把他们放在梨园中亲自教学,这些人被称为梨园弟子。所以,后世把戏曲行称作"梨园行",而唐玄宗也就成了戏曲的祖师爷[1]。

唐玄宗精通琵琶、二胡、笛子和羯鼓等乐器,其中最擅长的是打羯鼓。羯鼓是一种少数民族乐器,声音特别清亮高亢,在合奏中经常能起到带动节奏的作用[2]。唐玄宗练习羯鼓时打坏的鼓槌都能装满好几个大衣柜了,可见他的演奏水平相当高。

除了擅长演奏,唐玄宗还是个出色的作曲家。唐朝不少曲子都是经唐玄宗创作和改编的,其中最有名的就是由他作曲、杨贵妃编舞的《霓裳羽衣曲》了。

两人联合创作的《霓裳羽衣曲》一发布就受到热烈欢迎,成了宫廷宴会、庆祝活动的保留节目,甚至有时候杨贵妃高兴了,还会亲自下场跳上一段。

1.《新唐书·礼乐志》。
2.《羯鼓录》。

这样的红颜知己谁不爱？

唐玄宗跟身边人说：朕有了贵妃，简直如获至宝啊！他真是越看越喜欢，都不知道怎么疼好了。杨贵妃爱吃荔枝，唐玄宗就动用国家战略级道路来了个"一骑红尘妃子笑，无人知是荔枝来"；杨贵妃是热爱美丽衣服的时尚达人，唐玄宗就安排了数百人作为她专门的服装团队。总之就是各种宠溺，他们的小日子过得是要多甜蜜有多甜蜜。

但过日子哪有舌头不碰牙的？杨贵妃和唐玄宗也闹过小别扭。有两次杨贵妃就因为闹小性子被唐玄宗撵回了娘家。不过，这两人是谁也离不开谁。回到娘家的杨贵妃整日以泪洗面，皇宫内的唐玄宗也是茶饭不思，最后两人还是和好如初。而且经过这样的小别离，两人的感情反而变得更瓷实了。

杨贵妃一人受宠，她身边的人也跟着鸡犬升天。

杨贵妃的大姐被封为韩国夫人，三姐被封为虢国夫人，八姐被封为秦国夫人。唐玄宗每个月给这几个大姨子每人几万钱的化妆品采购费，还给她们盖房子、修别墅，随便一套的造价就是千万钱起，至于车马、随从、衣物、饮食，全都按照皇室的标准来。

杨贵妃一个八竿子打不着的远房兄弟杨钊甚至也跟着沾了光。这杨钊根本就是个市井无赖，因为善于赌博，算账倒是挺厉害。唐玄宗相中了他的算术能力，给他改了个名字叫杨国忠，让他干起了朝廷的"财政部长"，同时兼任十几个职务。

这还没完。老杨家一族还娶了两位公主、两位郡主，玄宗甚至亲自为老杨家的家庙题词。这恩宠简直就没边儿了。

唐玄宗每年都有一个固定的休闲活动，就是去长安边上的华清宫泡温泉。

华清宫是和后世颐和园、圆明园及承德避暑山庄并称的中国皇家园林，是帝王级的休闲疗养会所，级别不够的人压根儿没资格享受。

但就是因为杨贵妃的关系，老杨家的人也混进了这种豪华"公务休闲游"。他们还带着一大堆伺候自己的随从，每次出发都是乌泱泱一大群人，一路上掉在路边的金银首饰就一大堆。老杨家连伺候人的人都这么奢侈，也是没谁了。

由此，大家应该能看明白了，杨贵妃这么受唐玄宗宠爱，要是能巴结上她，还有什么事办不成呢？

虽然杨贵妃本人对政治没什么兴趣，也找不到她主动干预朝政的案例，可架不住她身边的人都在玩儿命给自己捞好处啊，于是整个朝堂的风气自然越来越糟糕，各种社会矛盾也越来越尖锐。

但如果就此将所有黑锅都扣在杨贵妃头上，那显然是胡扯。因为导致大唐由盛转衰的最大责任人，其实是越来越不务正业的唐玄宗本人。

开元年间的唐玄宗，那真是一心扑在工作上。在他的励精图治下，大唐局势稳定，经济繁荣，疆域和版图不断扩大，走向了前所未有的盛世。稳定的政局、富足的生活，更是催生了盛唐诗坛的高光时刻，直到今天人们依旧在传唱王维、孟浩然、李白等诗人的千古名篇。

这段时期在历史上被称为"开元盛世"，被视为中国封建社会的顶峰阶段。

唐玄宗之所以能和杨贵妃高调地享受生活，也是靠盛唐强大的国力支撑的。就算唐玄宗宠爱杨贵妃挺费钱的，但也不至于把整个国家的家底掏空，真正的问题在于，开创了盛世之后，唐玄宗觉得人生已经没什么更好的成就值得追求了，该好好享受一下人生了。742年，他把用了近三十年的年号"开元"改成了"天宝"，然后把朝政丢给宰相李林甫，开始了吃喝玩乐的生活。

偏偏唐玄宗信任的宰相李林甫是个嫉贤妒能的小人，他在宰相的位置上一干就是近二十年，到处陷害同僚，以达到独揽大权的目的，造成了天宝年间中央政府的政治败坏，也导致了政治人才的断层。所以李林甫死后，朝廷连个像样的宰相人选都找不到，最后竟然由赌徒出身的杨国忠接了班。

杨国忠的个人品德比李林甫更次，业务能力简直惨不忍睹，完全就是个凭实力坑人的"猪队友"。于是，天宝年间的大唐，在唐玄宗和杨国忠这对活宝君臣的治理下，开始一步步由盛转衰。而杨贵妃这位皇帝最爱的宠妃，也迎来了自己的悲惨结局。

第十五篇

惊破霓裳羽衣曲：盛世爆破小分队

"秀恩爱死得快"这句话有时候还真不是"单身汪"们的灵魂诅咒。

755年,一场爆发于大唐帝国东北方向的叛乱打破了唐玄宗和杨贵妃没完没了、没羞没臊的幸福生活。

唐朝诗人白居易在《长恨歌》中写的"渔阳鼙鼓动地来,惊破霓裳羽衣曲",指的就是这场让整个大唐跌入悲惨深渊的"安史之乱"。

教科书上说安史之乱是大唐由盛转衰的转折点,从更宏观的角度来说,安史之乱甚至是整个中国古代历史的重要转折点,华夏文明在安史之乱后逐渐由开放包容变得保守内敛,后世王朝的执政性格和气质都发生了巨大的变化。

那么,这样一场影响深远的惊天变乱到底是怎么发生的?谁又该为这起事件负责呢?

如果把安史之乱比喻为一颗威力大到能改变历史走向的超级炸弹的话,这颗炸弹从制造到最后的引爆可是多亏了以下几个人的不懈"努力",他们就是:皇帝唐玄宗、前任宰相李林甫、河北三镇节度使安禄山和现任宰相杨国忠。

唐玄宗从上台以来就不断对外开拓疆土，大唐的疆域变得越来越辽阔。为了加强朝廷对边疆地区的控制，开元十年，也就是722年的时候，他在边境设立了十个大型边防军团，军团的最高长官叫节度使。

节度使，就是皇帝派来节制调度边防部队的官员，在唐睿宗李旦时期成为正式的官职。最开始时，节度使只负责领兵打仗，但打仗并不仅仅是军事层面的问题，还需要民政、财政等方面的配合，所以后来节度使逐渐兼管辖区内的行政、财政、人口、土地、官员任命等工作，具备了挑战朝廷的实力[1]。可以说，唐玄宗给自己屁股底下塞了一枚不定时炸弹。

不过，这枚炸弹虽然危险，总归还有一道保险。因为最初担任节度使的主要是文官，他们从小读着儒家经典长大，轻易不会想到要造反。而且当时文官出任节度使是积累资历和功劳的重要途径，甚至可以从地方直接调回国都当高官。所以，很多节度使在地方也干不了太长时间，没多少机会形成造反的阴谋小集团。

但752年，当时的宰相李林甫跳出来掐断了这根保险。

李林甫怕那些做过节度使的大臣回到中央后威胁自己的地位，于是对唐玄宗说：文人打仗属于专业不对口，应该多用普通人家出身的人和少数民族将领。这些人要么在朝廷没啥根基，要么天生就能打，反正更好用就是了。唐玄宗觉得有道理，就同意了。

表面上看李林甫是一心为国家考虑，其实他的小算盘打得精着呢——寒门或少数民族将领当节度使，就算立了天大的功劳，也不可能被调到皇帝身边当

1.《通典·职官十四》。

大官，这样他就把所有能威胁其地位的潜在竞争对手踢出了局。之后，李林甫开始重用高仙芝、哥舒翰和安禄山这样的少数民族将领，让他们长期担任节度使，给了他们培养私人势力的机会[1]。

李林甫去掉了炸弹的保险，安禄山则装上了那根要命的导火线。

我们先假设一下，一位地方官想造皇帝的反，需要具备哪些条件呢？

答案很简单，手里必须得有权有钱又有兵，这几个条件少一个都玩不转。但讽刺的是，这些恰好都是皇帝唐玄宗主动给安禄山提供的。

安禄山本是一个混迹东北边疆的底层人，他精通多国语言，年轻时靠在市场上给人当中介谋生。后来，安禄山和老乡史思明一起在幽州参了军，因为作战勇猛又会来事，官职开始一路蹿升。

安禄山特别会讨唐玄宗欢心。史书记载他是个超级大胖子，自称有三百多斤重，肚子上的肉都耷拉到膝盖上了，想要走路得先把肚子上的肉扛到肩膀上[2]。唐玄宗有一次跟他开玩笑说：你这肚子里装的什么啊，这么大？

安禄山说：臣肚子里什么也没有，只有对陛下您的一片赤胆忠心啊！

还有一次，唐玄宗把太子李亨介绍给安禄山。安禄山却对太子视而不见，连个礼都不行。唐玄宗问：你怎么不跟太子打招呼呢？

安禄山故作天真地说：臣是个胡人，心里只知道有皇帝陛下，不知道什么是太子。

这个马屁拍得可是太高级了，因为唐玄宗最害怕的就是臣子们勾结太子，不把自己放在眼里，安禄山却如此天真无邪，简直是太可爱、太招人喜欢了！

---

1. 《旧唐书·李林甫传》。
2. 《旧唐书·安禄山传》。

除了会说话，安禄山还是个灵活的胖子，胖成这样居然还能给唐玄宗跳胡旋舞。胡旋舞可不是什么人都能随随便便扭两下的广场舞，而是一种从西域传过来的舞蹈，以快速旋转著称。安禄山一个三百多斤的大胖子跳胡旋舞是怎么个场面？你可以想象一个重量级相扑选手在你面前跳芭蕾，那画面你绝对都不敢看。

安禄山在唐玄宗面前卖力地装傻卖萌，就是为了获得皇帝的信任，进而攫取更大的权力。而唐玄宗也的确对安禄山越来越宠信，他不但斥巨资给安禄山修建豪华的"驻京办事处"，还封安禄山为平卢、范阳和河东三镇节度使。安禄山一个人就控制了大唐东北最重要的三个军区。实力的增强助长了安禄山的野心，而且他知道自己为了讨好唐玄宗已经得罪了太子，等唐玄宗驾崩之后，自己肯定没好果子吃——与其这样，不如先反了。于是，从那个时候开始，他专注策划他的谋反大业了。

安禄山作为三镇节度使，整个大唐东北都是他说了算，谋反的权力条件自然是满足的。有了权力，安禄山就能调动整个辖区的人力、物力和财力。他一边给唐玄宗打报告，不停地要这要那，一边拼命压榨老百姓，暗中修筑城池，储备兵器、粮食和战马等战略物资——钱粮条件也满足了。

最可怕的是，安禄山执掌着近二十万精锐边防军，占全国边防军总数的三分之一。而唐朝政府直属的中央军，不但数量不足，质量更是堪忧，全是一些从没上过战场的"菜鸟"，平时作为仪仗队充充场面还行，真要拉到战场上，除了给对手送人头，基本没什么别的功能。安禄山根本就没把这群中看不中用的花架子放在眼里。

这时的安禄山，权、钱、兵三大要素全部到位，就差一个造反的契机或借口了。此时杨国忠登场了,他将亲手点燃安史之乱的导火线。

如果说前任宰相李林甫是有才无德,那杨国忠就是彻底的无才又无德。因为安禄山总和他在唐玄宗面前争宠,杨国忠几次三番地刺激安禄山,恨不得把安禄山逼得立刻造反,自己好独享唐玄宗的恩宠。

安禄山最终决定满足杨国忠的要求。

755年十一月,安禄山发动手下士兵十五万,以奉密诏讨伐杨国忠为借口在范阳起兵。

这时的唐玄宗仍然不相信安禄山会造反,以为是有人故意说他的坏话,直到越来越多的消息得到确认,唐玄宗才终于相信他最宠信的臣子、那个一肚子"赤胆忠心"的安禄山造反了。而此时距离安禄山起兵已经过去了整整七天,叛军很快攻占了黄河以北的广大地区,兵锋直指东都洛阳。

"渔阳鼙鼓动地来,惊破霓裳羽衣曲",安禄山范阳起兵击碎了唐玄宗的盛世迷梦,也让大唐陷入了前所未有的危机当中。

之前大唐的主要精力都放在边疆,最精锐的部队都分布在漫长的国境线附近,唐玄宗手里根本就没多少兵可用。这种外重内轻的兵力部署本来是为了抵御外敌,结果外面的敌人没打进来,反倒是自己人掉头给了一刀,这下可真是要了老命了。

眼看安禄山的叛军就要打到洛阳,边防军又一时半会儿调不回来,唐玄宗只好先派名将封常清去洛阳顶一顶。

出发前封常清还信心满满,甚至夸下海口说除掉安禄山简直不要太简单。可他到了洛阳才发现,根本就不是那么回事。洛阳府库中储存的武器腐朽不堪,连刀枪都配不齐,只能用木棍凑数。作战人员的素质更是相当不堪,封常清紧急在洛阳现场招兵，人是很快招了六万多，但都是市井子弟，说白了就是平时做点儿小买卖的生意人和给人端茶倒水的服务员。中原地区已经百十来年没打过仗了，招募来的完全就是一群战场"菜鸟"，一个能打的都没有。封常清就算是当世名将，也带不动这样的队伍啊。

而且平叛不是打游戏，不会有练习和重来的机会。叛军都是在边疆真刀真枪杀过人的职业军人，打起仗来自然完虐封常清的"杂鱼军团"。封常清被打得大败，洛阳很快就丢了。

封常清带着残兵败将往关中方向撤退，在陕郡和奉皇命前来平叛的高仙芝会合了。集合后加起来的人数倒是不少，不过并没什么用，因为高仙芝招来的士兵和封常清手下这群"菜鸟"一个熊样，遇上安禄山的虎狼之师依然白给。

这么打下去不是办法，两人一商量，既然攻不回去，那就先保证守得住。于是，封常清和高仙芝带着部队撤回了潼关。潼关是通往都城长安的必经之路，地势险要，易守难攻。而安禄山打下洛阳后忙着称帝，正在当所谓的大燕皇帝呢，一时间也没倾尽全力进攻潼关。封常清和高仙芝正好趁这个机会，在潼关构建阵地，振作士气。

称帝后的安禄山四处攻城略地，当然主要是向西进攻关中，因为只有拿下长安、俘虏皇帝唐玄宗，才能彻底取代大唐。但这个时候封常清和高仙芝已经在潼关站稳了脚跟，安禄山再想打已经力不从心了，战局就这么僵持下来。

从战略角度来说，虽然封常清和高仙芝打了败仗，但还是功大于过的。可唐玄宗派到军中的监军——宦官边令诚却是个搅屎棍，他因为跟高仙芝有私人恩怨，就向唐玄宗打小报告说，封常清和高仙芝临阵脱逃，贪污军饷，还和叛军不清不楚。

此时的唐玄宗早就没了年轻时的英明，一怒之下派人将两位将军在阵前就地正法，大唐就这么失去了两位名将。

唐玄宗杀了封常清、高仙芝之后，一时也找不到别人，就把老将哥舒翰派到潼关担任总指挥。这么安排表面上没问题，因为如果说安禄山曾经是大唐"东北军"中最能打的，那哥舒翰就是当年"西北军"中战斗力最强的，但问题是，此时的哥舒翰已经是个五十多岁的偏瘫老人了，派他去实属赶鸭子上架。

临危受命的哥舒翰来到潼关，采取了同封常清和高仙芝一样的守城战略。

因为此时的形势对大唐还是有利的，李光弼与郭子仪率军接连大败叛军史思明，切断了叛军前线与范阳老巢之间的交通线。另一边，叛军东进被真源县令张巡阻于雍丘（今河南杞县），南下又被邓州刺史鲁炅阻于南阳（今河南南阳市），安禄山这会儿是腹背受敌。所以，只要哥舒翰守住潼关，封死安禄山西进长安的路，就可保大唐朝廷的安全，然后坐等安禄山后院起火，再前后夹击，安禄山就彻底"凉凉"了。

可惜没等到安禄山后院起火，哥舒翰的后院先炸了锅。哥舒翰的保守战略在军事上是完美的，却并不是唐玄宗想要的。

唐玄宗究竟想要什么呢？

很简单，他要自己的面子，他要自己四十年太平天子的名声。

他无法容忍自己胜利了一辈子，到头来被自己宠信的人给耍了。他要用最快的时间剪灭安禄山，他要向天下人证明，自己依旧是那个战无不胜的盛世明君。他要的是这个，现在，立刻，马上就要！

不得不说，有时候最了解你的，是你的敌人。

安禄山几次攻打潼关都无功而返，其他方向的战事也很不顺利，眼看大唐一点点缓过劲来,他几乎就要面临穷途末路的境地了。于是,安禄山故意放出假情报,说他的队伍快要崩溃了,现在是唐军反攻的最好时机。

唐玄宗得到这个消息后真是心花怒放,立刻命令哥舒翰主动出击。哥舒翰打死都不同意,后方的皇帝和前线的大将吵了无数回。

唐玄宗一看哥舒翰不听话,就去咨询宰相杨国忠。而杨国忠心里清楚这是个假消息,也知道哥舒翰被动防守还行,主动进攻就是个死。但他还是力劝唐玄宗一定要逼哥舒翰打出去。因为杨国忠和哥舒翰之间也是各种钩心斗角,他想借刀杀人,让安禄山替自己除掉哥舒翰。至于哥舒翰败了后潼关会怎样,大唐会怎样,杨国忠里估计压根儿就没想过。

得到宰相支持的唐玄宗,派出一拨拨宦官前去催促哥舒翰,以至后一拨宦官都能看到前一拨人的后脑勺。在皇帝这样的催促下,哥舒翰明知轻出必败也顶不住了,只能一边痛哭流涕,一边带着人马出关作战。结果当然是一败涂地,好不容易凑起来的几十万大军全军覆没,哥舒翰被俘,潼关失守。

至此,安禄山通往长安的路上,再也没了任何阻碍。

消息传到长安,整个帝都炸锅了。唐玄宗登上勤政楼,表示要御驾亲征,誓与叛军决一死战。但就在当天夜里,他让龙武大将军陈玄礼集结三千禁军,给他们猛发钱,然后带着杨贵妃姐妹和身边亲近的人跑路了,文武百官和皇亲国戚全都没通知。

唐玄宗本来打算逃到四川去躲一躲,结果刚走到长安西边的马嵬驿,负责保卫工作的禁军士兵就不干了。本来嘛,皇帝弃城逃跑已经够丢人的了,而且这些士兵是半夜紧急集合出发的,他们的家人、亲戚都还留在长安呢,这搁谁都得生气啊。

陈玄礼作为禁军统领，眼看士兵的怨气越来越大，这些人随时可能把刀伸向皇帝。他知道这种时候强行镇压是没用的，必须找个口子让大家把怨气发泄出来。发泄对象也很好找，杨国忠这厮祸国殃民也不是一天两天了，不找他顶雷找谁啊！

在陈玄礼的有意引导下，士兵们果然把杨国忠围了起来。此时的杨国忠面对一群怒气"爆格"的士兵，智商依然不在线，还敢呵斥士兵：你们这是想造反吗？结果被一个叫张小敬的士兵一箭射死，斩首分尸了[1]。对，这人就是电视剧《长安十二时辰》里那个满长安破案的张小敬的人物原型。

愤怒的士兵杀了杨国忠和他的家人，又包围了唐玄宗的住处，要求唐玄宗把杨贵妃也杀了。唐玄宗苦苦哀求：杨国忠杀了也就杀了，这又关贵妃什么事呢？陈玄礼等人表示，杨贵妃非死不可。

陈玄礼如此逼迫皇帝，表面上看起来大逆不道，其实恰恰是在煞费苦心地保护唐玄宗。因为杀了杨国忠后，士兵们的怨气已经发泄了出来，现在就剩下害怕了。

害怕什么？当然是害怕日后杨贵妃为老杨家报仇啊。所以，杨贵妃要是不死，他们就没法儿心安。士兵要是不安的话，那接下来要杀的，可能就是唐玄宗本人了。

唐玄宗当然清楚这一点，所以他选择牺牲自己最爱的女人来保全自己。

关于杨贵妃最后的死法，后世的说法很多，有说是死于乱军之中的，有说是吞金而死的，最凄美的一种结局是，唐玄宗流着泪让高力士把杨贵妃勒死在

1.《唐宋史料笔记·开元天宝遗事安禄山事迹》。

了佛堂前的梨树下[1]。

　　洁白的梨花下，慈悲的佛像前，一代绝世美人就这样香消玉殒了。杨贵妃和唐玄宗这对盛世中的神仙眷侣，最终在乱世中生死相隔，成了后人为之扼腕叹息的历史悲剧。而马嵬驿兵变只是一场序幕，大唐还将迎来又一轮的狂风暴雨。

1.《唐国史补》。

杨贵妃到底胖不胖

汉代的选美标准是"身长合度,长白即美德",唐玄宗给儿子选媳妇也要求"细长洁白",没看出以胖为美的倾向。杜甫写杨贵妃"肌理细腻骨肉匀",都"骨肉匀"了,只能说明不是很瘦,称不上多胖吧。白居易写杨贵妃"侍儿扶起娇无力""体弱不胜珠翠繁",和胖也搭不上边儿。但到了五代时期的《开元天宝遗事》,就开始说杨贵妃"素有肉体,至夏苦热",变成了一个爱出汗的胖子。北宋苏轼和苏辙两兄弟,一个写诗说"短长肥瘦各有态,玉环飞燕谁敢憎",一个说"拥扇执拂知从谁,瘦者飞燕肥玉妃"。从中可以看出,从那时起,杨贵妃和著名的瘦子赵飞燕就成了对比鲜明的两个人,不想胖也不行了。

第十六篇

轻舟已过万重山：憋屈太子也雄起

任何一个对唐诗有了解的小伙伴，一定逃不过李白的才华暴击。"诗仙"的代表作实在太多了，不是一时半会儿能说完的。

今天我们只说说这首《早发白帝城》："朝辞白帝彩云间，千里江陵一日还。两岸猿声啼不住，轻舟已过万重山。"全诗用城高路远、船行如飞来表达愉快的心情和壮丽的江水，是李白诗作中流传很广的名篇之一。

为什么单单要说这首诗呢？因为诗中隐藏了李白一个不被人熟知的身份——造反未遂的"罪犯"。

没错，"斗酒诗百篇"的李白还干过造反这么刺激的事。

这场造反到底是怎么回事呢？一切还得从"马嵬之变"说起。

表面上看，这场兵变是陈玄礼利用士兵的怨气临时搞起来的，但后世史学家大多认为马嵬驿兵变其实是一场有计划的政变。

因为兵变前陈玄礼曾向一位大人物请示过，这个人就是太子李亨。

李亨是怎么答复的呢？史书上说"太子未决"[1]，就是没有表示支持。大家可能说，太子没支持，那这事儿不还是陈玄礼一个人搞的吗？

事情哪有表面上那么简单。

李亨的确没支持，可李亨也没反对啊！这种默许其实就是同意，甚至是鼓励的意思。李亨为什么不明确给出态度呢？没法子，这是他多年养成的习惯，因为给唐玄宗这样的皇帝当太子，实在是一件既憋屈又危险的事情。

李亨的母亲怀他的时候，正是时为太子的李隆基和太平公主斗争最激烈的时候。李隆基担心太平公主会用沉迷于女色这个话题来黑自己，就找人弄了点儿打胎药，打算把小李亨处理掉。后来局势缓和了，小李亨才逃过一劫，得以顺利出生。

打从娘胎里开始就如此曲折，这可能就是传说中的"母胎憋屈"吧。

后来李亨虽然被封为忠王，还挂了朔方节度大使、单于大都护等官衔，但他并没有实际权力。开元年间的李亨也没展现出多么高超的能力，就是挺普通的一个孩子，但因为他过于"人畜无害"，反被老爹唐玄宗选中了，开始了更憋屈的太子生涯。

当时的宰相李林甫一心想推举寿王李瑁当太子，自然要用尽一切办法除掉李亨这个截和的。而唐玄宗出于对太子的猜忌和防范，也乐见宰相和太子斗得不亦乐乎。

李亨只好选择夹着尾巴做人。但事实证明，人家要想找你的麻烦，你尾巴夹得再紧都没用。

1.《资治通鉴·唐纪三十四》。

李亨有个妃子韦氏，她的哥哥韦坚也算朝中的一名重臣。746年正月十五元宵之夜，李亨外出游玩时和大舅哥韦坚见了一面。在举国欢庆的日子里见见亲戚也不是什么大事，但之后韦坚又偷偷见了当时的大将、陇右兼河西节度使皇甫惟明，让事情一下子变味儿了。

李林甫就此指控韦坚和皇甫惟明私下见面，是要拥立太子搞事情，唐玄宗听后很生气。不得已之下，李亨选择了和韦妃离婚来撇清自己，这才躲过一劫。

没想到年底的时候又出事了，李亨另一个妃子杜良娣的父亲杜有邻，被人举报了。李林甫又一次借题发挥，把李亨牵扯了进来，李亨只能被迫再次离婚，和杜良娣撇清关系。

两次危机，两次婚变，让李亨这个太子当得跟只壁虎一样，他只能不停断尾求生。好不容易熬到李林甫死了，杨国忠上台了，李亨的憋屈日子还是没结束。杨国忠专权跋扈，根本不把他放在眼里，而唐玄宗也有意无意地纵容杨国忠跟太子对着干。李亨就像一块夹心饼干，两头受气，又两头都得罪不起。

自从当上太子，这样如履薄冰的日子李亨一过就是十八年，刚到中年的他就已经头疼到头秃，剩下的头发也是白的多黑的少，冷不丁一看跟个七八十岁的老头儿似的。

直到安史之乱爆发，李亨才终于看到打破这种憋屈局面的希望。

唐玄宗在位几十年，就算晚年有点儿偷懒怠工，在军民心目中依然是圣明天子，这种权势和威望是李亨根本无法撼动的。可安禄山这一反，彻底撕下了所谓盛世的遮羞布，把唐玄宗统治下的各种社会矛盾推到了明面上。

而在平叛初期，唐玄宗和杨国忠的各种无脑操作，更是葬送了好不容易得来的有利局面，直接导致潼关失守，国都长安危在旦夕。

就在这危急关头，唐玄宗又毫无责任感地丢下全城百姓和文武百官，带着杨国忠等少数人一溜儿烟跑路了，简直让人无语。

此时的唐玄宗已没了高高在上的圣明形象，多年来笼罩在李亨头上的高压网，终于出现了一道缝隙。所以，当李亨得知陈玄礼要搞事情时，他心里不乐开花才怪呢。只不过这种逼宫造反的事，作为儿子兼太子亲自出面，实在好说不好听，所以李亨才谨慎地采取了默认的态度。对于政治人物来说，话从来不需要说透。陈玄礼一看太子没反对，自然也就心领神会了。

于是，这场兵变在李亨的默许下发生了。其实对李亨而言，除掉杨国忠只是第一步，如果能逼唐玄宗交出权力，那才是最完美的。

陈玄礼虽然除掉了杨国忠和杨贵妃，可他依然是忠于唐玄宗的，根本就没有帮助太子逼宫夺权的意思。

这一下李亨就尴尬了。如果他继续跟着唐玄宗去四川，等一切安定下来之后，唐玄宗要追查这场兵变的来龙去脉，自己岂不是吃不了兜着走？除了担心自己的小命，李亨也担心大唐的国运。

四川的确是易守难攻的"安全屋"，但也是有进无回的死胡同。叛军一旦把出川的道路封死，那大唐不就成了当年的蜀汉，早晚被人一锅端？所以，于公于私，李亨都不能再跟着老爹唐玄宗往四川走了。

可他也不能当叛逆少年，一声招呼不打就离家出走，总得有个由头啊。

理由很快就自己找上门来了。唐玄宗一行准备渡过渭水继续奔四川而去的时候，突然不知道从哪儿冒出来一群百姓，哭着喊着要求皇帝别走，留下来带着大家一起打叛军。唐玄宗着急跑路，便没同意。百姓一看皇帝走了，就把随后赶到的太子李亨给拦住了。

李亨说：我爹正逃难呢，我这做儿子的哪能忍心离开啊，总得让我跟我爹打声招呼吧？这话说得太有水平了，一方面强调自己作为儿子和臣子的孝道与忠诚，一方面又不把话说死。摆明了是在等人递台阶啊。

这时李亨的三儿子建宁王李倓跳出来给了台阶，他说：现在都什么情况啦！最大的孝顺就是安定社稷、保护百姓。我们应该北上集合人马，打垮叛军，收复失地，才是最好的选择呀！

剧情烘托已经到位，李亨便派人向走在前面的老爹汇报，说：我就不陪您老人家去四川了，我被老百姓留下来打叛军了。

史书中记载，唐玄宗听到这个消息的第一反应是说了声"天也"，类似我们今天常说的"苍天哪"。

这一声"天也"里到底包含了怎样复杂的情绪，估计只有当事人自己清楚了。唐玄宗知道现在已经控制不住太子了，既然如此，那就分道扬镳，各自珍重吧！

唐玄宗带人奔向四川，李亨则另起炉灶，一路北上了。756年七月，李亨终于抵达朔方军团大本营灵武，也就是现在的宁夏回族自治区灵武市。李亨之所以选择去灵武，是因为他在名义上是朔方军团的最高领导，和军中将领还算熟悉，更容易获得他们的支持。

果然，三天后，李亨就在当地文武官员的支持下称帝了，改年号为至德，成了历史上的唐肃宗。而远在四川的唐玄宗就这样"被过期"了，自动成了太上皇。

于是，此时的大唐出现了两个权力中心，一个以灵武的唐肃宗为首，一个以四川的"太上皇"为首。这二位到底谁说了算，本身就是一笔糊涂账。

李亨在灵武称帝后，马上派人去通知自己的老爹唐玄宗。不过由于路途遥远，唐玄宗接到消息的时候已经是一个月以后的事了。

对儿子这种霸王硬上弓、强迫自己提前退休的行为，老迈的唐玄宗虽然心里不是滋味，但也体现了一个成熟政治家应有的节操，他很干脆地接受了这个事实。因为他深知，如果这个时候跟儿子争权搞内讧，大唐的平叛大业就彻底没戏了。

唐肃宗李亨很快就收到了老爹送来的权力"大礼包"。

第一件大礼，唐玄宗痛快地宣布退位，并下诏正式传位给肃宗。他不仅没有痛斥儿子的篡位举动，还给儿子补办了需要的手续。

第二件大礼，唐玄宗主动划定了自己的权力边界，只保留军事决策的知情权和南方军务的处置权，而且特意说明，等收复了长安和洛阳，这两项权力他也不要了，要好好享受退休生活[1]。

第三件大礼，唐玄宗派出由韦见素、房琯、崔涣三名宰相率领的庞大册封团，带着玉玺等象征皇帝权力的信物，赶往唐肃宗所在的灵武，把政府机构也整体转移到了肃宗名下。

唐肃宗笑纳了老爹的礼物，正准备专心谋虑平叛大业时，麻烦来了——永王李璘"谋反"了。

说起唐肃宗和永王李璘的关系，原本还挺亲的。

李璘是唐玄宗的第十六子，很小的时候他母亲就去世了。这孩子长得特别丑，眼睛还有点儿斜视，属于挺"影响市容"的那种，所以也不受老爹唐玄宗

1.《命皇太子即皇帝位诏》。

的待见。于是，李亨这个三哥就承担起了抚养李璘的责任。李亨也是很疼爱小李璘的，经常把他抱在怀里哄着睡觉。从这个角度来说，李亨对李璘那绝对是货真价实的长兄如父了。

既然这么亲，李璘为什么还要造反呢？说起来，这跟老爹唐玄宗有关。

唐玄宗在七月份的时候还不知道儿子李亨已经称帝的事，所以他在逃难途中做出了一系列决定——任命太子李亨为天下兵马大元帅，负责主持整个北方的平叛工作；又任命永王、盛王和丰王这三个儿子外出镇守地方[1]，四面开花地围剿叛军。

说是三个儿子都派出去了，实际上只有永王李璘真正上任。永王被任命为长江中游地区的四道节度使，前往江陵保障物资补给。出发后没多久，玄宗又追授他为江淮兵马都督、扬州节度大使，这就把长江下游也都托付给了他。

但转眼间李亨让亲爹的皇位成了"过去式"，再放永王到南方就显得不那么合适了。所以，唐玄宗在八月二十一日颁布了《停颍王等节度诰》，正式收回了之前让各个儿子去地方当节度使的命令。其实就是让永王放下手头的工作赶紧回来，现在平叛的事儿交给你哥就好啦！这是玄宗为了防止永王割据地方、强化肃宗的领导地位，所做出的补救措施。

但永王李璘对这样的安排并不买账。被老爹派出来出差的他，第一次尝到了自由和权力的滋味。这滋味肯定有点儿让人上头，更让人欲罢不能。尤其是他听说三哥李亨什么手续都没有就在灵武称帝了，而老爹对此不但不反对，居然还郑重其事地给三哥补办手续，搞事后追认。他脑海中很自然地跳出了这样

1.《全唐文·玄宗幸普安郡制》。

一个想法：既然三哥可以趁乱搞事情，为什么我就不可以呢？

李璘盘算了一下手里的牌，觉得自己完全可以玩一把大的。

当时天下大乱，李璘要钱有钱，要兵有兵，只要能在富庶的江南站稳脚跟，完全可以像东晋的司马睿一样，和北边的唐肃宗划江而治。

而且李璘认为，自己的身后还有一支"很强"的业务团队。他的儿子襄城王李偒，勇猛过人，喜好兵法，是杠杠的军事人才；手下还有几个能出主意的智囊，比如薛镠、韦子春等人。这就是现成的行政班底啊，现在就差一个搞宣传的了。

赶巧已经五十七岁的"诗仙"李白当时正在庐山隐居，于是李璘派韦子春去请李白出山。李白虽然以诗才闻名于世，但一直有一颗从政的心，所以就乐呵呵地下山"入伙"了。当然，李璘并没有告诉李白自己究竟想干什么，李白还以为这是跟着李璘去匡扶大唐社稷呢，一上岗就迸发出了极大的创作热情，写了一堆歌颂永王李璘的诗歌，把他说得跟"秦皇汉武"都有得一拼了。

实际上，这个"创业小分队"完全就是个草台班子。李璘本人长于深宫，完全没有社会生活经验；他的儿子襄城王李偒，充其量就是个膀大腰圆的军事发烧友；而他智囊团里的主要人物薛镠、韦子春等人，也都是多年官场失意、毫无晋升希望的倒霉蛋；至于李白的政治能力嘛——嗯，还是不说了，说多了都是泪。

可李璘还是一意孤行地执行着自己割据东南的计划，摆明要和唐肃宗杠。

至德元年（756年）十一月，唐肃宗下令让李璘回去见老爹，李璘不听。唐肃宗一看弟弟不听话，马上做出了应对。他任命高适为淮南节度使，专程去对付李璘。高适就是那位写"莫愁前路无知己，天下谁人不识君"的著名边塞诗人。

欸，怎么派个文人去打仗呢，那能打赢吗？这就是唐肃宗的高明之处了，因为高适压根儿不想真刀真枪地打，他是去搞策反的。

当时的李璘已经攒够了钱粮和兵力，借着奉旨东巡的名义，带着军队浩浩荡荡顺江东下，直奔广陵（今江苏省扬州市）而去，整个江淮地区眼看就要成为他的囊中之物。唐肃宗知道这时候硬拼，便宜的只能是安禄山那群叛军。

不能硬来，那就智取，从内部瓦解敌人。

高适和李璘手下的很多将领都很熟，由他去搞策反再合适不过了。很快，李璘手下的将领纷纷倒戈，李璘一夜之间成了众叛亲离的孤家寡人，他只能掉头往岭南跑，割据江南的梦想就此化为泡影。最终，李璘在岭南被击杀，结束了自己莫可名状的一生。

李璘死了，李白的事儿还没完。李白作为此次谋反案中的非核心成员，获得了宽大处理，最终被判了个流放夜郎，也就是流放到了今天的贵州省桐梓县，算是留了条命。

后来赶上朝廷大赦天下，李白也在其中被释放，这才有了"千里江陵一日还"的机会。他在这样的心情之下动笔，也难怪会写下"轻舟已过万重山"的千古佳句了。

喧嚣一时的"永王李璘案"就这样结束了，但大唐的麻烦还没完。如何处理和老爹唐玄宗的关系，怎样才能最快最好地解决叛军，才是摆在唐肃宗面前的终极难题。

第十七篇

青春作伴好还乡：
谁把内乱拖进了加时赛

提到杜甫，很多人的第一印象是被称为"诗圣"的那个人，同时他是李白"全球粉丝团"的首席大团长、李白的超级"小迷弟"，没事儿就写思念李白的诗，什么《梦李白》《春日忆李白》《天末怀李白》一大堆。

可跟偶像李白浪漫、潇洒的创作风格不同，杜甫的诗歌走的是写实路线。他把唐朝由盛而衰、战火连绵的几十年都写进了诗中。他的诗也因此被称为"诗史"，既有很高的艺术价值，也有很高的史学价值。

比如763年春，在四川躲避战乱的杜甫听说安史之乱被平定，不禁惊喜得手舞足蹈，提笔写成了《闻官军收河南河北》一诗："剑外忽传收蓟北，初闻涕泪满衣裳。却看妻子愁何在，漫卷诗书喜欲狂。白日放歌须纵酒，青春作伴好还乡。即从巴峡穿巫峡，便下襄阳向洛阳。"

诗的中心思想就是：啊，战争终于结束啦。要跳舞，要歌唱，要喝酒庆祝，当然最重要的是要回家啊。

此时距离安史之乱爆发已经过去了七年多，这场旷日持久的内乱不但让杜甫这样的普通人无家可归，也把曾经的大唐盛世砸了个稀巴烂。唐肃宗上台后，曾有过几次可以提前结束叛乱的机会，可他都神奇地错过了，最终战争被他拖进了"加时赛"。那么他到底浪费了哪些机会呢？

我们先把时间倒回至756年，也就是唐肃宗刚称帝的时候。

此时安禄山虽然占据了河北、河南和关中的大片地区，但大唐经过最初的混乱之后已经稳住了阵脚。唐肃宗通过招募新兵和收拢之前打散的残兵败将，已经攒起了几万人的部队，有了和叛军掰掰手腕的本钱。

而且他手里还有一文一武两张王牌。文的是他的发小兼好友李泌，武的是郭子仪、李光弼、仆固怀恩这些超级名将率领的朔方军团。

可惜唐肃宗成功地错过所有正确选项，一文一武两个"王炸"，全让他给用废了。

先说李泌。李泌是唐朝著名的神童，七岁的时候就能在皇帝和宰相面前侃侃而谈，是被后世尊称为"白衣山人"的传奇宰相，也是唐肃宗团队中的智商担当。电视剧《长安十二时辰》中的李必，原型就是李泌。

李泌为唐肃宗和整个大唐设计了一个堪称完美的平叛战略。他对唐肃宗说：我们应该用运动战拖垮叛军，他们守关中，我们就打河北，他们救河北，我们再掉头打关中，就这么来回折腾他们。等到叛军被折腾得差不多了，我们就先打下他们的河北老巢，然后两头夹击，把无路可逃的叛军一网打尽，彻底结束内乱！

其实李泌的这个战略和当年封常清、高仙芝以及哥舒翰的战略构想差不多，都把主攻方向放在了叛军的河北老家，这也是一劳永逸地解决叛乱的绝佳选择。

但是唐肃宗不干,他坚持要先打关中,收复长安和洛阳。可这样的话只能打退叛军而不能消灭叛军,很容易打成持久战和消耗战。李泌苦苦相劝,唐肃宗还是一意孤行[1]。

战略选择已经够糟糕了,而之后的战术执行更是灾难,让第二个"王炸"也浪费了。

当时唐肃宗手下最能打的是以郭子仪为首的朔方军团。朔方军团长期战斗在第一线,是唐肃宗阵营的武力保证。同时西边的河西等军团也在日夜兼程地往回赶,这些都是大唐最有战斗力的边防军。按理说,就凭这个顶级配置,只要部队集结到位,和安禄山的叛军一较高下是完全没问题的。

可唐肃宗还是跳过了这个最佳选项。他放着朔方军和郭子仪、李光弼这些沙场名将不用,反而设立了一个元帅府,任命自己的儿子广平王李豫为天下兵马元帅,重新招兵拉起了一支队伍,并且把这支新鲜出炉的中央军交给宰相房琯这个文人打长安去了。

房琯本来是唐玄宗派来送玉玺的"册封小分队"中的一员。他一到,就上疏说要带兵收复长安和洛阳,这正好遂了唐肃宗的心意[2]。

于是,房琯挑了几个只会纸上谈兵的书生当参谋,就带着部队出发了。756年十月二十一日,房琯的部队和叛军在咸阳东面的陈涛斜相遇。房琯作为一个业余军事票友,搬出了春秋时期的车战战术,把两千辆牛车放在中间,把步兵和骑兵放在两边就这么冲了上去。

牛这种动物和马不一样,那是用来种地的,不是用来打仗的。一到战场

---

1. 《新唐书·李泌传》。
2. 《旧唐书·房琯传》。

上,叛军先是擂鼓呐喊制造噪声,然后顺风放火,牛一下子全都惊了,一顿横冲直撞,把唐军好不容易摆起来的阵形搅得一团乱。叛军趁势冲杀,唐军大败,死伤四万多人。唐肃宗辛辛苦苦攒的一点儿兵就这么败光了,真可以说"看成败,人生豪迈,只不过是从头再来"啊。

可大唐这一从头再来,就错过了一个难得的绝杀机会——安禄山死了。

是的,安史之乱的元凶安禄山死了,死得还挺憋屈。

我们之前说过,安禄山是个大胖子,人太胖,身体机能就容易出问题。自从称帝之后,安禄山不仅眼睛失明了,全身还长满了毒疮,经常痛得死去活来。按现在的医学知识来推断,这也许是肥胖引发的糖尿病带来的并发症。安禄山由于病痛变得暴躁烦乱,对身边的人各种责罚打骂,反正谁离他近谁就倒霉。

当时离安禄山最近的倒霉蛋有三个:一个是他的狗头军师严庄,一个是他的贴身太监李猪儿,还有一个是他的儿子安庆绪。这三个人都被安禄山的喜怒无常折磨得苦不堪言,最后他们一合计,决定把安禄山给杀了。

至德二年(757年)正月,严庄让安庆绪在门外把风,自己和李猪儿拿着刀冲进安禄山的卧室,砍杀了大唐的这名叛臣。然后三个人在床下挖了个坑把尸体埋了,宣布安庆绪继承皇位。

安禄山这个罪魁祸首"领盒饭"了,而接班的安庆绪又是个不顶用的,按说安史之乱离歇菜也不远了吧?但因为唐肃宗之前的一波"神操作",把手里的兵都败光了,大唐生生错过了这个大好的机会。

这时候再拍大腿说后悔也没用了,所以唐肃宗收到安禄山死去的消息后,立即张罗重整军队,抓紧时间收复长安。朔方军团虽然战斗力够强,但人数还是略显不足，于是唐肃宗派人到周边国家招募雇佣军。而在这群雇佣军中，以名将仆固怀恩从回纥招来的兵最能打。

回纥又称回鹘，是大唐北方的强大部族，也是大唐长期的盟友。唐肃宗给回纥开出的条件是，只要打下长安和洛阳，城里的金银珠宝和人都归你们，只要把那两座城留给我们就行。

话都说到这个地步了，回纥哪有不答应的道理？他们立马派太子叶护带着精锐骑兵开赴大唐参与平叛。

兵力集结完毕后，唐肃宗派正元帅广平王李豫和副元帅郭子仪率领二十万大军杀向长安。757年九月，唐军大破叛军，斩杀敌军六万，并趁势收复了长安[1]。被叛军占据了一年多的大唐国都终于重新姓了李。

李豫在长安待了三天后，继续率领大军向东攻打洛阳，在洛阳的安庆绪此时已经被吓破了胆，立刻带着人马逃回了河北老家邺城。唐军又轻松收复了洛阳。

此时安史之乱的局势已经发生了根本逆转，大唐转守为攻，这不就是终场绝杀的最好机会吗？

实际上，战局并没有表面看上去那么乐观。

叛军被赶回河北老家后，其战线和补给线都大幅缩短，反而能够积蓄力量专注防守，并依靠河北后方源源不断地补充兵力。这么一来，大唐接下来的仗就很难打了。这就是唐肃宗拒绝了李泌"先平河北，后复关中"战略，一意孤行要先收复长安和洛阳所造成的必然结果。

1.《旧唐书·李嗣业传》。

但这也不是说，大唐一点儿机会也没有，因为叛军内部又出事了。

安史之乱的二号人物史思明和安庆绪之间也是矛盾重重，史思明一怒之下带着范阳的地盘和军队投降了大唐，被唐肃宗封为归义王兼范阳节度使。如果唐军趁着安庆绪众叛亲离的机会第一时间发兵河北，还是有机会提早解决叛乱的。然而，唐肃宗又一次错失了正确选择。

他在收复了长安、洛阳等地后，做的第一件事不是乘胜追击，把叛军一网打尽，而是派人去四川哭着喊着要把太上皇唐玄宗接回长安。

太上皇回京这么大的事，办起来能快得了吗？这一折腾就是将近一年，等一切都弄完了，唐肃宗才想起在河北邺城的安庆绪来。此时安庆绪已经重新聚拢起一支队伍，投降大唐的史思明也又一次叛变了。

乾元元年（758年），在收复长安和洛阳将近一年后，大唐终于重启了对叛军的进攻。唐肃宗派郭子仪和李光弼等九位节度使率二十万唐军进攻安庆绪。唐军阵容强大，名将扎堆儿，按说这次总能把叛军打服了吧？

可唐肃宗又做了个让人无语的决定。

他派出二十万大军，却没有设立元帅，只派了宦官鱼朝恩来监督诸军。也就是说，这九支部队组成的唐军彼此谁也指挥不动谁，真正说了算的是个不会打仗的太监。

唐军虽然包围了邺城，且后增至六十万军队，却整整打了小半年都没打下来，军队士气跌到了谷底。759年春，率领十三万援军南下驰援安庆绪的史思明见时机成熟，果断出兵。叛军截断了唐军的后勤补给，进一步打击了唐军的战斗意志。双方决战时，突然狂风大作，天昏地暗，两边的军队只能各自撤出战场。

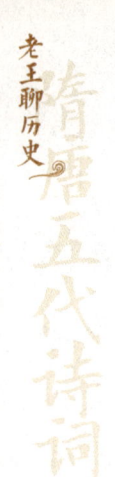

但此时唐军的士气已无，临时的撤退直接变成了无法控制的大溃退。反正大家都是平级，谁也管不了谁，干脆各回各家、各找各妈好了。除了郭子仪的部队还坚守了一下阵地，其他节度使直接带着队伍回家了，邺城之战就这么稀里糊涂地输了。

唐军退兵之后，史思明冲进邺城杀了安庆绪，留下儿子史朝义驻守，自己回到范阳当上了大燕皇帝。这边的唐肃宗却听信鱼朝恩的谗言，把郭子仪一撸到底。结果761年，顶替郭老爷子的李光弼、仆固怀恩等将领兵败邙山，唐军退守西进潼关的战略要地陕州（今河南省三门峡西）。一片大好局势重新陷入了胶着状态，大唐的平叛战争再一次被拖进了"加时赛"。

我们总说"再一再二，不可再三再四"，唐肃宗这位神奇的"总教练"到底是怎么一次次把队伍带到沟里的呢？我们不妨来盘点一下他的几次重大抉择。

第一次是战略选择，唐肃宗选的是先打关中而不是河北，导致叛军能逃回河北老家，缓过气来。

第二次是战力选择，唐肃宗选择的是重新拉起一支队伍，而不是利用现成的节度使军团，结果白白给叛军送了人头。

第三次是战机选择，唐肃宗选择的是先解决"爸爸去哪儿"的问题，而不是第一时间追击叛军，白白错过了"趁他病要他命"的好机会。

第四次是战术选择，唐肃宗选择的是不设元帅各自为战，而不是统一部署集中领导，最后几十万唐军乱成一盘散沙，被史思明钻了空子。

人一生要做无数的选择，选错一次很正常，但次次都能躲过正确选择，也的确是一种"天赋"。难道唐肃宗真的自带特异功能吗？明显不是。

其实，从唐肃宗选择北上灵武的那一刻开始，这一切就已经注定了。因为在唐肃宗终于当上大唐皇帝之后，他的脑袋就立即被扣上了两顶摘不掉的帽子：一顶写着"不忠"，一顶写着"不孝"。

没经过法定程序就自称皇帝，这就是不忠；把老爹丢在四川不管不顾，这就是不孝。所以唐肃宗对他自己的正统性和权威性，都有点儿底气不足。

为了强化自己的正统性，唐肃宗只能先打关中。因为他急需收复长安和洛阳来给自己脸上贴金：我爹丢掉的国都让我给收回来啦，这还不能证明我这个皇帝是实至名归吗？

同理，收复国都之后第一时间去接老爹，而不是追击叛军，是因为此前的大唐是二元权力结构，唐玄宗分走了唐肃宗的部分权力。而唐玄宗说过，他回到长安就彻底退休。唐肃宗急于让老爹兑现承诺，获得完整的皇权。而把老爹接到身边来，不就可以冲淡一点儿"不孝"的内涵吗？

再说权威性的问题。和我们今天以全知视角看人不同，对于当时的唐肃宗而言，既然安禄山这一个节度使能叛变，那郭子仪、李光弼这群节度使，谁能保证一定是可靠的？所以，他根本不信任节度使军团。他让儿子李豫出面重建中央军，就是为了增强自己的领导力。同理，在邺城之战中，他故意不设元帅，也有防止再出现一个功高震主的节度使的考虑。

简单来说，唐肃宗的敌人从来不止安禄山、史思明而已。他那个被强制退休的老爹唐玄宗，他手下那群手握重兵的节度使，甚至是嘴上不说心里却觉得他不忠不孝的天下人，都是他的敌人，都是他要对付和防范的对象。

所以，唐肃宗于整个皇帝生涯都在顾忌这个、猜忌那个。不是他做不出正确选择，而是他根本没有别的选择。在这样的情势下，大唐才一次又一次地错过了提前结束战争的机会，也只能眼睁睁地被拖进漫长的"加时赛"。

可就算做了这么多，唐肃宗依然没有摆脱上述问题的困扰。所以，他只能对回到长安的老爹各种严防死守，把唐玄宗身边的高力士、陈玄礼等人都给撵走，最后甚至默许手下人把唐玄宗关在宫内软禁起来。这样折腾来折腾去，唐玄宗最终在762年郁郁而终。而久病缠身的唐肃宗也在同年去世。这爷俩谁都没有看到战争结束的那一天。

唐玄宗和唐肃宗父子集体离世，平叛的担子一下子落在了广平王李豫，也就是大唐第八位皇帝唐代宗的身上。

好在大唐这边的烦心事多，叛军那边的问题也不少。

761年，史思明被自己的儿子史朝义杀了，估计史思明也没想到自己竟和老领导安禄山拿到了一样的剧本。如此看来，整个安史之乱中也不乏狗血家庭伦理惨案啊。

这次，大唐终于把握住了机会，大将仆固怀恩在唐代宗李豫的指派下击败史朝义，收复洛阳，然后挥师北上进军河北。

763年，走投无路的史朝义自杀，剩下的叛军选择了投降，旷日持久的安史之乱终于响起了终场哨。所以，远在四川的杜甫才写下了"白日放歌须纵酒，青春作伴好还乡"这样的诗句，来表达内心的狂喜。

此时距离安禄山范阳起兵已经过去了七年又两个月。叛军这边换了四拨首领，大唐那边也已经换了三茬皇帝。但不管怎么说，这仗总算打完了。

不过，对于唐代宗而言，平叛战争的结束并不是胜利的终点，而是更多麻烦的起点，后面还有更多让人头痛的问题在等着他。

第十八篇

谁得如公五福全：
人生赢家郭子仪

多年前有一部港剧叫《醉打金枝》,讲的是升平公主和驸马郭暧之间的爱情故事。其实这部剧是有历史原型的,驸马郭暧就是大唐名将郭子仪的六儿子,他娶了唐代宗的四女儿升平公主[1]。

有一次小两口不知道因为什么吵了起来。小郭驸马吵着吵着有点儿上头,就冲公主来了一句:你不就仗着你爹是皇上吗?告诉你,那是我爹不稀罕当!不然还能轮到你们老李家当?

在那个时代,说出这么劲爆的话,那绝对是三百六十度无死角地找死了。

升平公主也是不惯着老公的毛病,一路飙车回家,跟老爹唐代宗告状:父皇,郭暧那个死鬼竟敢说是他们老郭家不稀罕当皇帝,才轮到你当啊!

没想到唐代宗听完后,内心毫无波动,甚至有点儿想笑。他对女儿说:你不知道,他说得没错啊!如果郭子仪想当皇帝,还真就轮不到咱们家坐在这

---

1. 《旧唐书·郭暧传》。

儿！接着就把一脸蒙的女儿劝了回去。

郭子仪听说之后，马上来向唐代宗请罪。唐代宗还是劝道：俗话说，不痴不聋，不做家翁，小两口吵架的气话，何必放在心上呢！

郭子仪一顿谢罪，然后把儿子郭暧打了一顿，这事儿也就这么过去了[1]。

郭暧"醉打金枝"后说的话可能是气话，但郭子仪有取代李唐的能力，是连唐代宗都认可的事实。那么，这样的危险人物，为什么会被唐代宗轻轻松松就放过了呢？

因为郭子仪对大唐的贡献实在是太大了。

南宋诗人徐钧写过一首诗就叫《郭子仪》，诗中写道："身佩安危三十年，谗锋虽中节弥坚。古今多少功名在，谁得如公五福全。"翻译过来的意思是，郭子仪就是大唐的"定海神针"，历经各种风雨而不倒，古往今来那么多功臣名将，有哪个能像郭子仪这样"五福俱全"呢？

郭子仪的确是人生赢家，更是大唐王朝"由盛转衰，再转危为安"这一曲折历程的见证者和推动者。

郭子仪是在唐玄宗开元年间"出道"的，出道方式还特别拉风。武则天开创武举十余年后，郭子仪就以武状元的身份出道了[2]。凭借出色的成绩，郭子仪开始了自己的军旅生涯，先后任职于安西、北庭都护府等地，一直在边境和敌人对打，练出了带兵打仗的超强能力。

唐玄宗天宝十三年（754年），已经五十多岁的郭子仪升任朔方节度右厢兵马使。不久，因为母亲去世，他去职回乡守孝。

---

1. 《资治通鉴·唐纪四十》。
2. 《新唐书·郭子仪传》。

安史之乱爆发后，郭子仪被紧急征调，改封卫尉卿、单于安北副大都护、灵武郡太守，兼御史中丞，权充朔方节度副大使。他率领的朔方军驻扎的位置，大致相当于今天的宁夏一带，正好顶在安禄山老家的西边。所以，当安禄山带着主力部队南下进攻河南时，郭子仪就和李光弼带着人马东进河东，攻打叛军的后方，在平叛初期取得了不少次胜利。后来，唐肃宗在灵武称帝，也靠郭子仪的朔方军撑场子，及至收复长安和洛阳也有郭子仪的功劳。因为这些功劳，郭子仪被各种加官晋爵，更被唐肃宗称为"再造大唐"的功臣。

可无数历史经验告诉我们，一个臣子立的功劳越多，皇帝对他的忌惮也就越大。在接下来的日子里，老李家的皇帝们有事摆不平，就把郭子仪推出去挡箭，等事情一解决再把他给撸了，然后再出事就再把他请出来——这人生大起大落得简直不要太刺激。

762年，唐肃宗去世，太子李豫即位，这就是唐代宗。唐代宗原来是郭子仪的直属上司，属于一起战斗过的战友，但郭老爷子的日子并没有因此更好过。唐代宗上台后就把他从兵马副元帅的位子上撸下来，让他去当肃宗的山陵使，其实就是去给先帝修坟。因为比起郭子仪这种功高震主的大将，唐代宗更信任李辅国、程元振和鱼朝恩这些扶持他上位的宦官。

唐代宗开始最宠信的是李辅国。李辅国在肃宗时期就是皇帝跟前的红人。可能是他觉得自己资历老、功劳大吧，这家伙膨胀得有点儿不像话，竟敢公然对唐代宗说：大家但内里坐，外事听老奴处置[1]。"大家"是当时对皇帝的俗称，李辅国的意思是：皇上您就在宫里吃好喝好，外面的事您就甭管了，都交

1.《旧唐书·宦官李辅国传》。

给我。

这哪儿能忍啊？于是，唐代宗表面上对李辅国各种加官晋爵，实际上是不断架空他。最后，堂堂天子竟然找了个杀手扮作盗贼把李辅国给杀了，还把砍下来的脑袋丢到了厕所里[1]。

李辅国虽然完蛋了，但程元振和鱼朝恩这俩货也不是什么"好饼"。他们觉得那些掌握兵权的将领不好控制，就在皇帝面前离间陷害，唐代宗这才收回了郭子仪的兵权。

除了宦官的挑拨离间，唐代宗敢拿下郭子仪，还因为当时叛军方面就剩下史朝义还在唱着"最美不过夕阳红"了。战乱眼看就要平定，那就得赶紧趁这个机会把兵权收回来。

763年，史朝义在唐军名将仆固怀恩和李光弼等人的夹攻下兵败自杀，安史之乱终于迎来了谢幕的一天。

和平终于来临，过去的美好却再也回不来了。

安史之乱实际上是一场"平而未定"的叛乱。叛军虽说被打败了，却没有被彻底消灭和瓦解。为了尽快结束战争，唐代宗只能任命投降的叛军将领为魏博、范阳和成德节度使。可这帮人根本就不服唐朝中央政府的管辖，他们赋税自己收，官员自己定，想做什么顶多事后报备一下，完全就是割据地方的独立王国，这就是历史上大名鼎鼎的"河北三镇"，也称"河朔三镇"。

叛乱余毒未除，大唐内外还面临着其他让人头大的问题。

战争对社会经济的破坏就不用提了。更糟糕的是，这场叛乱打破了君臣之

1.《旧唐书·宦官李辅国传》。

间本来就不太稳固的信任链。平叛过程中战功赫赫的武将，在平叛后却成了皇帝重点防范和收拾的对象。而程元振和鱼朝恩这帮宦官还各种火上浇油，今天杀那个，明天整这个，搞得各镇节度使和地方大将人人自危。皇帝和他身边的宦官忽略了一件事情——不是所有人都像郭子仪好脾气的，让加班就加班，让下岗就下岗，君臣之间早已离心。

当初为了平定叛乱，大唐不得不把大量的精锐边防军调回内地，却直接导致了边境局势的恶化。

安史之乱后的大唐，就像是一栋四面漏风的破房子，谁都能来挖个墙脚，撬几块砖。而其中撬得最欢的，是大唐西边的吐蕃。吐蕃趁着大唐无暇西顾，出兵占领了青海和甘肃等地，不但切断了关中和西域的联系，更对大唐的都城长安造成了直接威胁。

唐代宗广德元年（763年）冬，刚刚搞定了安史叛军的大唐又接到了西部边境传来的紧急军情：吐蕃打过来啦。

按理说，如此紧急的消息应该第一时间上报给朝廷，但当时权倾朝野的大宦官程元振不知道哪根神经搭错了，硬是拦下了这份要命的情报，压根儿就没上报给皇帝。所以吐蕃一路往东打，根本没遇到什么有效的抵抗，就这么打到了长安家门口，唐代宗这才知道了吐蕃入侵的消息。

唐代宗一看吐蕃大军都到跟前了，立即下诏调兵，让各地节度使、统兵大将来救驾。可惜，没人来。因为唐代宗之前宠着程元振这帮宦官各种胡作非为，已经让文臣武将伤透了心。

程元振掌权后真是没少祸害人。他因为私人恩怨，通过栽赃陷害弄死了好几位在安史之乱中功勋卓著的文臣和武将，搞得地方上的节度使和将领都担心自己哪天也得遭殃，纷纷拥兵自保。所以他们哪里愿意来蹚这摊浑水啊，直接就把皇帝的诏书屏蔽了，权当没听见。

而当时大唐最强的三位"战神"中，郭子仪正在坟头搬砖，手底下农民工倒是不少，能打仗的战士却一个都没有。另外两位名将李光弼和仆固怀恩手底下倒是有一些兵，但他们同样不打算来救驾。

李光弼是和郭子仪齐名的将领，战功被推为"中兴第一"[1]。战争结束后，他受命驻防徐州，镇守关东。可这位超级名将也被程元振等人各种陷害，每天的日子过得特别刺激。当皇帝召他前来救援时，他心里很犯嘀咕，害怕到了关中，程元振会给他小鞋穿。既然惹不起，总躲得起吧，李光弼就一直磨磨蹭蹭地不出发。这一路人马算是指望不上了。

而另一位名将仆固怀恩是郭子仪的老部下，在安史之乱中屡立战功，家里有四十多人为国捐躯，可以说是如24K金一般纯纯的忠烈啊。战争结束后，仆固怀恩作为朔方节度使镇守北方。本来他是救援长安的最佳人选，但就是这样一位忠贞不贰的猛将也被诬告，宦官骆奉先等人说他勾结外族企图谋反。被逼得无路可走的仆固怀恩，一不做二不休，真的造反了。

万般无奈之下，唐代宗只能把德高望重的郭子仪请出来。他任命自己的儿子雍王李适为元帅，郭子仪为副元帅，让他们率军前往泾阳，也就是今天的咸阳抵御吐蕃。当然，真正干活的还是郭子仪。

但此时郭子仪手下哪儿有军队啊，老爷子只能临时凑了二十个骑兵就上任了。眼看吐蕃大军向长安逼近，郭子仪请求皇帝给自己增加点儿兵力，又被程

---

1. 《新唐书·李光弼传》。

元振给拦下了。

郭子仪再能打也没法靠这点儿兵挡住敌人啊，于是吐蕃大军很快打到了长安。唐代宗只能选择跑路，长安再一次沦陷。

皇帝都跑了，有人劝赶回长安救援的郭子仪自立为王。郭子仪不仅一口拒绝，还把那人痛骂了一顿。之后，郭子仪前往商州，一边筹措军需，一边召集部队，准备收复长安。

吐蕃人在长安大肆掳掠，听说郭子仪来了，开始担心退路被切断，于是派人打听郭子仪究竟带了多少人。而大唐百姓的忽悠水平也是蛮厉害的，他们骗吐蕃人说，郭子仪带了大部队正玩儿命往这里赶呢！吐蕃人一听，吓得一溜儿烟就跑了。于是，大唐的都城在被占领十五天之后，迅速被郭子仪收复，这也是老爷子第二次收复长安。

唐代宗回到长安后，为了平息众怒，宣布程元振正式下岗。在流放的路上，程元振被仇家杀掉，也算得到了应有的报应。但唐代宗宠信宦官、打压武将所引发的恶劣影响并没有结束。

764年，一直被人诬陷说要造反的仆固怀恩真的造反了，他引诱吐蕃、回纥与党项进攻大唐。唐代宗只能再次把郭子仪派去灭火，而郭老爷子一出马就打退了敌军。

仆固怀恩不死心，第二年又带着三十多万多国部队卷土重来，长驱直入包围了泾阳，相当于打到了长安大门口。

这次郭子仪并没有选择硬碰硬，他亲自到回纥军队大营做策反工作。郭子仪的威望还真不是盖的。回纥人一看郭子仪来了，立马就说：都是仆固怀恩那厮骗我们说，唐朝皇帝和您都死了，要是知道您还活着，给我们两个胆儿，我们也不敢来啊。

恰逢仆固怀恩暴死，于是，没了首领的回纥军队反过来和郭子仪结盟，掉头把吐蕃军队给削了一顿。这样，战事很快结束了，郭子仪再一次挽救了大唐。经过这一次次的战争，郭子仪的威望达到了巅峰，甚至比皇帝还有面子。

比如"河北三镇"中的魏博节度使田承嗣，平时是个连皇帝都不理的狠人。但当郭子仪的使者来时，老田直接就跪下了，还特意跟使者说：我这膝盖好久没打过弯了，今天就是为郭老爷子才拜一回啊。

再比如占据汴州的大将李灵曜，不管是国家还是个人的财货，只要从他眼前过的，都得被"薅羊毛"，但他从来不敢动郭子仪的财货，甚至专程派兵护送[1]。

所以，就算郭子仪的儿子"醉打金枝"，还口出狂言，唐代宗也只能当没听到，因为郭老爷子的威望实在太高，对大唐的贡献也实在太大。唐代宗要真的对老爷子动手，只能是给自己找不痛快。

唐代宗心里有数，郭子仪更是非常靠谱。

就在"醉打金枝"事件发生几个月后，一个爆炸性的新闻震惊了所有人——郭子仪他爹的坟被人刨了。这在讲究孝道的古代简直就是天大的事儿。

而这桩神奇的"盗墓案"查来查去，大家都说是鱼朝恩干的，鱼朝恩可是唐代宗当下最宠信的宦官，这事儿如果是真的，那唐代宗也脱不了干系啊！

这下子满朝文武都要吓哭了，生怕郭子仪一怒之下带兵造反，大唐可就彻底完蛋了。

---

1. 《旧唐书·郭子仪传》。

郭子仪却大度地表示：我当年带兵也挖了很多人的坟，现在这是报应，和别人没关系。于是，这事儿就稀里糊涂地过去了。

那可是自己亲爹的坟啊！这样都能忍，而且是在自己拥有颠覆江山的能力时，不得不说郭子仪这个人实在是了不得。

779年，唐代宗驾崩，唐德宗李适即位。郭子仪被调回朝廷，进位太尉兼中书令，充任皇陵使，并赐号"尚父"，但其他实际职务都被罢免——他又被安排到代宗皇帝的坟头当监工去了。

对此郭子仪都习惯了，皇帝你让我怎样就怎样呗。

781年，郭子仪在家中去世，享年八十五岁，朝廷赐谥号忠武，配飨代宗庙廷，陪葬建陵。

纵观郭子仪的一生，就像前面诗中说的：古今多少功名在，谁得如公五福全。在中国古代的超级名将中，郭子仪也许不是最能打的，但绝对是结局最好的。"长寿""富贵""康宁""好德"和"善终"这五种福气，他轻松集了个全，真是妥妥的人生赢家！

第十九篇
宫使驱将惜不得：还是宦官"最可靠"

如果把大唐王朝比作一个公司，安史之乱就是一次差点儿把公司搞垮的内部纷争。虽然在肃宗、代宗两位董事长和李泌、郭子仪等业务骨干的努力下，大唐总算躲过了破产危机。但重创之下的大唐已经不复当年的辉煌，还留下了三个致命的后遗症：

首先是大唐这家公司的总部已经控制不住地方的子公司了。有的子公司既不给总部上缴利润，也不听总部的指挥调遣，甚至人事任命都自己说了算，根本不把总部放在眼里。其次是董事长身边的管家、助理、保姆、司机等，没事儿就在公司里搂钱搞事，把公司运营搞得一团糟。最后就是公司的高层之间钩心斗角，拉帮结派，搞得员工无心做事。

这三个后遗症一直到唐朝完蛋都没有彻底解决。当然，在历史上，它们有三个专有名词，分别叫"藩镇割据""宦官专权"和"牛李党争"。

对于唐朝第九位皇帝唐德宗李适来说，"宦官"和"党争"的问题还处在疾病的潜伏期，"藩镇割据"才是亟须解决的头等问题——安史叛军余党占据的河北三镇,则是事实上的独立王国;其他节度使虽然没有明着造反,但多少都有点儿不把皇帝放在眼里。

唐德宗这个皇帝当得那叫一个不爽,所以他立志重建中央的权威,让大唐重现天下归心、四方臣服的盛世景象。

为了实现中央集权,唐德宗决定从"兵""钱""权"三个方面下手。

他上台后的第一件事,就是把德高望重且手握重兵的郭子仪供了起来。唐德宗尊郭老爷子为"尚父"。"尚父"就是特别尊敬的父辈之意,看起来恩宠有加,其实是被架空了的。老爷子的元帅等职位被罢免,原来统领的军队和防区被拆成几块,由他的部将李怀光、浑瑊等人统领。

通过这种"明升暗降"的方式,唐德宗分化了郭老爷子在军中的势力,把军权攥在自己手里,也为之后集中其他权力提供了保障。

"枪杆子"有了,接下来就是"钱袋子"。俗话说"钱不是万能的,但没钱是万万不能的",政府要运转,军队要供给,百姓要养活,哪一样能离开钱呢?而想要钱袋子鼓,无非两个办法,一是拼命省钱,二是玩儿命赚钱。

为了省钱,唐德宗一上台就下令停止地方进贡土特产的行为。把这些玩意儿费劲巴拉地运到长安花的钱可不是一个小数目,现在这笔物流费算是省下来了。唐德宗还下令把皇家养的大象、鹰、犬等宠物放了,又把一些为皇室服务的文艺工作者和宫女炒了,这么一来也能省下不少钱。

但这么大的一个国家,省下的这点钱实在是杯水车薪,还得想办法多赚钱。唐德宗手下正好有两位著名的理财专家,一个叫刘晏,一个叫杨炎,他们为充盈大唐的钱袋子做出了重要贡献。

刘晏是唐朝著名的神童。《三字经》里有一句:"唐刘晏,方七岁。举神童,作正字。"说的是小刘同学七岁就被封为太子正字了,这个职位相当于太子的文学助理,虽然只是个九品小官,但对于一个七八岁的孩子来说,已经非常了不起了[1]。

刘同学后来的仕途也比较顺利,在唐代宗时期一路做到了宰相,还兼任与财务相关的重要职务。任职期间,他改革了榷盐法、漕运和常平法,极大地降低了大唐这家公司的运营成本,扩大了盈利空间,所以唐德宗特别器重他。

杨炎则更牛,他直接把整个大唐的税收制度给改了。

安史之乱以来,老百姓逃的逃,死的死,一个地方的户籍人口数和实际人口数出入很大,再想按人头收税已经不可能。而地方节度使巧立名目,各种乱加税,其结果就是老百姓的负担重得要死,政府的财政收入却越来越少。

780年,杨炎在唐德宗的支持下,开始取消简单按照人头来收税的"租庸调制",推行"两税法"[2]。

"两税法"就是不管原来户籍上有多少人,只看现在地头上有多少人,然后按照这些人的土地和资产来收税,有钱的多交,没钱的少交,每年的夏天和秋天收两回。这种税收方式相对方便,也更公平。

同时,杨炎是在中国财政史上第一个提出"量出制入"原则的人,量出制入就是打算花多少钱就收多少税,这也是中国古代最早的预算制度[3]。有了这二位理财大神的加持,唐德宗的钱袋子迅速鼓了起来。

"枪杆子"和"钱袋子"都稳了,唐德宗对"印把子"——权力的监管,

---

1. 《旧唐书·刘晏传》记载当时刘晏七岁,《新唐书·刘晏传》记为八岁。
2. 《旧唐书·杨炎传》。
3. 《旧唐书·杨炎传》。

也非常重视。

唐德宗还没当上皇帝的时候,是见识过老爹手下那几个宦官——李辅国、程元振和鱼朝恩等人,是怎么仗着手里的权力违法乱纪,甚至干预朝政的。所以,他一上台,就开始收拾宦官。

就在唐德宗即位当年,他派一个宦官去淮西节度使李希烈那儿办事。按照当时官场的潜规则,上面派来办事的人总得孝敬孝敬,李希烈就送了这个宦官很多好东西。唐德宗知道后,二话不说就把宦官重打了六十棍,然后流放。

当时全国各地替皇帝办事的宦官不止一个,这帮货也是大包小包地拉了好多地方官的孝敬回来。一看皇帝这么搞,谁还敢把这些要命的东西带回来?于是,这些宦官为了不被收拾,只能一边心疼,一边把礼物悄悄扔到半道。

从此以后,这些宦官都知道皇帝憋着劲儿要收拾自己,别说是瞎说话、乱伸手干预朝政了,就算是出门办事,也开始遵纪守法,不敢胡来了。

唐德宗压制了宦官们的嚣张气焰,把朝廷的"印把子"交到了朝中文武大臣的手中。文臣有"白衣宰相"李泌,理财专家刘晏、杨炎,文化达人张涉、薛邕等人;武将有李晟、李怀光、浑瑊等人。整个团队各方面的配置也算均衡合理。

总的来说,唐德宗一上台就收军权、增收入、贬宦官、亲贤臣,明显是要带着大唐再次雄起啊。那么,大唐真的还能雄起吗?

我们可以从唐朝诗人白居易的诗作《卖炭翁》里找到一点线索。诗的最后一段是这么写的:"一车炭,千余斤,宫使驱将惜不得。半匹红绡一丈绫,系向牛头充炭直。"大意是,卖炭翁辛辛苦苦烧的炭,被宫里出来购物的太监仨瓜俩枣就给强买了。

这首诗虽然写的是唐德宗的孙子唐宪宗时期的事，但宦官这种强买强卖的掠夺行为是从唐德宗时期就开始的。

欸，不是说唐德宗特别讨厌这帮宦官吗？怎么会放他们出来乱搞事呢？

这一切都是因为唐德宗发现，虽然宦官们又阴狠又贪财又坏事，却依然是皇帝最能信任的人。

事情还要从大唐建中二年（781年）正月说起。

这年"河北三镇"中的成德节度使李宝臣病死了，他的儿子李惟岳上表请求继承父亲的节度使之位。邻居魏博节度使田悦也上表为李惟岳造声势，希望朝廷尽快答应。

这二位说是上表请求，其实就是装模作样地走个程序，给皇帝一个面子而已。安史之乱后，很多藩镇节度使的职位和土地都直接由儿子、侄子或部下继承，就跟世袭一样。

唐德宗即位后一心要重振中央权威，自然希望把地方节度使的任命权收回中央，怎么可能同意这个请求！他直接大笔一挥给否决了。后来，平卢淄青节度使[1]李正己死了，他儿子李纳也请求继承老爹的位置，唐德宗又给拒绝了。

这可动了地方节度使的蛋糕，他们当然不能善罢甘休。于是，成德、魏博和平卢淄青的三位节度使一商量：还客气什么啊，反了吧[2]！他们还拉上了同样对朝廷不满的山南东道节度使梁崇义，举四镇兵力，联合起兵造反。

唐德宗并不慌，他征调兵力组建平叛部队，并亲自在长安设宴犒劳前去征

---

1. 平卢节度使原驻营州（今辽宁朝阳），后移镇山东，亦称平卢淄青节度使或淄青节度使。

2. 《旧唐书·田悦传》。

讨的兵马，打响了武力削藩的战争。为了赢得胜利，唐德宗可谓下了血本。他派出了朝廷最精锐的禁军主力——神策军，任命名将李晟为指挥官攻打叛军。

除了朝廷派出的军队，唐德宗还调动周围愿意服从朝廷的节度使共同出兵。范阳节度使（又称幽州节度使或卢龙节度使）朱滔在北，淮西节度使李希烈在南，配合朝廷大军，三路夹攻叛军。

削藩战争最开始取得了一定的成果，"河北三镇"被打得只剩下魏博镇的田悦还在苦苦支撑。

但俗话说"大炮一响，黄金万两"，打仗可是世界上最烧钱的事了。唐德宗的削藩战争给朝廷的财政带来了毁灭性的打击。当时每个月的军费就高达一百多万贯，虽然唐德宗前期各种开源节流充实了钱袋子，可国库撑死也就能挺几个月，再打下去就得让前线的军队喝西北风了。

正缺钱的当口，唐德宗突然发现，他倚重的文臣压根儿靠不住。刘晏和杨炎二位理财专家用生命证明了什么叫"同行是冤家"，两人互相陷害使绊子，结果在781年前后双双死于非命。至于以儒雅博学著称的张涉、薛邕这些文化人，在当上高官后也因贪污腐败被贬了。

唐德宗只能让新宠信的宰相卢杞想办法。卢杞是忠臣之后，却用实力证明了什么叫不肖子孙。这货已经长得丑出天际了，内心竟然比脸还丑，各种小肚鸡肠，嫉贤妒能。他为了独霸宰相之位，把其他有能力有德行的大臣整得死的死，走的走，而自己又没真水平。

朝廷打仗缺钱了，卢杞和手下的户部侍郎赵赞想出一个搂钱的方法，那就是从商人身上"薅羊毛"。他们要求商人把手里的流动资金全借给朝廷，等朝廷打赢了之后再还回去，这也算是早期的国债了吧。但这国债，一无担保，二非自愿，真正实施起来就是官府带着人到处搜刮老百姓的钱财，怀疑谁有钱，上去就是严刑拷打，非逼你拿出钱来不可。整个长安被搞得鸡飞狗跳，差点儿引发大规模的暴动，后来这事儿也就拉倒了。

搞国债失败了，卢宰相又以各种名义向百姓乱收税，比如"间架税"。"间架"本来是指房屋的建筑结构，在这里是指按照房屋面积来征税。这么一套乱收费整下来，搞得民间怨声载道。

唐德宗也知道底下人干事不地道，但前线的军费不能停啊，也只能咬着牙硬挺着，想着只要赶紧打赢削藩战争，就什么事儿都好说了。

可惜，这个愿望落空了。

因为战局发生了逆转，唐德宗利用节度使打节度使的战略出了问题。

当时大唐的节度使大致可分为三种，一种是像"河北三镇"这样的独立型藩镇，朝廷基本管不了，他们偶尔也会在不损害自身利益的前提下给朝廷些许面子；一种是半独立型藩镇，他们没有公开反对朝廷，但也说不上对朝廷有多忠心；最后是听话型藩镇，要钱给钱，要人给人，既不作妖，也不闹事。

很遗憾，范阳的朱滔和淮西的李希烈都不是乖乖听话的小白兔。他们攻打叛军占据了不少地盘，就想把这些地盘扒拉到自己碗里。唐德宗当然不同意，这些打下来的地方必须还给朝廷啊！

于是，朱滔联合同样对朝廷不满的成德镇大将王武俊造反了。而淮西镇的李希烈也自称建兴王，后来干脆称帝了。本来形势一片大好的削藩战争，又被拖入了惨烈的"下半场"。

紧接着，压垮唐德宗的最后一根稻草也落了下来。

783年十月，唐德宗抽调泾原军奔赴淮西战场去打李希烈。部队路过长安时，按理说朝廷应该给点赏赐意思意思。但当时国库里实在没钱，朝廷根本拿不出赏赐来，好不容易挤出点儿钱来，也只够士兵的伙食费而已。

可雪上加霜的是，这笔本来就不多的钱还被经手的官员层层克扣，导致这些辛苦赶路的泾原兵最后只能吃硌牙的糙米饭和没油水的青菜叶子——简直太不把士兵当人看了！

于是，愤怒的士兵造反了，他们拿起武器打进了长安。一支本来为大唐攻打叛军的队伍，最后反而向大唐的都城发起了攻击。更好笑的是，这群叛军进城时高喊着"取消乱收费，不交间架税"的口号，得到了百姓的夹道欢迎。

泾原叛军攻入长安后，唐德宗苦心栽培的亲信大臣纷纷叛逃而去，最后护卫他左右的居然是由他的东宫旧人窦文场、霍仙鸣所带领的近百名宦官。这对于一向排斥宦官、信任朝臣的唐德宗来说，真是天大的讽刺。

很快，长安被泾原叛军攻陷，唐德宗仓皇出逃。

国都告急，神策军指挥官李晟和朔方节度使李怀光，只能紧急从河北撤军勤王。明眼人都看得出来，这仗已经打不下去了。

784年正月，为了缓和局势，唐德宗颁布了"罪己诏"，也就是一封公开的检讨书，表示千错万错都是自己的错，同时赦免了很多叛乱的将领。至此，唐德宗的削藩战争可以说是被迫画上了句号。

局势已经困难到皇帝要公开检讨的程度了，宰相卢杞还在挑拨皇帝和武将之间的关系，最后成功地把赶来救援的李怀光也逼反了。唐德宗不得不再次逃亡，直到几个月后名将李晟收复长安，唐德宗才结束了颠沛流亡的生活。

接二连三的挫折和背叛，彻底击垮了唐德宗的雄心。他放弃了强硬的鹰派作风，转而对地方节度使各种姑息妥协。

相比"泾原兵变"中文臣武将的不靠谱表现，一直被唐德宗刻意疏远的宦官倒更像忠君爱国的正面人物，这给了唐德宗很大触动。于是，他把手中最重要的一支武装力量——神策军的军权，交给了身边信任的宦官，就此确立了中唐以来宦官掌握禁军的惯例。从此，宦官的势力更加膨胀，大唐也和东汉、明朝并称为中国古代宦官乱权最严重的三个朝代。

除此之外，唐德宗一改之前清明节俭的作风，开始玩儿命搂钱。他不但主动要求地方进贡，还经常派宦官到处索取钱财。而唐德宗派出去的宦官以低价强买老百姓各种东西的行为，被民间称为"宫市"，在唐德宗之后，被保留了下来。白居易在《卖炭翁》里说的"一车炭，千余斤，宫使驱将惜不得"，讽刺的就是这种现象。

也就是说，唐德宗一顿操作之后，不但没有解决藩镇割据的问题，反而开启了宦官乱权的序幕。这就好比为了治病，服下一剂药，结果病没治好，药带来的副作用反而比原来的病还严重。

不得不说，历史有时候就是这么让人哭笑不得。

第二十篇

病树前头万木春："万年替补"的悲催

826 年，诗人白居易和诗人刘禹锡在扬州相遇，他们决定搓上一顿。文学发烧友见面当然不能光低头吃饭，必须写点儿诗来纪念一下。

白居易先给刘禹锡写了一首《醉赠刘二十八使君》，末联有一句："亦知合被才名折，二十三年折太多。"意思是，刘禹锡因为有才，所以命运曲折，而且一曲折就是二十三年[1]。

以"四海齐名白与刘"自夸的白兄既然提起话茬了，当弟弟的也得回应啊。刘禹锡就回了一首《酬乐天扬州初逢席上见赠》。全诗上来就说："巴山楚水凄凉地，二十三年弃置身。怀旧空吟闻笛赋，到乡翻似烂柯人。"这是回顾了自己多年的流放经历。但之后，他笔锋一转，写道："沉舟侧畔千帆过，病树前头万木春。今日听君歌一曲，暂凭杯酒长精神。"

不得不说，刘禹锡真的是豪放乐观到了可爱的地步。

---

1. "二十三年"当为虚指。从唐顺宗永贞元年（805 年）刘禹锡被贬为连州刺史，至宝历二年（826 年）冬应召，约二十二年。

他把自己比作"沉舟"和"病树",说就算自己屡遭打压,但至少能看到新人辈出,那也是一件令人欣慰的事情啊。如此豁达欢脱打不倒的精神,也难怪刘禹锡会被后世尊称为"诗豪"了。

那么,二十多年前到底发生了什么呢?

简单来说,就是一个短命的皇帝,搞了一次要命的改革,然后造就了一个苦命的刘禹锡。

805年正月,唐德宗正式"下线"。这位前半生雄心万丈,后半辈子胡闹荒唐的皇帝,把大唐这个烂摊子留给了太子李诵,也就是后来的唐顺宗。

在唐朝的二十位皇帝(不含武则天和唐殇帝)中,唐顺宗李诵是非常特别的一位,他一个人创造了三项"大唐之最",分别是替补时间最长的太子、在位时间最短的皇帝和死得最快的太上皇。

李诵十九岁就被立为太子,那时他还是一个意气风发的少年郎。但谁也不会想到,他在太子这个替补岗位上一干就是二十五年,成功地把自己从"小鲜肉"熬成了中年大叔。因为他老爹唐德宗虽然在重振大唐雄风方面做得不怎么样,但在个人养生方面很有心得,一口气活到了六十四岁,是大唐第三长寿的皇帝,仅次于活了七十八岁的唐玄宗和七十岁的唐高祖。

在二十多年的待岗生涯中,李诵这个太子的表现还算可圈可点。尤其是在783年的"泾原兵变"中,李诵亲手拿着武器殿后,保护老爹出逃,之后更是带着禁军守卫奉天城抵御叛军,直到朝廷援兵到来。

李诵在文学、艺术上也有涉猎,他不仅对佛经、棋艺和诗词很有研究,还写得一手好字,每次老爹唐德宗要写诗的时候都是让他来抄写。

多才多艺的太子李诵身边自然也聚集了一批文人,为首的是两位姓王的老师，一个叫王伾，负责教他书法，一个叫王叔文，负责陪他下围棋。这两位王老师的个人才华和艺术素养绝对没得说，很受李诵的尊敬和信任。

说起这两位老师，各位小伙伴可能不太熟悉，但刘禹锡和柳宗元二位，大家肯定都不陌生，他们此时也是东宫小集团的优秀成员。只不过当时这二位可没有后世那么高的名气，只能给两位王老师打打下手。

两位王老师都出身寒门，很了解民间的疾苦，经常和李诵畅谈天下大事，自然也会聊到一些底层百姓的状况和朝廷政策的弊端。李诵听了之后非常激动，表示一定要把这些情况跟父皇反映反映。其他人都表示强烈赞成，但王叔文没吱声。

李诵就私下里问王叔文：王老师刚才不说话，是不是有什么深意啊？

王叔文说：太子最重要的职责就是每天关心皇帝吃得好不好，睡得香不香，当个孝顺的好儿子就完了。如果乱说话，陛下怀疑你收买人心怎么办[1]？

李诵一听恍然大悟。自从削藩战争失败后，唐德宗就有点儿破罐子破摔的意思了，做出的荒唐事越来越多，对手下的人也是越来越猜忌。自己这个太子如果贸然提意见，很容易会被扣帽子，还是乖乖装好儿子得了。

所以，李诵虽然对大唐的现状很不满，也立志要改变这一切，但在二十多年的太子生涯中，他在政治上的态度很谨慎，从不轻易说话，也很少提意见得罪人。

虽然李诵不主动找麻烦，麻烦却还是主动找上了他。

李诵的太子妃姓萧，她母亲是唐肃宗的女儿郜国大长公主。所以按辈分来

1.《旧唐书·王叔文传》。

说，这位萧妃既是太子的媳妇，也是他的表姑。不过，李唐皇室的婚姻关系本就乱得很，我们也就不要在意这些细节了。

787年，郜国大长公主因为个人生活作风问题和乱搞巫蛊之术被抓，李诵也被牵连进来，差一点儿连太子之位都没保住，多亏了四朝元老、宰相李泌的力保才躲过一劫。

这场风波之后，本来就谨小慎微的李诵更加缩手缩脚了。这种压抑的替补生涯极大地摧残着李诵的心理健康，也让他的身体状况变得非常糟糕。

804年九月，李诵突然脑卒中，丧失了语言能力[1]。唐德宗非常担心儿子的病情，亲自探视好几次，还四处寻访名医来给儿子治病，但效果都不理想。

而此时的唐德宗已到迟暮之年，指不定什么时候就会离世，再加上太子病情的打击，结果年底的时候他也病倒了。这下就尴尬了，"主力选手"躺在床上等死，"替补选手"躺在床上半死不活，到底是谁指望谁啊？直到第二年正月唐德宗去世，父子俩都没能再见上一面，因为谁也爬不起来啊。

皇帝驾崩了，太子只要还有一口气在就得顶上。就这样，李诵终于结束了悲催的替补生涯，登基成了皇帝。

虽然身体状况很糟糕，但唐顺宗仍保持着"重振大唐"的初心，他起用王叔文、王伾、刘禹锡、柳宗元等人开始了一场轰轰烈烈的改革，史称"永贞革新"。

针对大唐当时的情况，改革主要从两方面入手。一是安抚民心，重建朝廷的声望；二是集中权力，打压宦官和藩镇。总之，就是要彻底纠正唐德宗后期

---

1. 《新唐书·顺宗本纪》。

出现的许多问题。

先说民心问题。

唐德宗近乎病态的搂钱行为极大地失去了民心，老百姓意见最大的就是"宫市"和"五坊使"。前一篇已说过宦官利用"宫市"强买强卖的事。这"五坊使"也差不离儿，就是一群负责给皇帝养宠物的宦官，仗着手里有点儿权力，对百姓各种敲诈勒索。改革派一上来就取消了这两个倒霉政策，老百姓都纷纷拍手称快。除此之外，改革派还取消了藩镇的进贡，这样一来，各节度使就不能打着讨好皇帝的名头，到处搜刮百姓钱财了。

再说集权问题。

改革派最关键的动作是要把神策军的军权从宦官手里夺过来。只有掌握了军权，才能彻底打压藩镇，重建朝廷的权威。所以，他们任用老将范希朝等人为神策军的将领[1]。

应当说，唐顺宗团队想革新的想法是好的，但问题是，唐顺宗是个卧病在床的人，整个改革运动都是靠王叔文、王伾、刘禹锡和柳宗元这些文人来执行的。文人办事难免出现过于理想化的问题。而且改革派内部也不是铁板一块，腐败和内斗经常发生，改革步子迈得太大，得罪的人太多，最终引发了大规模的反弹。

805年七月末，唐顺宗在大宦官俱文珍的逼迫下，把权力交给了太子李纯。几天之后，李纯在宦官的拥立下即位，这就是唐宪宗。只当了一百多天皇帝的唐顺宗只能自动退位，做了太上皇，持续了一百多天的改革也就此以失败告终。

1.《旧唐书·顺宗本纪》。

唐宪宗上台后，直接把两位王老师贬到偏远地区除掉了，还把刘禹锡和柳宗元等八人贬到远离都城的地方当了司马，这就是历史上的"二王八司马"事件。所以，刘禹锡后来才会说自己"巴山楚水凄凉地，二十三年弃置身"——一个失败的改革派，不整你整谁啊。

806 年正月，太上皇唐顺宗去世，结束了自己略显尴尬的一生。

如果把大唐比喻成一支足球队，唐顺宗就好比是一个替补球员。他整场比赛都在等待上场的机会。好不容易上了场，结果没碰几下球，就被罚了下去，然后被迫宣布退役，并且很快去世。你说还有比他更惨的替补吗？

打不倒的刘禹锡

刘禹锡被称为"诗豪",绝对是实至名归的,因为这位老哥是真的"刚"。他三十四岁参与"永贞革新",失败后被贬到地方整整十年。好不容易回到长安,却写了一首《游玄都观》诗,其中有"玄都观里桃千树,尽是刘郎去后栽"的句子。意思是,这里桃树那么多,还不都是我走后才有的?当权者一看:你小子是对自己被贬不满啊,于是又把他给撵走了。十三年后,刘禹锡再次回到长安,居然又写了一首《再游玄都观》,其中有"种桃道士归何处,前度刘郎今又来"的句子。没想到吧,我老刘又回来了,嘿嘿!二十多年的贬谪生涯始终没有打倒这位倔强的诗人。

第二十一篇

雪拥蓝关马不前：虎头蛇尾的唐宪宗

给上司提意见是个极具技术含量和未知风险的活儿。你说得不对吧，肯定不行；但有时就算你说对了，上司不爱听，你也得倒霉。

对此，被尊为"唐宋八大家"之首的韩愈应该是比较有体会的，他的诗作《左迁至蓝关示侄孙湘》就真实地记录了他提意见得罪上司后的心路历程。

诗是这样写的："一封朝奏九重天，夕贬潮州路八千。欲为圣明除弊事，肯将衰朽惜残年！云横秦岭家何在？雪拥蓝关马不前。知汝远来应有意，好收吾骨瘴江边。"

大概的意思是：我早上刚给皇帝提了个意见，晚上就被踢到了八千里之外的潮州。当然啦，我是不后悔的，只是回头望不到长安的家啊。走到积雪的蓝关，马都不想往前走了。我的侄孙啊，就靠你给我收尸咯。

大冬天的被撵出长安，顶风冒雪、翻山越岭地赶路，要去的还是一个环境恶劣的地方，这的确是惨了点儿。韩愈究竟说了什么，被皇帝撵出了京城呢？

这一切就得从韩愈的上司唐宪宗李纯说起。

805年八月初,唐宪宗在太监们的扶持下给老爹唐顺宗来了个强制退休,成了大唐的第十一位皇帝[1]。别看唐宪宗上台的过程有点儿不光彩,其实这位皇帝是个非常要强、非常有正能量的人。他一直把唐太宗和唐玄宗当成自己的人生榜样,立志要平定藩镇的叛乱,让大唐再次雄起。

虽然不是一个轻松的任务,唐宪宗对此却很有信心。这份信心一方面源于自身,一方面来自他的爷爷唐德宗。

唐德宗在史书里的确留下了一个玩命搂钱的坏名声。要说唐德宗掉在钱眼儿里这话没错,但说他四处搜刮钱财是为了吃喝玩乐是不准确的。唐德宗把搞来的钱一部分先用来扩编神策军,使这支部队成了朝廷的定海神针,然后把剩下的钱全部存了起来。后来唐宪宗能对藩镇一顿拳打脚踢,靠的就是爷爷唐德宗攒下来的这笔巨款。

当然,唐宪宗也不是一个只会吃老本的"啃老族",他本人也是非常有能力的。唐宪宗虽然靠着宦官上台,也给了宦官各种官职和特权,但他并不是一个只知道任用宦官的糊涂蛋。他非常注意维护宰相的权威,先后任用了李吉甫、武元衡、裴度等一批年轻有为又主张武力削藩的"铁血宰相"。

唐宪宗还非常善于纳谏,他身边聚集了一批像白居易、元稹和韩愈这样的"史诗级牛人",专门给他提意见。这几位"大神"都属于既敢说话又会说话的复合型人才,连提个意见都文采风流、舌灿莲花,而且经常一不小心就写出一堆如今课本里要求"熟读并背诵全文"的千古名篇。唐宪宗这一番操作下来,整个朝廷的风气变得空前良好。

---

1. 《旧唐书·宪宗本纪》。

文官团队如此强大，唐宪宗对武将的配置也不虚。

直属中央的神策军经过屡次扩编，总兵力已经达到十五万人。这支部队装备精良，具有很强的战斗力，平时主要负责守卫关中，关键时刻也是皇帝远征藩镇的主力。

比如 806 年，也就是唐宪宗刚即位的元和元年，控制四川的西川节度使刘辟叛乱。唐宪宗二话不说，派出神策军，配合地方节度使，一起"秒杀"了刘辟，轻松完成了元和年间削藩的"第一杀"。

很多节度使一看，皇帝如此惹不起，就主动申请来朝廷当官。这其实是一种变相的投降，意思是，这块地盘我不要了，交还给朝廷，你爱给谁给谁吧[1]。

镇海节度使李锜就是这么一位主动申请来长安"拜码头"的军阀。李锜的辖区在今天的江苏省镇江市附近，他属于兜里有点儿钱，但武力不太行的主儿，所以才想主动服软。唐宪宗自然很高兴地同意了。

可等朝廷派人来了，李锜马上后悔了，又是装病又是让手下搞事，总之就是不想进京。对此，当时的宰相武元衡表示：说来就来，说不来就不来，也太不把朝廷当盘菜了吧。

这句话算是说到了唐宪宗心坎里。

807 年十月，唐宪宗组织人马进攻李锜，三下五除二就把这位说话不算话的节度使拿掉了，完成了削藩的"第二杀"。

但对唐宪宗的削藩大业来说，光砍杂兵不打魔王是根本不够的。当时在唐宪宗面前站着南北数个非常难对付的"大魔王"。

---

1. 《资治通鉴·唐纪五十三》。

北边有魏博镇、成德镇和范阳镇组成的"河北三镇",南边则有割据河南的淮西镇。其实这些都是唐德宗时期留下来的老大难问题,当然也是唐宪宗必须要啃下来的硬骨头。

啃硬骨头除了要有好牙口,也需要找好下嘴的时机和角度。

淮西镇是唐宪宗首先想拿下的。因为相对于抱团取暖的"河北三镇"来说,淮西镇周围大多是忠于朝廷的藩镇,朝廷可以叫上这帮"小弟"一起去群殴淮西镇,攻打难度明显更低。

另外,安史之乱后,整个大唐朝廷都指望着江南的粮食和赋税来续命。如果说长安是大唐的大脑,那江南地区就是供血的心脏,而割据河南的淮西镇就是长在心脑血管上的一颗毒瘤,无时无刻不在压迫着朝廷的主动脉,分分钟就能给大唐来个脑死亡。

所以,无论是从难易度上来说,还是从紧迫性上来说,唐宪宗都必须首先拿下淮西镇。

大唐元和九年(814年)九月,淮西节度使吴少阳病死,他的儿子吴元济隐瞒消息,擅自接了班,之后更是举兵造反,简直不能再嚣张了。

唐宪宗决定立刻对淮西开战。朝廷大军和淮西吴元济的人马几番交战,互有胜负。总的来说朝廷占据了上风,吴元济被打得步步后退,眼看就要完蛋。

但这场战事并不仅仅是朝廷和淮西的事,其他不听话的节度使都明白唇亡齿寒的道理,知道朝廷收拾完了淮西镇就轮到自己了。其中以河北的成德节度使王承宗和山东的平卢淄青节度使李师道最为紧张。他们好几次在战事陷入胶着时上书朝廷,请求赦免吴元济。表面上看,这二位是来劝架的"和平主义者",其实完全是拉偏架、拖后腿的,所以唐宪宗给予了明确的拒绝。王承宗性格更直一些，骂骂咧咧地退出了"群聊"，而李师道倒是没说什么，主动提出派兵加入讨伐大军。

唐宪宗也没工夫管他们，他的全部精力都集中在淮西的战事上。只要解决了淮西镇，朝廷到时候就能腾出手来，把河北、山东这些不听话的家伙一个个都收拾了。

可就在此时，淮西的战事出现了变化。唐军后勤据点突然遭到不明人员的偷袭，大量军需物资和粮草被焚毁，前线的补给一下子变得紧张起来。

于是很多人纷纷上书，求皇帝别打了，可唐宪宗还是咬着牙坚持，反正就是不打下淮西镇誓不罢休。因为他相信自己一定会赢，也没有什么能阻挡他取得最后的胜利。然而，唐宪宗还是想得太简单了，一场惊天阴谋就在他的眼皮子底下慢慢酝酿着。

大唐元和十年（815年）六月三日，一个普通得不能再普通的早上。唐宪宗已经做好了上朝的准备。不过奇怪的是，自己都到了，好多大臣却没来。

消息很快传来：宰相武元衡上朝时遭到一伙刺客的袭击，脑袋都被人割走了。而另一位大臣裴度几乎在同时遭到了暗杀，庆幸的是，他虽然脑袋上挨了一刀，总归保住了性命。其他大臣都吓得不敢出门，生怕把上班路走成了不归路。

听到这个消息，唐宪宗简直不知道该用什么语言来形容自己此刻的心情。当街刺杀朝廷重臣，还有王法吗？唐宪宗当即下令，不惜一切代价，就算挖地三尺，也要把凶手找出来！

很快，一条线索摆在了唐宪宗的桌上。

就在宰相武元衡遇刺的前一天，成德节度使王承宗曾派人上门游说武元衡，希望他劝皇帝停止在淮西的战事。面对使者的贿赂和威胁，武元衡不为所动，坚持要在淮西打到底。而裴度和武元衡一样，也是个坚定的主战派。

借用东瀛某位名侦探的口头禅——真相只有一个！那就是王承宗为了在淮西战事上给朝廷拖后腿，派人暗杀了主战派的官员。

刺杀的效果显而易见，不但朝中大臣被吓得纷纷请求唐宪宗别再攻打淮西，就连唐宪宗自己都有点儿动摇了。但重伤未愈的裴度坚持认为，淮西是朝廷的心腹大患，无论如何都要除掉，这才坚定了唐宪宗的决心。

淮西那边要接着打，成德节度使王承宗这个幕后黑手也绝对不能放过。816年，唐宪宗发动十万兵力讨伐王承宗，誓要让这个凶手付出代价。

但仗打起来之后，唐宪宗才发现，国家的兵力和财政无法同时满足两场战争的需要。而且，刺杀案背后的水远比他想象的深。

因为就在长安发生刺杀案后不久，东都洛阳也破获了一起"恐怖袭击案"。有人在洛阳城内埋伏了一群"武装分子"，打算在洛阳杀人放火制造混乱，以干扰朝廷平叛战争的节奏。好在这场阴谋被人举报了，洛阳城才躲过一劫。

朝廷事后审讯发现，原来发生在长安的刺杀案并不是王承宗一个人搞的，真正的主谋竟然是平卢淄青节度使李师道。李师道表面上装作支持朝廷的平叛工作，暗地却派人袭击朝廷的后勤补给点，又和王承宗一起策划了其后的一系列阴谋。他才是隐藏在幕后的真正黑手！

得知真相的唐宪宗表示自己心好累。

朝廷同时对付淮西吴元济和成德王承宗已经够吃力了，实在腾不出手来招惹李师道。苦于两线作战的唐宪宗最终更改了战略，暂时先放过王承宗和李师道，集中全力对付淮西。

此时已经是元和十二年（817年）了，淮西的战事也已经进入了第三个年头。前线的战事让唐宪宗深刻体会到了，什么叫每一秒经费都在燃烧。政府的财政压力已经大到能把任何一个理财大神都逼疯的地步。

唐宪宗很发愁，就去问大臣们这事儿怎么办。很多人建议，打不下去就别打了。依旧只有裴度表示一定要打，还要求亲自到前线督战，并且立下誓言，不打垮叛军决不回来。

裴度用最大的忠诚报效皇帝，唐宪宗也拿出最大的信任来支持裴度，他不但亲自为裴度送行，还赐给裴度帝王专用的通天犀角腰带，这相当于人们熟知的"尚方宝剑"了。

此前淮西前线的部队中都有皇帝派来的宦官当监军，但这帮人除了瞎捣乱，什么也不会。裴度一到前线就要求免去监军，让真正会打仗的武将自己拿主意。唐宪宗立马同意了，把前线的指挥权都交给了裴度。

这一番操作下来，战局很快发生了决定性的逆转，一位叫李愬的将领给了裴度和唐宪宗一个巨大的惊喜。

李愬是唐德宗时期收复长安的名将李晟的儿子。小李将军得知淮西节度使吴元济所在的蔡州城（今河南汝南）没什么防备，决定偷袭蔡州，给吴元济来一个"斩首行动"。

元和十二年十月的一场大雪，比以往来得要早一些。

这么冷的天，李愬没有躲在屋子里烤火，而是带领一支奇袭部队，冒着刺骨的风雪，用一天一夜的时间，长途奔袭一百多里，成功打下了蔡州城，活捉了吴元济。这就是中国古代军事史上著名的战例——"李愬雪夜入蔡州"。

割据了三十多年的淮西终于重回大唐的怀抱，之后唐宪宗马上把目光投向了北方，现在终于可以和王承宗、李师道哥俩来算算旧账了。

此时的"河北三镇"中，范阳镇和魏博镇已经臣服了朝廷，成德节度使王承宗之前已经被朝廷打过一轮了，所以这次非常痛快地选择了归顺。只有山东的李师道还想负隅顽抗一下，结果很快感受到了什么叫朝廷的铁拳。

元和十四年（819年），平卢淄青节度使李师道被杀，山东地区也重回大唐的怀抱，元和削藩的最后一步胜利完成，唐宪宗终于实现了前几任皇帝都没能实现的梦想。所以，历史上把这一时期称为"元和中兴"，它是大唐自安史之乱发生以来难得的高光时刻。

但取得胜利之后的唐宪宗内心膨胀了。他觉得自己立下了不朽之功，也没什么别的追求了，就开始信仙求佛，到处找人炼制长生不老药。

当时著名的法门寺供奉着一枚佛骨舍利，传说是释迦牟尼留下来的一节指骨。唐宪宗听说后，就专门派人去法门寺把佛骨隆重地请到了长安。皇帝都这么虔诚，底下的大臣和百姓那也是狂热得不得了，来瞻仰佛骨、烧香祈福的人差点儿挤爆现场。

当所有人都陷入狂热时，有一位老哥却跳出来唱起了反调。

不错，这个人就是韩愈。

韩愈对皇帝如此铺张浪费地信佛很不满，于是给皇帝上了一封《论佛骨表》，说历史上凡是如此迷狂的皇帝，有哪个是长命的？

这下可捅到唐宪宗的肺管子了，皇帝气得要把韩愈就地正法，多亏裴度等人求情，才宽大处理，把他贬到了潮州当官。这就是韩愈诗里说的"一封朝奏九重天，夕贬潮州路八千"。不过，此番贬黜反而成就了韩愈，今天潮州还有"韩江"和"韩山"，都是当地百姓为了纪念韩愈而改的名字。

当然，韩愈并不是唯一的倒霉蛋，此前白居易、元稹这些敢说话的早都被唐宪宗赶得远远的了,后来就连平叛功臣裴度也被皇帝疏远。这时的唐宪宗开始专宠宦官,并任用奸臣,大唐的政治风气迅速走了下坡路。

更糟糕的是,唐宪宗一吃上所谓的长生不老药,性情就变得特别暴躁,经常对身边的宦官喊打喊杀。820 年,一手开创了"元和中兴"的唐宪宗突然离奇死亡,年仅四十三岁。史书里只说是一个叫陈弘志的宦官与人勾结暗杀了皇帝[1],具体作案动机、行凶过程全都得靠后人脑补。

唐宪宗一死,各地的节度使再次举兵反叛,好不容易平静下来的大唐,再次陷入动荡和战火之中,唐宪宗之前的所有努力都成了竹篮打水一场空。

可以说,"元和中兴"并没有重现大唐帝国的荣光,充其量只是给病重的大唐打了一针镇痛剂。药劲儿一过,所有的痛苦又回来了。

1.《新唐书·王守澄传》。

第二十二篇

绿杨阴里白沙堤：
这个"诗魔"很佛系

很多人都知道西湖有"白堤"和"苏堤"，觉得它们是白居易和苏东坡两位"老领导"在杭州任职时留给西湖的宝贵财富，其实并不尽然。"苏堤"的确是苏东坡主持修筑的，但"白堤"可不是白居易建的。

真要说起白居易留给西湖的宝贵遗产，不是白堤，而是他那首非常著名的诗作《钱塘湖春行》。他在诗里写道："孤山寺北贾亭西，水面初平云脚低。几处早莺争暖树，谁家新燕啄春泥。乱花渐欲迷人眼，浅草才能没马蹄。最爱湖东行不足，绿杨阴里白沙堤。"

白沙堤就是今天的白堤。白居易任杭州刺史时，没事儿就去白沙堤上溜达，才写下了这首千古传唱的绝美景物诗。

但喜欢白居易的人都知道，他并不是一个只会写风景的"驴友"。白居易被称为"诗魔"，前半生写诗下笔辛辣，每一句都是抨击社会现实的战斗宣言；后半生却只谈风月美景，一心做个恬淡安静的美男子。到底是什么把白居易从一个热血青年逼成了"佛系"的中年大叔呢？

没法子，在那样的社会现实里，不佛系真是混不下去啊。

年轻时的白居易很有使命感。他觉得自己既然当了官，就应该辅佐君王，造福百姓。所以他以笔为剑，向现实中的各种问题开战，怼朝廷，怼大臣，怼皇帝。白居易就跟一挺机枪似的，射速快，火力猛，杀伤力高，而且自带无限弹夹，"怼人事业"不带停的。最后就连一手提拔他的唐宪宗都忍不下去了，在 815 年一脚把他踢到江州当司马去了[1]。

这次被贬对白居易刺激很大。此后他虽然还有"兼济天下"的志向，但也明白了有些时候还得学着"独善其身"。

820 年正月，开创了"元和中兴"的唐宪宗李纯被宦官所杀，大唐的皇帝换成了唐穆宗李恒。不久之后，白居易也从地方调回了中央。这次回来，白居易本以为自己还是有机会为天下做点儿事情的，没想到"现任老板"唐穆宗实在是扶不上墙的烂泥。

唐穆宗李恒是唐宪宗的三儿子，不过并不受唐宪宗喜欢。他的母亲就是前文提到过的"醉打金枝"中的驸马郭暖和升平公主的女儿，也正因为这层关系，唐穆宗才能成为太子。据说唐宪宗的突然离世也和他们母子俩有关，简直充满了阴谋的气息。

唐穆宗即位的时候已经是个二十多岁的小伙子了，却还像个玩不够的小孩儿一样，就连在给老爹办丧事期间都没耽误玩耍，葬礼一结束，他就带着玩伴打猎去了[2]，这哪儿像是刚死了爹的人啊。

除了在外面疯玩，唐穆宗在家里也是个"娱乐达人"。他大兴土木，修

---

1. 《旧唐书·白居易传》。
2. 《新唐书·穆宗本纪》。

建了很多华丽的宫殿和园林，耗费钱财不说，还造成了不少施工人员的死伤。对此唐穆宗是不在乎的，他只喜欢宅在新修好的宫殿里观看摔跤、杂耍等文艺表演，或者把妃子、亲戚组织起来开"轰趴"喝大酒。他甚至调动神策军去给自己疏通皇宫的人工湖，把政府好不容易练起来的野战军当工程兵使。曾在德宗、宪宗时期发挥过重要作用的神策军，在穆宗手里完成了从"王者"向"青铜"的坠落。

就这么玩了快一年，西部边境有少数民族入侵，朝廷紧急派神策军前去支援。在这要命的关头，唐穆宗还坚持要来个忙里偷闲，去华清宫玩耍。大臣们只能跪在宫门外求皇帝别闪人，唐穆宗却说：哎呀，我都决定了，就别来烦我啦。说完带着上千人的队伍冲到华清宫一直玩到天黑才回来，根本不把国家大事放在心上。

皇帝如此不靠谱，地方的那些节度使要是不造反都对不起自己。所以，自从唐穆宗上台，河北节度使的反叛就一拨接着一拨。

眼看元和年间的削藩成果就要打水漂，还想做点儿事的白居易自然也因为河北的紧张局势而上书。不过，上也是白上。一方面是因为唐穆宗只顾着玩，根本没有管理国家的想法；另一方面则是因为此时朝廷内部的党争已经非常激烈了。大臣们拉帮结派，相互打来打去，把所有精力都放在对付政敌身上了，压根儿没有人把国家利益放在首位。

白居易一看皇帝沉迷于游戏不能自拔，同事钩心斗角不亦乐乎，自己还在这儿混个什么劲啊？就主动申请外调，到地方当官去了。

822年，白居易被任命为杭州刺史。到任之后，白居易为当地百姓做了不少好事，杭州百姓为了纪念他，才把他诗中写的那个"白沙堤"称为"白堤"。

白居易到了杭州没两年，京城传来消息，一心玩耍的唐穆宗居然把自己给玩死了。

唐朝时马球特别流行，是绝对的国民运动。唐穆宗有一次在皇宫里和宦官打马球，突然发生了意外。一开始并不是唐穆宗本人出了事，而是陪皇帝打球的一个内官，不知道什么原因，直挺挺地从马上摔了下来，结果把旁边的唐穆宗吓出了脑卒中。

得病之后卧床不起的唐穆宗和他爹唐宪宗一样迷上了炼丹吃药，希望所谓的仙丹能挽救他的生命，这当然没什么用。

824年正月，唐穆宗去世，死的时候仅仅二十九岁。唐穆宗一死，十六岁的太子李湛即位，他就是大唐第十三位皇帝唐敬宗。唐敬宗绝对是唐穆宗的亲儿子，因为这小子的荒唐劲儿和他爹简直一模一样，甚至有过之而无不及。

唐敬宗不但同样喜欢大兴土木，还是个狂热的运动爱好者。他在皇宫里搞了一次规模盛大的运动会，马球、摔跤、散打……什么项目都有。他还发动神策军士兵和宫里的服务人员分组骑着驴打马球，整得跟职业联赛一样，每天不折腾到深更半夜绝不散场。

他还特别喜欢"打夜狐"，就是在晚上带着人去猎捕狐狸，经常直接就在外面过夜了。

晚上不睡觉疯玩，白天当然起不来床。唐敬宗经常翘班不上朝，后来甚至一个月只上朝一两天。臣子们苦口婆心地劝导，唐敬宗却是虚心接受、屡教不改，甚至变本加厉，花样翻新地继续玩。而且唐敬宗对玩的要求非常高，身边的士兵、宦官要是玩不好，他就连打带骂，这些人在心里都恨透了唐敬宗。

826年年底，唐敬宗又一次出去"打夜狐"，回来喝大酒时竟然被身边的宦官刘克明和马球队员苏佐明杀了,享年十八岁。这真是对"不作死就不会死"这句话的完美诠释啊。

唐敬宗去世后一年,已经做了"驴友"的白居易再次被调回中央。不过,这时候白老师可是彻底看透了人生,一点儿都没有"兼济天下"的念头了。他不久就申请了病退,在洛阳定居了。

曾经的白居易,为黎民苍生而奔走呼喊,写下了《秦中吟》《卖炭翁》等千古名篇。晚年的白居易被积重难返的大唐、尔虞我诈的官场浇灭了一腔热血,转而求佛信道,没事儿就见见朋友喝喝酒,看看风景写写诗,"佛系"得一塌糊涂。

846年,白居易于洛阳去世,享年七十五岁。

曾经的"战斗青年"最终归于尘土,只留下不朽的诗篇让后人怀念。

第二十三篇
只是当时已惘然：情诗背后的刀光剑影

每位经历过义务教育的小伙伴,一定有过被语文阅读理解题支配的恐惧。因为有时候连阅读材料的作者本人也未必知道自己到底写了什么东西,我等凡人又能知晓几分呢?

比如大诗人李商隐的诗作《锦瑟》,就被视为他最难解读的代表作之一:"锦瑟无端五十弦,一弦一柱思华年。庄生晓梦迷蝴蝶,望帝春心托杜鹃。沧海月明珠有泪,蓝田日暖玉生烟。此情可待成追忆,只是当时已惘然。"

该诗运用了大量的隐喻和暗喻,一万个人能有一万种解读。有人说这是李商隐写给老师令狐楚家一个叫"锦瑟"的侍女的爱情诗[1],也有人说它是李商隐写给已故妻子的悼亡诗[2],还有人说这是李商隐或在叹息自己悲催的政治生涯[3]。总之众说纷纭。

1. 《中山诗话》。
2. 《义门读书记》。
3. 《唐诗鼓吹评注》。

但不可否认的是，李商隐的诗文风格如此深情、悲情加苦情，和他在政治上的挫败、失败和完败是分不开的。因为他很不幸地成了唐朝"牛李党争"的牺牲品。

那么，"牛李党争"到底是怎么回事呢？

所谓的牛李两党并不是我们今天常说的政党，而是由两拨人组成的小集团。牛党的"带头大哥"是牛僧孺和李宗闵，手下大多是通过科举考试考上来的新科进士；而李党的"扛把子"叫李德裕，手下"小弟"大多是官宦子弟。双方争来争去并不是因为政见不同，而是多为私人恩怨和自身利益。

这场统治集团的内斗整整持续了近四十年，跨越了几位皇帝。总的来说，穆宗、敬宗时牛党厉害，文宗时两党打平，武宗时李党翻身，宣宗时李党被最终绝杀。

这两拨人最开始结梁子是在唐宪宗在位的时候。

808年，牛僧孺和李宗闵两位官场小青年参加了制举考试。这是唐朝一种为选拔人才而举行的特殊考试，就跟今天的奥数竞赛或新概念作文大赛一样。

牛僧孺和李宗闵当时是初入官场，有点儿年轻气盛，就在写作文时骂了当朝宰相李吉甫，李吉甫就是后来李党的头目李德裕的父亲。最终的结果是，牛僧孺和李宗闵受到报复，没有被提拔，宰相李吉甫也因为朝野反响太大而被贬，双方的梁子就此结下了。

等到唐穆宗长庆元年（821年），有人举报李宗闵的女婿考试作弊，李德裕在皇帝面前一顿"助攻"，导致李宗闵被贬官。于是，李宗闵拉上同届考生牛僧孺，和李德裕彻底杠上了。此后双方拉帮结派，互相攻击，不是东风压倒西风，就是西风压倒东风。

这场党同伐异的闹剧逼得所有人都得站队，不然他们在官场上根本混不下去。估计李商隐出生的时候"技能点"都遗传在了文采上，他的政治智慧令人担忧。他老师令狐楚是牛党嫡系，按理说李商隐算是牛党一员，但他在老师刚死不久就娶了李党成员王茂元的女儿，这不是上赶着往枪口上撞吗？

牛党觉得李商隐简直就是个欺师灭祖的叛徒，恨不得把他往死里整；李党也觉得李商隐立场有问题，对他若即若离。

此时的李商隐就像是童话故事里那只同时被"飞禽"和"走兽"排挤的蝙蝠，里外不是人。

被"牛李党争"整得很闹心的不只有李商隐这些不得不站队的下层官员，还有大唐的最高领导——皇帝陛下们，其中最闹心的应当是唐文宗李昂。

唐敬宗死后，他的弟弟李昂稀里糊涂被宦官扶上了台，牛党和李党的斗争随后进入了白热化阶段。他们一撕起来不管对错，不问是非，甚至会为了个人利益而耽误国家大事。

唐文宗太和五年（831年）的"维州事件"就是最好的证明。

维州在今天的四川，是大唐与吐蕃边界的一座重要城池，战略位置非常重要。这地方原来是大唐的，后来被吐蕃占领了好多年。831年，吐蕃的维州守将投降唐朝并献出了维州城。时任西川节度使的李德裕第一时间收下了这个"大礼包"。他派人接管了维州，然后立即向朝廷汇报此事，并为降将请功。

消息传到长安，唐文宗挺高兴，便召集大臣商议这件事。朝中大多数人都同意李德裕的主张，但当时担任宰相的牛僧孺表示反对，他说：我们和吐蕃近来修好，有盟约在身，怎么可以违约呢？意思是不能接受这次投降。

于是，唐文宗听从了牛僧孺的建议，下令李德裕退出已经接管的维州城，并且把那些投降的吐蕃将领全部送回去。结果降将一回去就被残酷地诛杀了。

这事儿办得既不讲究又吃亏,唐文宗很快就后悔了。这时有人对皇帝说:牛僧孺才不关心大唐和吐蕃的和平呢,他就是见不得李德裕好,只要是李德裕要做的事,就没有他不反对的。

唐文宗这才明白自己被忽悠了,而牛僧孺也知道自己办砸了事情,就主动申请外调,到地方当官去了。之后,牛党的李宗闵和李党的李德裕在朝堂上互有进退,打得好不热闹,把皇帝唐文宗烦得够呛。他不禁感叹道:去河北贼易,去朝中朋党难[1]!意思是除掉割据的"河北三镇"都比消灭朝廷中的党争来得容易,可见皇帝对"牛李党争"有多头痛。

除了"牛李党争",还有一个问题也让唐文宗很闹心,那就是宦官专权。

唐文宗虽然是被宦官王守澄、梁守谦拥立上位的,但这群宦官掌握着神策军军权,所以他们有时候连皇帝都不放在眼里,唐文宗早就想对身边这些嚣张跋扈的奴才动手了。

按说皇帝要对付宦官,最好的盟友就是朝臣,可牛李两方只知道搞内斗,为了打倒对方,甚至哭着喊着找宦官当队友,这进一步加剧了宦官专权,给唐文宗复兴皇权的计划带来了不小的阻碍。

一看牛李双方是指望不上了,唐文宗在太和九年(835年)一口气把两边的大佬全撵到了地方上去,将朝政交到了自己最宠信的两个大臣郑注和李训的手里,准备专心致志地收拾宦官。

唐文宗采纳郑注等人的建议,提拔跟王守澄不和的宦官仇士良掌管神策

1.《资治通鉴·唐纪六十一》。

军,借此夺走了王守澄的兵权,然后用一杯毒酒把他送上了西天。但除掉一个王守澄并不是唐文宗的全部计划,他要的是把所有乱政的宦官都除掉。

于是,唐文宗和郑注、李训制订了这么一个计划:先任命郑注为凤翔节度使,让他去控制一部分军队,接着命令所有宦官去给王守澄送葬,然后在葬礼现场用郑注带来的军队把宦官都杀掉,最后往墓里一埋,连坑都是现成的。

计划定好了,郑注也到凤翔做前期准备去了,可唐文宗的另一位心腹李训不愿意照着原剧本演下去了。因为按原计划行动,一旦成功,郑注的功劳最大,还有他李训什么事?

一心想当主角的李训临场发挥,说服唐文宗又制订了"B计划",准备直接在长安动手,这样他就可以独享巨大的功劳了。

835年十一月二十一日,一场神奇的演出开始了。

这天一上班,左金吾卫大将军韩约突然跳出来报告说,衙门后院的石榴树上出现了甘露,也就是有甜味的露水。这是大大的祥瑞啊!

唐文宗就让仇士良带着宦官去看看。这其实是唐文宗和几个大臣演的双簧,目的是借此机会把以仇士良为首的宦官集中除掉。

可没想到仇士良走着走着,发现事情不对劲,转身跑回去挟持了唐文宗,然后调动神策军开始屠杀朝臣。最终,包括李训和郑注在内的近两千名大臣被杀,被株连的人就更多了。这就是历史上的"甘露之变"。事变发生后,朝廷大权完全被宦官掌控,宰相都变成了他们的办事员。唐文宗也被软禁了起来,只能每天借酒浇愁。

840年,抑郁的唐文宗病倒了,仇士良另立文宗的五弟李瀍(后改名李炎)为皇太弟。躺在床上的文宗无可奈何,很快就带着无限惆怅离世了。皇太弟李炎正式上岗，次年改年号为会昌，这就是大唐的第十五位皇帝唐武宗。

不少小伙伴可能都看过 2009 年红透了半边天的电视剧《宫心计》，剧里的唐武宗既窝囊又昏庸。不过历史上的唐武宗还是挺给力的，应该是大唐这艘日渐下沉的破船上，最后几位还算有点儿作为的船长之一。

其实，唐武宗李炎一开始并没有要继承皇位的觉悟，作为唐文宗的弟弟，他原本只是个逍遥王爷，没事儿就喜欢结交些道士、炼炼丹药什么的。

直到唐文宗快不行的时候，掌权的太监仇士良等人想要立个老实听话、不作妖的皇帝，他这个闲散王爷才被想起，并稀里糊涂坐上了皇帝宝座。

此时的大唐，朋党争斗不休，宦官权势滔天，年仅二十六岁的唐武宗怎么应对这一团乱麻的局势呢？

唐武宗的办法是把在地方当官的李德裕调回来当宰相。李党大佬李德裕重返朝堂，李党的春天也就来了。很多之前被牛党打压的李党成员纷纷翻身把歌唱，就连多年的"牛党叛徒兼李党外围人员"李商隐也跟着沾光，被提拔为秘书省正字，这个职位相当于朝廷的"高级编辑"。虽说官儿不大，但李商隐总算是有了出头的指望吧？

但……还是没有。

因为李商隐的母亲去世了，按照当时的规矩，他得回家守孝三年，再一次完美错过了在政治舞台上发光发热的机会。当然，李商隐的命运如何，唐武宗并不关心，因为皇帝正在暗中和宰相李德裕商量怎么对付宦官呢。

对唐武宗调回李德裕的行为，以仇士良为首的宦官集团一开始根本没在意。他们自认为手握神策军的军权，那还不把唐武宗吃得死死的？换谁来当宰相都没用！

但唐武宗和李德裕这对君臣搭档，很快给目中无人的仇士良上了非常生动的一课。

李德裕一上岗就提出了两条重要建议：一是加强宰相的权威，充分发挥宰相辅佐皇帝的功能；二是限制宰相的任期，防止宰相培养私人势力。

李德裕的两条建议提得那是相当有水平。

第一条意思是，要给我权力，这样我才能更好地为皇帝服务。这谁能说个"不"字？第二条意思是，我权力大，那我就少干几年。这样谁也不能说我是在给自己揽权。如此既有实效又能堵住所有反对者嘴巴的提案，也只有党争经验异常丰富的李德裕老师才能想得出来了。

李德裕这一套组合拳打下来，朝廷的权力重新回到了宰相手中，仇士良这帮宦官基本说不上话了。

于是，被将了一军的仇士良等人坐不住了。842年，仇士良在神策军中散布谣言，说宰相李德裕要削减士兵的置装费和车马费。到手的福利被砍掉，这事儿搁一般人身上都得炸锅，更何况一群手里有刀的兵大爷呢。仇士良就是想挑动士兵的火气，只要军队一闹事，他就可以借此撵走李德裕，继续控制唐武宗。

不过，仇士良还是低估了唐武宗和李德裕这对君臣组合的实力。

李德裕得到神策军要闹事的消息后，马上找唐武宗汇报。大唐历史上因为军队闹事而倒霉的皇帝也不是一个两个了，这要是换作既胆小又没担当的皇帝，估计当场就尿了，然后乖乖请仇士良出来摆平事态。但唐武宗的庙号中有个"武"字，说明这位皇帝绝对不是一个软蛋。

唐武宗直接派了一位使者去神策军的军营，说：砍你们的福利是朕的安排，和宰相一毛钱关系都没有。就是朕说的啦，你们敢咋地吧！

仇士良不就仗着军权,才敢这么硬气吗?唐武宗偏要赌一把,看看这些神策军作为天子的禁军,到底是更怕皇帝,还是更怕仇士良!

事实证明神策军还是更怕皇帝多一些。刚才还在吵吵冒火的士兵被唐武宗的使者吼了一通后,立刻老实了。

这下仇士良最大的靠山没有了,整个人都不好了,立刻惶恐地跑去跟皇帝请罪[1]。看着低头服软的仇士良,唐武宗并没忙着"补刀",反而将他提升为神策军的观军容使——名义上是整支军队的最高领导,实际上是被架空了。宦官手里没了军队,自然折腾不出什么风浪。在穆宗、敬宗和文宗三朝把持朝堂不可一世的宦官集团,到唐武宗这儿终于玩不转了。

之后,唐武宗继续重用李德裕,严格规范人才选拔制度,加强正风肃纪建设,极大地改善了朝廷的行政效率,也让大唐在对外的时候雄起了一把。

843年,唐武宗和李德裕这对君臣做了两件大事:一是平定了南下搞事的部分回鹘人,此后大唐北部边境一直安定了三十多年,曾经强大无比的回鹘帝国也慢慢从历史的舞台上消失了;二是打败了不听话的昭义节度使刘稹。唐武宗时期的这次胜利,是唐王朝对地方割据势力的最后一次胜利,极大地提高了中央朝廷的权威。战争结束后,各路藩镇都表示要乖乖听朝廷的话。唐武宗和李德裕至少在形式上使大唐再次实现了统一。

不过,这些胜利也是很费钱的,唐武宗的钱袋子一时有点儿告急,可上哪儿搞钱呢?

唐武宗宠信的道士给他出了个主意说,寺庙里的和尚有钱有地还不交税,

---

1. 《新唐书·宦者传》。

这钱不是现成的吗？唐武宗崇信道教，对佛教本就没什么好感，而宰相李德裕也支持打压佛教。于是，845年，唐武宗正式下令"毁佛"，命令僧尼还俗，查抄寺庙的财产，这就是历史上的"武宗灭佛"事件。

唐武宗和李德裕搞的这次"毁佛"是对佛教的一次重大打击，但不可否认的是，它多少缓解了朝廷财政紧张的问题。

这么一看，李德裕干得挺好啊。但不要忘了，他同时是李党的大佬，自然不可能轻易放过牛党这帮死对头。

牛党的两位核心人物牛僧孺和李宗闵很快被指控和昭义镇的叛乱有关，处理结果当然是对他们一贬再贬。之后，整个牛党都被李德裕按在地上各种摩擦。

这也是党争的常规操作，双方不管谁上台，都会把另一党的官全给撸了。其结果就是，朝廷的官一直在换来换去，朝令夕改之类的事都成了家常便饭。所以，别看李德裕在武宗时期干得不错，但争斗造成的内耗还是在一点点地侵蚀着大唐的根基。

也就在这个时候，李商隐守孝结束重新回到了工作岗位，他积极支持李德裕的工作，期待着能获得重用。

但李商隐的运气，还真是一言难尽。

我们前面说过，唐武宗还是王爷的时候就热衷于结交道友、炼丹吃药。这一点在他当上了皇帝后也没改，最后的结果大家也许能猜到。

846年，年仅三十出头的唐武宗把自己吃死了，成了大唐第四位死在丹药上的皇帝。

而之后即位的唐宣宗却几乎推翻了前任的所有政策，他放逐李德裕，重新起用牛党。李德裕凄凉地死在了流放地，李党就此烟消云散，这场持续了近四十年的党争以牛党的胜利而告终。而可怜的李商隐同学再次作为李党的外围分子饱受打压。他的命也确实忒苦了些，难怪能写出像"只是当时已惘然"这样悲情的诗句了。

大唐从立国到灭亡一共二百八十九年，而"牛李党争"就闹了近四十年，占整个大唐历史的七分之一时长。

从宏观角度说，"牛李党争"、宦官乱政和藩镇割据这三个问题是交缠在一起的。它们就像三种病毒的交叉感染一样，大唐总是治好了这个，又犯了那个，最终在各种并发症的打击下逐渐走向灭亡。

李商隐"做伴郎"

在一般人的印象里，古人结婚时新娘子是要用红盖头遮着的，唐朝却不是这样。当时的新娘子出嫁，会用一把团扇遮住脸，婚礼时新郎要作一首"却扇诗"，新娘子才能把扇子拿开。新郎如果文采比较差，就得找厉害的"伴郎团"来替自己写"却扇诗"。晚唐著名诗人李商隐就干过这个活儿，他曾写过一首《代董秀才却扇》："莫将画扇出帷来，遮掩春山滞上才。若道团圆似明月，此中须放桂花开。"意思是，新娘子你就不要再用扇子挡着脸了，新郎看不到你，可就要文思枯竭，写不出诗来了，还是赶紧让新郎看看你那花儿一样的盛世美颜吧！如此好诗一出，想必董秀才得偿所愿了吧。

第二十四篇

黄河九曲今归汉:"小太宗"的回光返照

据说重病濒死的人，在死前会有神志忽然清醒或短暂兴奋的时刻，看上去就跟没事儿人一样，这就是"回光返照"。而被"牛李党争"、宦官乱政和藩镇割据这三大"绝症"折磨得奄奄一息的大唐，也在唐武宗死后迎来了一次短暂的回光返照。

创造这一"人间奇迹"的，是唐宣宗李忱，他堪称唐朝有史以来最能掩饰的皇帝。

李忱是唐宪宗的第十三个儿子，论辈分，唐敬宗、唐文宗和唐武宗都得管他叫一声皇叔。不过，从年纪上来说，李忱比侄子唐文宗还小一岁，是人小辈分儿大。

但光有辈分儿也没什么用。李忱的妈是侍女出身，在讲究身份地位的皇宫根本就排不上号。李忱后来被唐穆宗封为光王，成功获得了一张混吃等死的长期饭票，按理说这辈子也就只能当个闲散王爷了。

皇室里的王爷一大堆，李忱却是颜色不一样的焰火。因为上从皇帝，下到宫女太监，都知道这个光王脑子有点儿不太好使。

原来，李忱十几岁的时候得了一场重病，本来人都躺在床上有进气没出气了，却不知道从哪儿来了一道光照在他身上，他突然一个鲤鱼打挺跳起来，拱手作揖，跟君主接待大臣一样。这一举动把旁边护理他的乳母吓得半死。后来，李忱还经常做神奇的梦，梦到自己骑着龙在天上飞。他娘警告他，千万别把这些梦和别人说[1]。

的确，李忱一个身份低微的庶出皇子，做这样带有暗示意义的梦，只会给他招来不必要的麻烦。于是，李忱开始了装傻充愣的低调人生，在外人面前甚至连话都不说。大家还以为这位光王是生病把脑子烧坏了呢。

但有时候就算你再低调，也会有人想起你。唐文宗和唐武宗称李忱为"光叔"，常在大家聚会的时候故意逼李忱说话，以看这位皇叔说话费劲的样子为乐。尤其是唐武宗，这位皇帝为人豪气，特别瞧不起自己这位"光叔"窝窝囊囊的样子，经常针对李忱搞"霸凌"。

以致民间传说，武宗皇帝故意把李忱丢进厕所的粪池，还想派人杀掉李忱，最后逼得李忱不得不出家为僧才躲过一劫[2]。当然，这些故事更像是后世为了抹黑唐武宗而编的段子，真实性不高。不过，就算故事有些夸张，唐武宗对李忱各种欺负倒的确是"实锤"。

唐武宗没干几年就因为乱吃药把自己吃病危了。眼看皇位就要换人坐，一直被压制的宦官集团又跳了出来。因为唐武宗未立太子，为首的宦官马元贽等人认为，"智商欠费"的李忱更容易控制，就把他立为皇太叔。

1. 《旧唐书·宣宗本纪》。
2. 《读皇室运寻》《贞陵遗事》等。

846年，唐武宗驾崩，三十七岁的李忱在宦官的拥护下登基称帝，是为唐宣宗。

对此，宦官们很开心，现在傻子"光叔"当了皇帝，那自己以后的小日子岂不是滋润得很？可很快他们就被啪啪打脸了。

唐宣宗一上台就接见大臣，有条不紊地处理武宗积压下来的各种事务，而且非常注意平衡宦官和朝臣这两股势力。这时人们才发现，这位"傻"了几十年的"光叔"，突然变了个人似的，思路敏捷，口齿清晰，把大小事都处理得井井有条。这哪是个傻子？根本就是在扮猪吃老虎啊。

唐宣宗很快就做了一件大事，把唐武宗任命的宰相李德裕踢下了台，然后大规模起用科举出身的牛党官员当政。一方面是他看重文人，另一方面则是因为当年唐武宗没少欺负他，所以他对唐武宗时期的一切做法都持反对态度，自然不能留着和唐武宗配合默契的李德裕了。后来，李德裕死在了流放地，牛党获得了最终胜利，困扰了大唐近四十年的"牛李党争"被唐宣宗一手终结。

一出手就稳、准、狠，这样的人真是太可怕了。

唐宣宗用自己多年的隐忍送给了宦官和大臣们一个"想不到"。很快，一群远方的爱国者也送给了他一个"想不到"。

那就是沦陷了近一百年的国土回归了大唐。

唐朝诗人薛逢曾写过一首《凉州词》："昨夜蕃兵报国仇，沙州都护破凉州。黄河九曲今归汉，塞外纵横战血流。"

这首诗与其说有一定的艺术价值，倒不如说更有史料价值。诗中的"沙州""凉州"和"黄河九曲"，指的都是大唐的河湟地区，也就是今天甘肃、青海和新疆一带。这里原本是大唐的领土，"安史之乱"后被吐蕃趁机占领。

从那时起中原和西域的沟通就少了,许多大唐子民就这样被隔绝在外,一过就是近百年。

唐武宗会昌年间,吐蕃内乱,河湟地区的大唐子民才看到了一丝回归故土的希望。

唐宣宗大中二年(848年),沙州当地的豪强张议潮攒了一拨小伙伴组成了"归义军",武力光复了沙州、肃州和甘州一带。这三个地名乍一听有点儿陌生,但如果换成敦煌、酒泉和张掖的话,大家就熟悉多了。

起义成功的张议潮虽然暂时站住了脚,但他们和中原隔着茫茫大漠和凶残的吐蕃,归义军就像一座随时可能被吞没的孤岛。于是,张议潮派出十路使者奔赴长安,希望和大唐取得联系。经过重重磨难,终于有一位使者成功地把消息传回了大唐。

唐宣宗知道后大喜过望,特意下诏把张议潮一顿神夸,还任命他为沙州防御使,后升其为归义军节度使,这就是诗里提到的"沙州都护"的由来。

大唐虽然在名义上收复了沙州,实际上却使不上什么力。张议潮只能带着当地人一边发展农业、训练士兵,一边不断向东收复失地,一寸一寸地向大唐靠近。

张议潮在西边使劲,东边的唐宣宗也没闲着。他努力治理国家,非常注重臣子们的建议。在整个唐朝,唐宣宗采纳臣子谏言的程度估计仅次于唐太宗,甚至大臣们给他写了奏章送上来,他都先洗手焚香再阅读,搞得老有仪式感了。

在接见大臣时,唐宣宗也很认真,从来不会溜号。公事说完了,他还会微笑着和大臣们聊聊家长里短。但每次时间不长就恢复严肃,他一本正经地告诫大臣们:你们可得好自为之啊!朕怕你们要是犯了事,咱君臣以后可就不好相见了。

这么一冷一热的，就连宰相上朝的时候都经常被吓得汗流浃背。因为唐宣宗不只是说说而已，他特别重视对官员的监管且铁面无情，不管是谁犯到他手里，都得挨收拾[1]。

不过，唐宣宗对身份低微的普通宫人却很随和，哪怕是宫里面干脏活儿的杂役，他也都能记住他们的名字，从没叫错过。这些人生了病，唐宣宗还会派御医去给他们看病，甚至亲自带着东西去看望他们[2]，可以说是相当亲民。

工作之外的唐宣宗也没什么不良嗜好，还特喜欢看书，经常在下班后一个人静静地看书直到半夜三更。宫里面的人甚至给皇帝取了个外号叫"老儒生"，就是说他爱书如命。

在唐宣宗的治理下，百姓得到了善待，大唐的国力有所提升。唐宣宗统治的这段时期在历史上被称为"大中之治"，唐宣宗也被人们称为"小太宗"，算是晚唐难得的好皇帝了。

这么看来，唐宣宗应该很快就能重振大唐的雄风了呀。

可是依然没有。

861年，唐宣宗任命的归义军节度使张议潮打下了吐蕃在河西的最后一个据点凉州，即《凉州词》诗里所说的"黄河九曲今归汉"，这也是大唐自"安史之乱"以来最大的一次领土扩张。

故土回归的场面可以说是非常感人，唐宣宗却没能看到。

原来就在两年前的859年，唐宣宗又给了所有人一个"想不到"，他成了

1.《资治通鉴·唐纪六十五》。

2.《唐语林》。

大唐第五位炼丹吃药把自己吃死的皇帝，享年五十岁。

这位登基后让所有人都意想不到的皇帝，最终并没能挽救病入膏肓的大唐，仅仅带来了一次短暂的回光返照。他死之后，大唐的国势也来了个"自由落体运动"。

孤臣赤子张议潮

张议潮出身沙州（今甘肃敦煌）豪族，少有壮志。848年，他趁吐蕃内乱，率众驱逐沙州的吐蕃镇将，大获全胜，被唐宣宗任命为沙州防御使。此后，他又连战连捷，收复了瓜州、伊州、西州等十州之地，遂派使者携十一州地图户籍入朝。宣宗于沙州置归义军，升授张议潮为归义军节度使。861年，张议潮率军收复凉州，866年再收复西州、轮台等地，使吐蕃势力被彻底逐出河西、陇右之地，此后"西尽伊吾，东接灵武；得地四千余里，户口百万之家；六郡山河，宛然而归"，对加强西北与中原地区的联系和中外经济文化交流起了积极作用。867年，张议潮入朝，自此留居长安，直至872年逝世。

第二十五篇

笑说君王在月宫：
聚会狂魔多败家

唐宣宗号称"小太宗",原是夸奖他国家治理得不错。但没想到唐宣宗对继承人问题的糟糕处理,也和当年的唐太宗有一拼。这位皇帝特别看不上自己的长子郓王李漼,所以直到死前也没把太子确定下来。

不过,唐宣宗最后的倔强也没什么用,他这边刚咽气,那边李漼就在宦官的拥立下登基了,是为唐懿宗[1]。

唐懿宗即位后,把年号定为"咸通"。因为他老爹唐宣宗写过一首《泰边陲曲》,里面有一句"海岳晏咸通",于是唐懿宗把歌词里的两个字拿来做了年号[2]。虽然在年号上向老爹看齐,但唐懿宗本人在位期间的作为跟他爹完全不是一个风格。

唐宣宗看不上这个儿子也是有道理的,因为历史证明了唐懿宗是一位资深聚会达人、狂热音乐发烧友和重度女儿奴患者。

---

1. 《旧唐书·懿宗本纪》。
2. 《太平广记》。

唐懿宗对处理国家大事这种枯燥无趣的工作毫无兴趣，最喜欢的就是喝大酒。这位皇帝简直一天不聚会就浑身颤抖，每个月皇宫里都得办十几二十场大型宴会，把堂堂大明宫搞得跟接待婚庆业务的饭店似的。

有时候在宫里待烦了，唐懿宗就跑到长安郊外的行宫别馆搞狂欢派对，随行的人员有数万人之多，每天花的钱海了去了，成了国家财政的沉重负担[1]。

唐懿宗还是个狂热的音乐发烧友，一天不听音乐都不行。他在身边养了一支五百多人的歌舞团，就算是出门玩耍也得带上，兴致来了就搞一场露天不插电的音乐会。音乐奏起来，气氛嗨起来，皇帝就大把大把地打赏，随便一出手都是上千贯钱的土豪级大礼包。

在唐懿宗的示范引领下，整个大唐享乐主义盛行。晚唐诗人韦庄写过一首诗叫《贵公子》，描述的就是这一时期的世风人情，尤其是最后一句"瑶池宴罢归来醉，笑说君王在月宫"，真是完美地描述了当时皇帝和官员那种穷奢极欲和醉生梦死的生活状态。

在不耽误自己玩耍方面，唐懿宗也是很拼的。他在刚上台时故意任命了一位爬不起来炕的老臣白敏中当宰相，就是为了方便自己上班摸鱼。唐懿宗在位不过十四年，一共任命过二十一位宰相，大多数是无德无才、完全不妨碍他享乐的人。大唐在这样极品君臣的治理下，已经滑入了崩溃的快车道。

而大唐崩不崩溃，唐懿宗还真不怎么在意，他最在意的就是自己的宝贝女儿同昌公主。

同昌公主是唐懿宗的大女儿，这孩子长到十岁还不会说话。有一天，小公

1.《资治通鉴·唐纪六十八》。

主突然说了一句"得活",大约相当于我们今天说的"妥了"或者"哦了"。她说完这话没多久,迎接唐懿宗登基的队伍就进了门。从此,唐懿宗就视同昌公主为福星,成功化身"女儿奴",恨不得把整个皇宫和国库里的好东西都掏出来宠女儿。

同昌公主出嫁的时候,唐懿宗准备的陪嫁几乎都能开个"珍宝馆"了,水晶、琉璃、玳瑁、犀角、象牙一车一车的,各种奢华的生活用具和家具更是堆成了山[1]。

唐懿宗给同昌公主安排的吃穿住行都是顶配中的顶配。比如公主最爱吃一道叫"灵消炙"的菜,是用喜鹊舌头和羊心尖上的一点点肉做的——做一盘菜得杀多少喜鹊和羊啊。再比如,公主喝的是从清晨盛开的玫瑰花上收集的"玫瑰露",穿的是夏天能自动降温的"狐白裘"和薄薄一层却能在冬天御寒的"火蚕衣",坐的是风驰电掣、自带"空气清新剂"的"七宝车"等。对于公主的奢侈爱好,唐懿宗统统满足,没有半点儿犹豫。

但不知道是早上喝生水喝多了,还是夏天穿裘皮捂着了,同昌公主嫁人一年后就死了。唐懿宗伤心到爆炸,把给公主看病的二十多个御医全砍了,还株连了这些御医的家属三百多人。

然而哀痛不止的唐懿宗并不知道,很快死去的不仅仅是他的宝贝女儿,一场发生在西南边陲的小小兵变已经敲响了大唐灭亡的丧钟。

863年,唐朝在徐州附近招募了数百名士兵驻守桂林,说好三年后就让他们调换回家。但这帮徐州兵在桂林待了两个三年也没收到回家的通知。虽说

1.《杜阳杂编》。

"桂林山水甲天下",但"金窝银窝也不如自己的狗窝"啊,超期服役的徐州戍兵们就想回家。他们给上头打了无数个报告,却始终没有得到满意答复,这不明摆着欺负人嘛!

于是,这帮徐州兵一怒之下直接造了反,他们推举一个叫庞勋的粮料判官——军队里管后勤和伙食的官作为领袖。在庞勋的领导下,他们抢了一批装备,准备打回老家去。这场兵变在历史上被称为"庞勋之乱"。

"庞勋之乱"算是一刀扎在了大唐的软肋上。因为大唐主要的兵力都在北方和中原,在南方还真没什么能拿得出手的战斗部队。庞勋带领的这支武装到牙齿的"还乡团"顺利北上,一边招降纳叛,一边攻城略地,最后还真打下了徐州,把朝廷派到当地的官都给俘虏了。回到徐州后,庞勋开始招兵买马,队伍很快膨胀到二十万人,占据了山东南部、安徽北部和江苏北部的大片地区。

有了地盘和武装部队,曾经的后勤官庞勋也有了新的追求。他向朝廷打报告要求做徐州当地的节度使。但朝廷怎么可能答应,都像你这样,天下不就乱套了?于是,朝廷调集兵力,还抽调了河东的沙陀族首领朱邪赤心来帮忙,共同进攻庞勋。

唐懿宗咸通十年(869年),庞勋在四面围攻下战死,这场因为"回家的诱惑"而引发的兵变被镇压了下去。但兵变带来的后续效应更加致命。

镇压兵变有功的沙陀首领朱邪赤心被皇帝赐名为"李国昌",后来沙陀李家在大唐的"龙兴之地"河东扎下根来,成了晚唐重要的割据势力之一。一个王朝连自己起家的根据地都保不住,这是肉眼可见的要玩儿完啊。

而大唐之所以在"安史之乱"后还能撑这么久,靠的就是长安城里皇帝的威权和江南提供的财赋。可经过"庞勋之乱"这么一搅和,富庶的江淮地区被战火波及，一批野心家趁机崛起，使大唐中央逐渐失去了对江南的掌控，朝廷再也没法靠着江南输送的财赋来续命了。没了经济来源，光靠皇帝的威权又能挺多久呢？

不过，唐懿宗对此还是不关心，他此时最关心的是"迎佛骨"。

唐懿宗笃信佛教，盖寺庙、修佛像、捐善款之类的都是常规操作。皇帝都这么虔诚，底下的大臣和百姓求神拜佛更是狂热得不得了，连带着佛经都供不应求了，从而刺激了印刷术的进步。现存世界上较早的雕版印刷品之一就是唐懿宗咸通九年（868年）刻印的《金刚般若波罗蜜经》。

就这样，唐懿宗还觉得自己不够虔诚，所以在873年，唐懿宗决定学习宪宗皇帝，再次到法门寺迎奉佛骨。

大臣们立刻一顿劝，说这事儿劳民伤财不说，当初宪宗皇帝迎完佛骨就去世了，也忒不吉利了。唐懿宗却说：朕要是能活着见到佛骨，就是死了也没遗憾！

你别说还真灵，迎完佛骨三个月后，唐懿宗就"如愿以偿"，毫无遗憾地去世了，享年四十一岁。

嗯，也算"求锤得锤"吧。

唐懿宗凭一己之力，把武宗和宣宗两位皇帝好不容易攒下来的那点儿家底败光了，从此大唐的陨落已不可逆转，更惨烈的王朝末世也近在眼前了。

第二十六篇

满城尽带黄金甲：落榜生的逆袭之路

考试落榜是人生中不小的挫折，但考不上不代表干不成大事，唐末的落榜生黄巢同学就是典型的例子。作为一个有文化、有追求的落榜生，他差点儿亲手颠覆了大唐近三百年的江山。

这一切到底是怎么发生的？我们还得从黄巢的出身说起。

中国古代实行"盐铁专卖"政策，政府对"盐"和"铁"两项生活必需品实行垄断经营，赚取的巨额利润就进了朝廷的腰包。既然有钱赚，就有人会选择富贵险中求，而黄巢家中世代就是搞食盐走私的。

食盐走私是一个无比暴利的行业，也是朝廷的眼中钉、肉中刺。所以，贩私盐的都有一套严密的组织规章，甚至有自己的武装力量，搁今天绝对是"扫黑除恶"的重点打击对象。黄巢就是武装贩私盐团伙中的一员，甚至算得上是个武力担当。他擅长骑射，很有战斗力，也算是应了"流氓会武术，谁也挡不住"这句俏皮话了。

除了会武术，黄巢文化水平也不一般。传说他五岁就能写诗[1]，还特别有追求，好几次参加了唐朝的科举考试——虽然，都没考上。

你可能说，没考上算什么有文化啊？

唐朝的科举考试可不是我们今天录取率超过70%的高考，唐朝进士科的录取率只有1%~2%[2]。这都不叫"千军万马挤独木桥"，而应该是"人山人海挤头发丝"了，所以考不上才正常。

一般的考生如果考不上，可能也就默默地接受了。但黄巢不一样，他最后一次落榜离开长安时，提笔写下一首《不第后赋菊》："待到秋来九月八，我花开后百花杀。冲天香阵透长安，满城尽带黄金甲[3]。"

全诗比喻新颖，气势凌厉，通篇就表达了一个中心思想——今天你们对我爱搭不理，改天我让你们全都嗝屁！

当然，这个"改天"那得是很多很多天以后的事情了。考试屡屡失败的黄巢只能回家，继承了武装走私这份很有前途的工作。

但没想到，此时的大唐已经容不下黄巢做一个安静的私盐贩子了。

唐懿宗在位时，有个叫刘允章的前翰林学士给皇帝写了一封《直谏书》，把大唐当时的紧迫局势总结为"九破""八苦"和"五去"，具体问题包括战争频繁、贪污横行、入不敷出等。总之，凡是王朝末世应该有的各种破事，大唐是一样也不缺。

而且在乱世里，昏君才是标配。

1.《贵耳集》。

2.《文献通考·选举考二》。

3.《七修类稿》引《清暇录》。

873 年，唐懿宗的五儿子、创造了大唐皇帝即位年龄最低纪录、年仅十二岁的李儇在宦官田令孜的拥戴下即位了，史称唐僖宗。

十二岁的孩子正贪玩，哪里懂得什么国家大事呢？唐僖宗把朝廷大权都交给了宦官田令孜，自己则开始了吃喝玩乐的欢脱生活。从"僖宗"这个庙号就能看出来，这位少年天子玩起来很有一套。他完美继承了老爹唐懿宗的娱乐精神和运动细胞，擅长的项目包括但不限于马球、斗鸡、赌博、骑射、音乐、围棋等，放到今天，当个粉丝千万的游戏主播一点儿问题都没有。

皇帝如此不务正业，就连他身边的优伶都看不下去了。优伶就是陪皇帝玩耍娱乐的演艺工作者。这位优伶的名字也非常醒目，叫石野猪。有一次，唐僖宗对石野猪说：如果科举考试考马球的话，那朕肯定能中状元啊！

石野猪回答说：如果是尧、舜那样的贤君当主考，陛下恐怕得被臭骂一顿，然后被取消考试资格吧！

唐僖宗怎么会在乎一个小小优伶的劝谏呢？他依旧不理朝政，没日没夜地玩耍。

皇帝玩得下去，老百姓可是玩不下去了。

唐僖宗登基后不久，关中就发生了饥荒[1]，老百姓连树皮都吃光了，最后只能人吃人。长安附近的军队甚至专门干起了倒卖人肉的生意，还狠狠地赚了一笔[2]。关东地区则暴发了旱灾和蝗灾，铺天盖地的蝗虫群自东向西席卷而来，所过之处粮食全被啃光。地方官还谎报灾情，说蝗虫虽然闹得凶，但一进长安地

---

1. 《新唐书·五行志》。
2. 《旧唐书·僖宗本纪》。

界就不吃庄稼,全都抱着荆棘自杀了[1]。官员口中如此灵异的生物学奇观,唐僖宗竟然相信了,还兴高采烈地庆祝起来。明摆着要逼老百姓造反啊。

874年,一个叫王仙芝的私盐贩子发动起义,自称"均平天补大将军",率领起义军攻占了曹州,也就是今山东省菏泽市附近地区,给武装反抗唐王朝统治来了个漂亮的开场。而黄巢就是曹州人,作为一个有文化有追求、又被黑暗现实伤害过的落榜生,一看同行这么给力,自己也不能落后啊,他立刻拉了一支队伍响应王仙芝。

这下可算是引爆了连环炸弹,四面八方那些被唐王朝暴政折磨得生不如死的老百姓,还有唐懿宗时造反失败的庞勋旧部,都来投奔这哥俩儿,起义军很快发展到了几万人,轰轰烈烈的唐末农民大起义就此拉开了序幕。

这回唐僖宗总算是认真了一点点。他派淮南、忠武、宣武等五镇节度使进攻起义军。王仙芝和黄巢跟朝廷打起了游击战,虽然败仗吃了不少,但始终没被消灭。

朝廷一看前方仗打得不顺,就玩起了招安的把戏,王仙芝还真有点儿心动,可是黄巢不同意。倒不是因为黄巢的反抗决心更坚定,而是因为朝廷招安没有他的份。他对王仙芝说:当初说好了要一起横扫天下,现在你却要洗手不干,那你让我们以后怎么办?

两个人越吵越凶,黄巢在王仙芝脸上打了一套"王八拳",他们手下的那些士兵也都不同意接受招安,王仙芝只能放弃了这个诱人的想法。

招安虽然泡汤了,但黄巢和王仙芝这对一起创业的战友也有了隔阂,他们

---

1. 《资治通鉴·唐纪六十八》。

索性拆了伙，各自带着队伍分道扬镳了。

878 年，王仙芝被唐军在湖北击杀，他的一些部下投奔了黄巢。不久，黄巢被推举为黄王，还改了一个特威武霸气的年号叫"王霸"，自称"冲天大将军"，然后开始带着队伍进军淮南。

可年号起得再威武雄壮，也没什么用。黄巢在淮南几次被唐军名将高骈打得大败，只能过江西进福建，然后一路南下。

879 年，黄巢攻占了广州。广州是唐朝海上对外贸易的重要港口，外商遍地，财富云集，是大唐最富庶的地区之一。黄巢占领广州后，冲进外商住的聚集区一顿烧杀抢掠，据说有十二万商人被杀[1]。

不知道是黄巢的起义军不注意个人卫生，还是之前杀的人尸体没处理好，不久广州就暴发了大规模的瘟疫，黄巢不得已只能带着队伍杀回中原去。

可惜，老冤家高骈又出场了。

880 年，黄巢起义军被高骈的淮南军堵在江浙一带进退不得，眼瞅着就要下去追随老搭档王仙芝了。但历史在这一刻突然给黄巢开了个后门——他的死对头高骈，开始出工不出力了。

高骈是晚唐文武双全的名将，之前南征北讨立下过不少功劳。但此时大唐的政局大家也都了解了，不是你能力强、有功劳就能出头的。之前高骈就被自己人坑过好几次，已经被坑出心灵创伤了。这回打黄巢，高骈是屡战屡胜，但朝廷内部的嫉妒、猜忌和拖后腿也随之而来。高骈一生气，决定坐山观虎斗，放松了对黄巢的进攻，想让他去替自己给朝廷找点儿麻烦[2]。

---

1. 《中国印度见闻录》。
2. 《旧唐书·高骈传》。

黄巢一看机会来了，迅速穿过江淮防线，一路北上直奔中原而去。

进入中原的黄巢这次改变了之前的游击战作风，他自称"率土大将军"，一路招兵买马扩充队伍，而且严格军纪，秋毫无犯。黄巢还给沿途各藩镇群发了檄文，大概意思是，你们把自己家看好，别没事儿出来招惹我哈！我只是去找皇帝的麻烦，要打的是洛阳和长安，和你们没有关系哦！

不得不说黄巢的檄文真的是很绝。当时地方的藩镇早就和朝廷离心离德了，对皇帝的平叛指令毫不理会，个个都关起门来过自己的日子。于是，黄巢这一路没遇到太大的阻碍，很快就打到了东都洛阳城下。

此时大唐的东都留守，即洛阳城的最高长官刘允章，就是之前上书说大唐"九破""八苦"的那位。他知道洛阳城根本就守不住，为了城中百姓的安全，也可能是实在对大唐死了心吧，很痛快地选择了献城投降。黄巢大军回报的是秋毫无犯，继续向西奔长安而去。

此时的长安已经陷入一片恐慌之中，朝堂之上有说应该派兵守潼关的，有说应该赶紧跑路去四川的。相比之下，四川这条后路是必须要保住的。既然要去四川，那就得把四川的节度使换成自己人。那么，换谁呢？

唐僖宗此时的"脑洞"再一次刷新了我们对昏君的认知。他把神策军中经常陪自己打球的几个将领找来举行马球比赛，奖品就是四川地区的三个节度使头衔。最终，大宦官田令孜的亲哥哥陈敬瑄赢得了油水最多的西川节度使之位，其他两个人只能分到山南西道节度使和东川节度使的岗位，这就是历史上著名的"击球赌三川"。

安排好后路之后的唐僖宗，明显还想再抢救一下，他命令大宦官田令孜率领神策军等"十万大军"去支援潼关，抵挡黄巢[1]。毕竟只要能守住潼关，长安就安全了。

当然，前提是所谓的十万大军真的存在。

田令孜虽然是总司令，但其实就是个挂名的，他把去前线这份苦差交给了一个叫张承范的将领。

此时的神策军早就不是宪宗时期横扫诸藩的那支精锐部队了。因为待遇好福利高，神策军早就被长安城里的权贵豪门盯上了。他们用各种办法在神策军中挂名，然后领着高工资，拿着高福利，每天玩得嗨着呢，哪儿会打仗啊！一听说现在真的要上阵了，这帮货只会回家抱着亲爹哭。那些当爹的没招儿啊，就花钱雇了一些小商贩和乞丐冒名顶替，最后好歹凑了近三千名弓箭手给了张承范。

张承范一看，这不是去打仗，是要去送死啊。此时潼关虽然还有守军万把人，但都是屡战屡败又缺衣少食的残兵败将，自己这近三千人也是临时凑出来的，更惨的是连后勤补给都没着落。张承范就对唐僖宗说：让我们这点儿人去抵挡黄巢几十万大军，还不给粮饷和物资，实在是不可能完成的任务。陛下您可得赶紧给我派援兵，送补给啊。

唐僖宗哼哈答应着说：你先去啊，援兵会有的，粮饷物资也会有的。

于是，张承范带着队伍出发了。这支"替死鬼"军团到了潼关打了好几天，一个援兵没看到，一粒粮食没收到，后来连箭都射完了，只能往城下丢石头[2]。就这样，潼关守军还打退了黄巢的好几次进攻，后来实在是因为没饭吃，

1.《旧唐书·黄巢传》。
2.《资治通鉴·唐纪七十》。

饿得不行才败下阵来。

880 年十二月，潼关失守，黄巢直接剑指自己曾经的伤心地——长安。

事到如今，唐僖宗以及少数几个皇子和一两个嫔妃，只能在田令孜率领的神策军护卫下，踏上了当年唐玄宗曾走过的入蜀逃亡之路。

几天后，黄巢乘坐金色的肩舆进入长安，正式登基称帝，改国号为"大齐"。这个屡次落榜的私盐贩子，终于迎来了"满城尽带黄金甲"的一天。

但黄巢也没高兴太久，占领长安后的黄巢军丧失了以往流动作战的优势，成了唐军围攻的活靶子，而躲到四川的唐僖宗也不断调动四方兵力围剿黄巢。更糟糕的是，黄巢称帝后带头变得奢侈腐化，军队的战斗力直线下滑。黄巢军也没有稳定的补给来源，只能靠硬抢。抢光了富人之后，他们开始对长安城的普通人下手。老百姓恨透了黄巢军，对唐朝军队的反攻各种支持。

于是，黄巢下令屠杀城里的百姓，称之为"洗城"，就是为了**报复和警告**向着唐军的百姓，短时间内长安城内被屠杀的民众达八万多人。"待到秋来九月八，我花开后百花杀"，当年黄巢诗里的"杀"字本来是凋谢和凋零的意思，现在黄巢却真的把它变成了杀戮的"杀"。

进了长安的黄巢，就像钻进了笼子的老鼠，眼看是一天不如一天了。

882 年，黄巢留在东边的心腹大将朱温投降了，被唐僖宗赐名为"朱全忠"，直接从背后捅了黄巢一刀。次年，黄巢被沙陀名将李克用率领沙陀骑兵赶出了长安，李克用就是唐懿宗时镇压庞勋起义的沙陀首领李国昌的儿子。

884 年，黄巢在多路唐军的围攻下兵败身死，剩下的起义军随后也被朝廷消灭。搅动天下的黄巢起义虽然被镇压了下去，但大规模的战乱给百姓带来了无尽的苦难，也极大地摧毁了大唐的统治基础。

885年，唐僖宗从四川回到长安，改年号为"光启"。他想换个年号转转运，当然并没有什么用。各地藩镇已经彻底不把朝廷放在眼里，他们拥兵自重，截留赋税，成了事实上的独立王国。就连唐僖宗本人，也沦为各路军阀争来抢去的"肉票"，没多久就又一次被迫离开长安，过上了流亡生活。

888年，一个看起来无比吉利的年份，唐僖宗终于又一次回到长安，但他的身体在颠沛流离中被折腾垮了。这一年，不到三十岁的唐僖宗离开了人世。

这位皇帝虽然没活太久，但活一天玩一天也不算吃亏。而且他虽然四处流亡，好歹最后死在了长安，勉强算是落叶归根。最关键的是，他没有经历那更可怕、更痛苦的亡国时刻，恐怕这才是他一生中最幸运的事吧。

第二十七篇
长安宫阙生蒿莱：留给大唐的时间不多了

在古装剧中，我们经常能看到一种很神奇的道具叫"丹书铁券"，也就是老百姓俗称的"免死金牌"。中国国家博物馆就收藏着一块"免死金牌"，是一千多年前唐昭宗李晔钦赐给当时的镇海、镇东节度使，后来的吴越国开国君主钱镠的，也是我国现存最早的铁券实物，具有很高的历史价值和文物价值。

不过，大多数情况下，这种"丹书铁券"与其说是"免死牌"，倒不如说是"催命符"，因为能拿到这牌牌儿的基本是功高震主的大功臣，是皇帝坐稳皇位之后第一个要拿来开刀的对象。而钱镠拿到的这块比较特殊，顶多算一张"好人卡"。因为给他发牌子的唐昭宗自身都难保了，哪还有工夫来操心钱镠的死活呢？

明朝诗人高启写过一首《唐昭宗赐钱武肃王铁券歌》，里面有几句就提到了这位皇帝当时的艰难处境："妖儿初下含元殿，天子仍居少阳院。诸藩从此拥连城，朝贡皆停事攻战。岐王已去梁王来，长安宫阙生蒿莱。"大意是，皇帝被人软禁，藩镇打来打去，各路军阀你方唱罢我登场，连长安的皇宫都荒废得长满了杂草。

堂堂大唐皇帝,日子怎么惨成了这样?我们还得从888年说起。

这一年,贪玩的唐僖宗死了,二十出头的李晔被宦官杨复恭拥立为皇帝,史称唐昭宗[1]。

唐昭宗是唐僖宗的七弟。不过,这位皇帝和他那位只知道打马球的哥哥不一样,他从小喜欢读书,尤其爱研习儒家经典。所以,他上台后励精图治,对朝中的大臣很尊敬,想要恢复大唐往日的荣光。可惜唐昭宗之前的几位皇帝给大唐挖的坑实在太深,而且在黄巢起义的打击下,大唐王朝已经濒临崩溃。现在,留给大唐的时间已经不多了。

但唐昭宗显然还想再努力一把。当时他迫切要做的有两件事,一件是解决身边的宦官势力,一件是压制已经失控的地方节度使势力。当然,有时候这两件事也是一件事。因为晚唐的宦官都喜欢收一大堆干儿子当自己的帮手,再把这群干儿子派到地方当节度使,这样才能里应外合,更好地控制朝政。

唐昭宗先从拥立自己的宦官杨复恭下手,毕竟离自己最近的才是最危险的。他用离间计,分化拉拢杨复恭的干儿子们,并且利用手里的禁军和凤翔节度使李茂贞的力量最终除掉了杨复恭,成功清理掉了身边的宦官势力[2]。

打击宦官势力的同时,唐昭宗也在为收拾已经失控的地方藩镇做努力。

当时占据一方的节度使遍地都是,仅仅是国都长安所在的关中这一亩三分地就塞了好几个节度使。而且连离得近的一帮节度使也经常不理皇帝,更别说离得更远的那些了。唐昭宗这个皇帝也就是名头好听而已,根本就管不了长安

1.《旧唐书·昭宗本纪》。

2.《新唐书·昭宗本纪》。

城外的事。

唐昭宗认识到朝廷之所以混得这么惨，就是因为没有能震慑地方的武装力量。朝廷的神策军在老哥唐僖宗时期就已经废了，现在只有靠自己重新拉起一支队伍才行。于是，唐昭宗勒紧裤腰带重建禁军，很快招募了十万人，准备去收拾那些拥兵自重的地方节度使。

他首先要收拾的是四川的藩镇，尤其以控制成都的西川节度使最为关键。

西川节度使所在的位置为什么很关键呢？

很简单。四川是关中的大后方，之前只要长安有事，皇帝就往那里跑，这可是皇帝最后的退路，是必须保住的。而西川节度使辖区正好就是四川西部的成都平原一带，也是当时最富庶的地方之一，是皇帝逃跑的最佳落脚点。再加上这时在西川说了算的是唐僖宗死前最信任的宦官田令孜和西川节度使陈敬瑄。这两人和唐昭宗根本不是一条心，必须得拿下。

888年，唐昭宗派中书令韦昭度带着部分禁军，和山南西道节度使杨守亮、东川节度使顾彦朗，以及新设立的永平军节度使王建等人组成讨伐军，正式开始了讨伐西川的战役。

唐昭宗的人员安排显然出了问题。杨守亮、顾彦朗虽然是在四川主场作战，但两人各自有一方领地，所以抽不出太多兵力；领兵禁军的韦昭度是个文人，新组建的禁军又缺乏训练，这种"外行带新兵"的组合显然是不给力的。于是，讨伐军的主力自然就成了永平军节度使王建。

王建一看自己这么重要，也就不着急除掉陈敬瑄了。他一边扩充兵力，一边招揽人才，结果几年下来，整个西川基本上被王建掌握了，反倒是唐昭宗什么好处都没捞着。

就在西川攻略陷入僵局之时，唐昭宗突然召回了在四川的部队。韦昭度带着禁军回来了，王建却没回来，还顺势切断了四川和关中的联系，关起门来做了四川之王，后来还成了五代前蜀的开国皇帝，当然这都是后话了。

西边的仗明明没打完，唐昭宗为什么突然撤军呢？那是因为他在东边的战略也犯了错误。当时关东地区有两股最强大的力量，一个是河东节度使李克用，一个是宣武节度使朱温。这二位都是在镇压黄巢起义中立过大功劳的，但彼此之间的关系非常糟糕。

唐昭宗大顺元年（890年），朱温联合几个节度使打败了李克用，逼得李克用只能躲在河东老家恢复实力。这对唐昭宗来说是一个天大的好消息。因为河东离长安很近，李克用又是沙陀人，本身的"人设"也和忠君爱国挂不上边，所以唐昭宗一直想收拾李克用。

于是，西川的战事还没搞定，唐昭宗又决定出兵讨伐李克用。他派宰相张濬挂帅，带着剩下的禁军，联合朱温等几个节度使组成了讨伐李克用的联军。

没想到张濬率领的禁军被李克用灭了，朱温和其他人也没打赢，唐昭宗这才发现自己判断失误，把好不容易组建的禁军给赔了大半。而为了防备李克用打进长安，他又不得不把攻打四川的部队调回来，结果便宜了王建。

也就是说，唐昭宗努力了半天，一东一西两场仗一打，不但没捞到好处，反而把仅剩的家底儿都赔光了。这让他本来就没有多少的威望彻底崩塌了，从此成了各路节度使随意侮辱的对象。欺负皇帝最来劲的，是凤翔节度使李茂贞。

李茂贞曾因为护驾有功，被前任皇帝唐僖宗封为凤翔节度使。他到任后四处用兵，不断扩张自己的地盘，成了关中最强大的藩镇。李茂贞的防区就在长安边上，所以他经常对朝廷指手画脚，嚣张得很。这让唐昭宗非常生气，他就下令李茂贞挪窝,让他到别的地方当节度使去。没想到李茂贞压根儿不把皇帝的圣旨放在眼里,还上奏说:我可不能走,不然下次皇帝要跑路的时候,连个去的地方都没有。

哪有臣子对君主这么说话的?这是连嘲带讽啪啪打脸啊。唐昭宗实在忍不了,要立刻去打李茂贞。宰相杜让能赶紧出来劝说:现在国家困难,李茂贞又离咱太近,一旦打不过不好收场啊。可唐昭宗坚持要打,结果一打又输了。

李茂贞带着部队进军长安兴师问罪,最后还是宰相杜让能出来顶了这个雷,用自己的性命平息了李茂贞的怒火。从此以后,连朝中大臣也不和唐昭宗一条心了,毕竟谁也不想总让人推出去当挡箭牌、替死鬼啊。

为了对抗李茂贞,唐昭宗只好求助自己曾讨伐过的李克用。为了讨好李克用,他封李克用为晋王,好让他去打李茂贞。李克用的战斗力的确不是吹的,三两下就把李茂贞打败了。但唐昭宗又不想李克用一家独大,就继续留着李茂贞让他们彼此牵制。

但总靠藩镇打藩镇不是办法,唐昭宗想再次组建禁军,把宗室的那些王公都安排到禁军里去带兵,毕竟大家都是亲戚,怎么都比外人靠谱吧。

可没想到,唐昭宗用宗室王公领军这事儿,让李茂贞感到了威胁。896年,李茂贞再次带着人马逼近长安。唐昭宗无奈之下,只能跑路去投奔李克用,结果走到半路,就被李茂贞的盟友、镇国军节度使韩建扣下了。韩建把唐昭宗挟持到了华州(今陕西省渭南市华州区附近)。而那些被唐昭宗派到军队带兵的李唐王爷,也被韩建一口气杀了十多个。唐昭宗只能眼睁睁地看着,一点办法都没有。

898年,被镇国军节度使韩建幽禁了三年的唐昭宗突然重获自由,回到了都城长安。当然,韩建并没有突然良心发现,唐昭宗也没在一夜之间重振雄风,而是因为关东的局势发生了重大变化。

宣武节度使朱温在这一年占据了东都洛阳,距离韩建的地盘华州可就不远了。为了对抗强大的朱温,李茂贞、韩建和李克用组成了一个临时的联盟。他们一商量,觉得在这个节骨眼上,无论如何都不能让皇帝落到朱温手里,不然以朱温的强大实力,再来一个"挟天子以令诸侯",别人就没得玩儿了。于是,他们把唐昭宗放回了长安,如此一来,朱温也就没了继续西进关中的借口。

唐昭宗回到长安,改年号为"光化",以庆祝自己重获自由。但是很悲哀,唐昭宗这次回来是"刚出狼穴,又入虎口"。

曾经被唐昭宗打压下去的宦官势力此时又死灰复燃了,宦官集团和朝中大臣发生了激烈的权力争夺。

900年,宦官们发动政变,废黜了更亲近朝臣的唐昭宗,把他囚禁在少阳院。而且为了防止这位退休皇帝逃跑,宦官们把熔化的铁浇在了门锁上,这下皇帝可真是被彻底"锁死"了,唐昭宗只能通过在墙根底下挖的小洞去取外面送的饭[1]。高启诗里说的"妖儿初下含元殿,天子仍居少阳院",指的就是唐昭宗的这段囚徒生活。

囚禁了皇帝的宦官们又害怕李克用、李茂贞和韩建回来兴师问罪,毕竟这三位老哥名义上还是支持唐昭宗的。于是他们找到了朱温,想让朱温接手废黜唐昭宗的后续工作。

但朱温也不是傻子,他暂时没实力在韩建、李茂贞等人的虎视眈眈下控制

---

1. 《资治通鉴·唐纪七十八》。

长安,又何必背这个锅呢?于是,他联合朝臣把搞政变的宦官都杀了,重新拥立唐昭宗复位。昭宗重新上岗后改年号为"天复"。当然,这皇帝的位置不是老天爷给恢复的,是人家朱温出的力。所以,唐昭宗就封朱温为梁王,算是酬谢他的拥立之功[1]。

李茂贞听说朱温被封梁王后,坐不住了。他特意从凤翔赶到长安,厚颜无耻地要求封自己为岐王。明明这次唐昭宗从被废到复出也没李茂贞什么事,但他就是逼着皇帝给自己封王,其嚣张跋扈的程度可见一斑了。

唐昭宗能怎么办?他现在也不敢得罪蹲在家门口的李茂贞啊,反正李克用是王,朱温也是王,也不差李茂贞这个岐王了。王朝末世的皇帝就是这么心酸无奈。但更凄惨的还在后面呢。

大唐都已经乱成这样了,宦官与朝臣的第二轮权力争夺仍不止不休,双方以大宦官韩全诲和新上来的宰相崔胤为代表。崔胤想要把那群讨厌的太监都除掉,但又没有足够的实力,于是这位宰相想到了找外援。他派人去联络朱温,欲借朱温的手来诛杀宦官。

宦官们也不是傻子,你找外援我也会啊。宦官首领韩全诲和李茂贞结成了同盟。李茂贞派来几千兵马驻守长安,名义上是保护京城,实际上是对皇帝和朝臣实行武装监视。

朱温毕竟离得远,半年后才带着大军赶来。韩全诲直接把唐昭宗劫持到了李茂贞的老家凤翔,朱温则紧追不舍,把凤翔围了个里三层外三层。

这场"皇帝争夺战"一打就是一年多,朱温打不进去,李茂贞打不出来,

---

1. 《新五代史·梁太祖本纪》。

双方就这么耗着。

时间一长,城里的粮食和补给都断了。再次被绑票的唐昭宗这回也算是有经验了,他弄了一个小磨,每天磨点豆子、麦子之类的做粥喝,喝得皇帝陛下一肚子水饱,每天只能有气无力地往那儿一瘫。没办法,一动弹就饿呀。

到了903年,李茂贞实在坚持不下去了,只能服软。他把韩全诲等二十几个大宦官都杀了,然后把皇帝交了出去。朱温也就解除了对凤翔的包围,心满意足地带着唐昭宗回到了长安。

回到长安,朱温让士兵把剩下的几百名宦官一口气全杀了[1],困扰了中晚唐近百年的宦官乱政问题,最终被朱温这个军阀用简单粗暴的方式彻底解决了。

而此时的唐昭宗已经完全沦为朱温手中的傀儡,没有了任何东山再起的可能,他只能寄希望于朱温良心发现,让自己能苟延残喘,多活一阵。为了讨好朱温,唐昭宗任命他为诸道兵马副元帅,相当于现在的海陆空三军副总司令,赐"回天再造竭忠守正功臣"的荣誉称号,真是把能拿得出来的顶级官职都奉献了出来。他还对朱温表示,"宗庙社稷是卿再造,朕与戚属是卿再生",意思是国家和朕的命都是爱卿你拯救的啊!就差没管朱温叫再生父母了。一个皇帝做到这份儿上,真是够凄凉了。

朱温被朝廷赐名"朱全忠"。但是,这位乱世枭雄和"忠"字可一点儿都不挨边。他来长安,就是想"挟天子以令诸侯",皇帝的那些讨好在他眼里根本不值一提。

904年,朱温强迫唐昭宗迁都洛阳,毕竟洛阳才是自己的地盘,把皇帝弄

---

1. 《旧五代史·梁太祖本纪》。

到那里更方便控制。对此唐昭宗根本无力反对,只能再一次被迫离开自己的都城。出发前,朱温在长安搞了一次非常彻底的"拆迁"。他不但把长安的百姓都带走了,还命人拆毁长安的宫殿和房屋,把拆下来的木料顺着渭水漂下去,好在洛阳建造新的宫殿。

长安瞬间沦为一片瓦砾之地,所以诗里才说"岐王已去梁王来,长安宫阙生蒿莱"。曾经的大唐帝都,让全世界都痴迷和向往的光明之城,就此在晚唐的乱世中变成了废都,此后再没有哪个统一的王朝以这里作为都城。

朱温强迫皇帝搬家的行为,引起了其他节度使的强烈不满。河东的晋王李克用、凤翔的岐王李茂贞等人组成了讨伐朱温的同盟军。当然,这些地方实力派可不是对大唐有多少忠心,而是不愿意让朱温"挟天子以令诸侯"。

面对四面八方的围攻,朱温决定亲自出兵。但他担心自己一走,洛阳的唐昭宗会暗地里搞小动作,所以他一不做二不休,决定杀死唐昭宗,另立一个更好控制的皇帝。

904年,朱温指使手下蒋玄晖,趁着天黑,率兵冲进了唐昭宗的寝宫。正在睡觉的唐昭宗被吓得跳下床来,只穿着睡衣绕着柱子躲避,最终还是被追上杀死,年仅三十八岁[1]。之后,朱温立昭宗第九子李柷为帝,他时年十三岁,史称唐哀帝,是大唐的最后一个皇帝。

唐昭宗这一辈子都想要拯救大唐,却始终没有成功,但这也不能怪他。俗话说"前人栽树后人乘凉",而唐昭宗则是"前人作死后人遭殃"。他用自己短暂的一生,证明了在滚滚的历史洪流面前,个人的努力有多么无力又辛酸。

1.《旧唐书·昭宗本纪》。

第二十八篇

争表梁王造化功："彩虹屁"可别当真

这两年在"粉丝圈"流行起一个词叫"彩虹屁",指粉丝三百六十度无死角、二十四小时全天候地花式吹捧自己的偶像。但和今天粉丝们真心喜欢才花式夸偶像不同,在古代,有的时候吹"彩虹屁"纯属"被迫营业",因为不吹可能就会没命。

《唐才子传》中记载了一个故事:晚唐著名诗人杜荀鹤去求见梁王朱温,正好赶上一场无云雨,也就是人们常说的太阳雨,这是一种在晴天下雨的正常天气现象。

朱温觉得这是"天哭",也就是老天爷在抹眼泪,实在是不吉利。他就说:杜秀才是文人,不如就以这场无云之雨为题来写首诗吧。

这就好比老板遇到了烦心事,让你以此为题写个文案。既要紧扣题目,还得把坏事变好事,哄老板开心,比高考作文还让人头大啊。

可再难也得写啊。杜荀鹤只能来了个临场创作,写了一首《梁王坐上赋无云雨》:"同是乾坤事不同,雨丝飞洒日轮中。若教阴朗长相似,争表梁王造

化功。"

这首诗感情充沛,内容直白,朗朗上口,通篇就一个中心思想——为什么老天要下这场无云雨啊?就是为了表彰梁王您造化天地的功劳啊!

嗯,这确属"彩虹屁"无疑了。

不过,杜荀鹤张口就来的即兴创作功力也的确证明了他的才华,所以转怒为喜的朱温也痛快地"保送"了他一个进士身份[1]。

当然,这个故事也不是完全没问题的。因为杜荀鹤中进士是在891年,而朱温被封为梁王是901年的事,也就是说,杜荀鹤考中进士的时候,朱温还不是梁王,诗人哪里是因为写了"争表梁王造化功"而被保送进士的呢?

但这种细节记载的张冠李戴,并不能否认杜荀鹤写诗拍马屁,依附过朱温的事实。而朱温在后世的名声又实在太差,所以杜荀鹤自然难逃被喷的命运。后世文人对他的人品才华各种口诛笔伐[2],还给他扣了一个"杜牧私生子"的帽子[3],简直是狠得不能再狠了。

但换一个角度来想,就算杜荀鹤吹了这个"彩虹屁",我们就能说他人品有问题吗?真不是,换作你也得吹,还不一定有人家吹得那么溜。

当时朱温身兼宣武、宣义、天平、护国等多镇节度使,西起陕西东到大海,南起淮水北到黄河,一大片国土都是他的地盘,他已经成了整个中原最强大的军阀,一言可定人生死,就连皇帝唐昭宗都得写诗来讨好他,更何况杜荀鹤一个小小的诗人呢?

1. 《鉴诫录》。
2. 《养一斋诗话》。
3. 《唐诗纪事》。

而同样写了诗、吹了"彩虹屁"的唐昭宗就惨多了，最终还是被朱温送上了西天。朱温杀了唐昭宗后，立十三岁的李柷为帝，当然这只是他为了方便自己篡位登基找的过渡道具。这位大唐最后的皇帝没有庙号，仅有谥号为"哀"，故被后世称为唐哀帝。

也是，还能有什么比当亡国之君更悲哀的事情呢？！

篡位登基的过渡道具找好了，把旧政权的支持者全都除掉也必须提上日程。朱温选择了先从李唐的王室成员下手。

唐昭宗虽然当皇帝的水平一般，但生育能力还是不错的，除了当皇帝的唐哀宗之外，还有九个儿子活到成年。朱温指使蒋玄晖在九曲池宴请这几位王爷吃饭。俗话说"宴无好宴，会无好会"，这可真是一顿"最后的晚餐"。等几位王爷都吃饱喝足后，蒋玄晖就把他们全勒死了，尸体往池子里一丢喂了鱼，连入土为安的机会都不给。

屠杀王室成员只是第一步。当时大唐虽然已经名存实亡，但还有很多大臣在内心是忠于大唐的，根本看不起朱温。朱温认为，这些人都是自己建立新王朝的障碍，也必须除掉。

朱温有个谋士叫李振，这哥们儿是个多年科考失败的落榜生。可能是因为失败的次数太多，李同学的心理多少有点儿扭曲，他特别痛恨朝里的大臣。他对朱温说：那些人总觉得自己有文化了不起，还自称是"清流"，就应该把他们都宰了丢到黄河里，让他们永远变浊流！

朱温一听，这个主意不错啊，就笑着同意了[1]。他命人把三十多个被撸下来

---

1. 《资治通鉴·唐纪八十一》。

的朝廷高官带到滑州的白马驿全杀了。白马驿就在黄河边上，这些被杀掉的宰相、吏部尚书和兵部侍郎等，都被抛入了黄河的滚滚浊流中，史称"白马驿之祸"。经过朱温上上下下一通杀，唐朝已经彻底失去了统治基础，正式进入亡国倒计时。

没了阻碍，朱温琢磨着尽快称帝。但篡位称帝不是吃饭请客，随便找一天凑几个人就能把事儿办了，而是需要一整套烦琐且复杂的程序的。

按照魏晋南北朝流传下来的"先进经验"，朱温想篡唐称帝，怎么也得先封国，再加九锡，然后加特殊礼仪等，总之得一步步来。朱温的性子比较急，不想搞如此复杂的"套餐"，就想赶紧把皇帝弄死，换他上台完事儿。

可朱温的心腹，宰相柳璨、枢密使蒋玄晖和太常卿张廷范都觉得还是应该有点仪式感的，无论如何也得按照传统套路走一遍。朱温心里有点儿犯嘀咕，心说：当年东晋的谢安、王坦之就是用这招，最后活活把想篡位的桓温拖死了，这几个货不是也想这么对付我吧？

刚巧，唐哀帝的老娘何太后托人带话给蒋玄晖，哀求说以后改朝换代不要紧，希望能留自己母子两条小命。这事儿让蒋玄晖的政敌知道了，他们就趁机诬告蒋玄晖与何太后有染，还想拉着张廷范和柳璨复兴大唐。朱温一听，好啊，你们几个果然是想给我搞事情啊。

905年年底，朱温先杀掉了枢密使蒋玄晖，又逼着唐哀帝把自己的老娘，也就是蒋玄晖的"绯闻女友"何太后废黜并杀死。接着，宰相柳璨被赐死，太常卿张廷范被五马分尸，还有很多牵连进来的人也都被杀了。

大家可能会觉得朱温也太不识好歹了，人家明明是为了你好啊。其实，朱温有这种过激举动，还真是挺正常的，我们只需想想东汉末年的曹操就懂了，朱温在某些方面和曹操特别像。

比如，他们都发迹于镇压农民起义的战争中，和传统的文人士大夫之间既有合作又有防备；他们都是狡诈多疑又有雄才大略的奸雄，以河南这块"四战之地"为根据地，通过"挟天子以令诸侯"称霸天下。

但朱温和曹操有一点不同，那就是他从没打算把篡位建国的好事留给子孙后代去做，他可是一分钟都不想多等。所以，蒋玄晖、柳璨和张廷范这三位朱温的心腹才会被"冤枉"而死。不过，他们都是厚颜无耻抱大腿、丧心病狂干脏活的人，也算是报应不爽吧。

三位狗腿一死，自然没人敢劝朱温一步步搞仪式了，大家迅速给朱温开辟了一条贵宾通道，直接给大唐的灭亡提了速。

907年，朱温接受唐哀帝的"禅让"，正式即皇帝位，给自己改名朱晃，改年号为"开平"，以洛阳和开封为东西两都，定国号为"梁"，史称后梁。立国二百八十九年、曾经照耀整个东亚甚至世界的大唐王朝，就此退出了历史舞台。

不过，后梁的建立，并不是乱世的结束，而是更大规模战乱的开始。

朱温虽然占据着富庶的中原，但此时天下已经碎成了一地拼图。河东的李克用、关中的李茂贞等人根本不承认朱温的帝位，他们割地称王，关起门来做起了一方诸侯。而朱温的后梁也不过是这一时期第一个定都中原的王朝，在它后面还有四个，分别是后唐、后晋、后汉和后周，历史上把这五个王朝合称为"五代"。

另外，与五代几乎同时存在的，还有十个相对较小的割据政权，历史上称其为"十国"。其中南方有九个，分别是南吴、南唐、吴越、南楚、前蜀、后蜀、南汉、南平、闽国，北方的一个就是北汉。

中原五代更迭，南北十国并立，整个华夏大地就像是一幅不断变化的动态拼图，始终捏不成一个整体。在这段长达半个多世纪的乱世争霸中，不同的势力你方唱罢我登场，合力上演了一出"城头变幻大王旗"的大戏。

而"五代十国"的大戏开幕以来的第一个高潮，发生在朱温和李克用这对老冤家之间。

后梁开平元年（907年），刚升级为皇帝的后梁太祖朱温就收到了老对手晋王李克用送上的一份登基大礼包，而且是只有惊没有喜的那种。

这份礼物的名字叫"潞州失守"[1]。

潞州，也就是今天的山西长治。这里是进出太原的必经之地，也是朱温和李克用争夺的战略要地。因为不管谁控制了潞州，都可以获得打击对方前进的基地。趁着朱温忙于称帝，李克用攻占了潞州。

收到"礼物"的朱温第一时间做出反应，他派出十万大军欲夺回潞州，并且大兴土木做了长期围困的准备。不过李克用也没闲着，他调动了几乎所有兵马来救援潞州，驻扎在朱温的围城大军旁边，时不时派出骑兵去进攻梁军。双方在潞州僵持了一年左右。

908年，重病缠身的李克用没等到潞州之战分出胜负就去世了，他的儿子李存勖继位。

李克用去世的消息传到朱温耳朵里，他的第一反应是，不好，这一定是李克用搞的诱敌深入之类的计策！于是，朱温亲自坐镇泽州，也就是今天的山西

---

1. 《旧五代史·唐庄宗本纪》。

晋城附近,开始指挥部队从潞州撤军。

这也不怪朱温小心翼翼,实在是李克用给他留下了不小的心理阴影。

朱温和李克用这对冤家之间仗没少打,相对而言,朱温的战绩更好一些,曾经两次打败李克用,甚至一度包围了李克用的老家河东。但朱温的优势始终没法转化为胜势,每次到关键时刻总是差那么一口气,不是因为天气不好,就是军中突然发生了瘟疫。反正朱温不管怎么占据优势,都无法彻底消灭李克用。这么一次次的,能不被刺激出点儿心理疾病吗?

后来从多方渠道传来的消息都证实,李克用是真的死了。朱温心想,劲敌都死了,我还怕什么啊?他立马命令正往回走的军队返回战场,继续包围潞州,压根儿没把李存勖这个毛头小子放在眼里。

但朱温忘了有一句话叫"虎父无犬子"。李存勖这只刚出山的"小老虎",出道的第一战就让朱温付出了惨痛的代价。

李存勖亲自率军救援潞州,而梁军上下都觉得李存勖刚刚获得领导权,内部的破事还一大堆呢,就算到了战场也不敢真打。所以,梁军也就没什么防备,连个侦察兵都懒得派出去。李存勖趁着大雾,带着兵马悄悄接近梁军的阵地,发动了突然袭击,打得梁军溃不成军,伤亡过万,潞州之围彻底解除。

朱温怎么也没想到,他和李克用斗了大半辈子始终占据上风,却让老对手的儿子收拾了。听到前线战败的消息,深刻体会了一把什么叫"别人家的孩子"的朱温不禁感叹:生儿子就要像李亚子一样啊!李克用啊李克用,你死了和活着一样让我头痛!唉,这么一比较,我的儿子简直蠢得跟猪狗一样啊!

李亚子是李存勖的小名。李存勖十来岁的时候就跟着老爹李克用上阵杀敌了。当时在位的唐昭宗很喜欢李存勖,说这个孩子"可亚其父",意思是李存勖未来一定能超过他爹，李存勖于是得了这么个御赐的小名"李亚子[1]"。

潞州之围解除这一年，李存勖二十多岁，而朱温已经五十多岁了。很明显，时间是站在李存勖一边的。所以，朱温必须想办法在自己死之前搞定这个"李亚子"，不然自己家养的那几个货根本顶不住。但事情哪有那么简单。

910年十一月，朱温派兵北上进攻成德、义武两镇，想把战线往北推。这两镇节度使打不过朱温，只能向李存勖求援。911年正月，李存勖力排众议，亲率大军出击，在柏乡大破梁军。梁军损失惨重不说，成德镇和义武镇也从此彻底倒向晋王，这对朱温来说可真是双重打击。

同年八月，幽州的燕王刘守光也不知道怎么就自我感觉非常良好，竟然称帝了。李存勖一听不高兴了，心说，你算个什么玩意儿，还敢自称皇帝？李存勖就带着手下去找刘守光的麻烦。朱温一看，乖乖不得了，现在成德和义武已经是李存勖的"小弟"，如果幽州的刘守光再让李存勖收服，那整个黄河以北就都成了李存勖的地盘，自己的大梁以后可就没好日子过了。于是，朱温想出了"围魏救赵"的法子。

912年，朱温亲率大军从洛阳出发，对外号称五十万兵马，北上去攻打李存勖的后方，来声援刘守光。朱温的大军虽然打下了一些地方，可军营被李存勖派来的几百名骑兵偷袭，损失了很多帐篷和粮草。前线梁军的吃住成了问题，军心士气自然是一落千丈。朱温"围魏救赵"的战略没了作用，正面硬碰又没必胜的把握，最后只能无奈撤军。

此时的朱温已经是一个花甲老人了，本来就年老体弱，连这次亲征都是抱

---

1. 《北梦琐言》。

病而行，他想趁着自己还能动弹，为儿孙们拔掉李存勖这颗钉子，没想到还是没打赢。兵败再加上一路颠簸，朱温的病情更重了。他只能边养病边撤退，一路走走停停，走了三个月才回到洛阳。

病中的朱温对身边大臣说：我经营天下三十年，想不到还是没能除掉河东的老李家。我看李存勖志在天下，我又没几天好活了，几个儿子根本就不是李存勖的对手。唉，看来我以后得死无葬身之地啊。说完，这位大梁的开国皇帝竟然伤心地痛哭起来，一下就昏死了过去。幸亏御医们一顿抢救，他才缓过一口气来。

自知时日无多的朱温，开始认真考虑起了自己的身后事和接班人。

结果这一考虑，就考虑出了一个历史上的伦理"大瓜"。

事情是这样的：朱温的原配夫人张氏贤明有礼，朱温对她又爱又敬，就连军国大事都和媳妇商量着办。张氏死后，朱温开始纵情声色，每天的日子过得很欢脱，身边的美女就没断过。

这还不算，朱温的儿子们都是在外领兵的大将，他们的媳妇就成了在家空虚寂寞冷的留守家属。朱温就常常把儿媳妇召进宫里私会。这已经够让人无语了，但更刷新三观的是，朱温的儿子们竟然不以为耻反以为荣，争先恐后地把媳妇往老爹身边送，以求能博得老爹的欢心，将来好继承皇位。其中以养子博王朱友文的妻子王氏最受朱温宠爱，于是朱温打算把皇位传给朱友文。

当时朱温在洛阳，朱友文在开封。朱温就让王氏偷偷去找朱友文，好传位给他。结果，这事儿被郢王朱友珪的妻子张氏知道了，她立刻告诉了自己的老公。朱友珪是朱温的亲儿子，听说后大怒：怎么着，老爹要把皇位传给外人？那怎么能行！

而且朱友珪发现老爹朱温有对自己动手的意思,所以他一不做二不休,在912年六月暗杀了朱温,然后用屋里的帐子一包,将尸体埋在了寝宫的地砖下。之后,朱友珪假传圣旨,赐死了朱友文,自己登上了皇帝宝座。

如此看来,后梁上演的这一出集宫廷、伦理、阴谋于一体的大戏,简直太狗血了。

让我们暂且控制一下猎奇的八卦之心。因为朱温到底有没有和儿媳妇们发生点儿什么,也很值得探讨。

官修史书《旧五代史》里只说朱温晚年猜忌好杀,还想传位给养子,这才逼得亲儿子朱友珪弑父篡位。到了宋朝欧阳修的《新五代史》和司马光的《资治通鉴》中,就加上了私通的情节,这些情节最原始的出处,是成书于五代时的笔记小说《北梦琐言》。既然叫笔记小说,其可靠性就得好好斟酌一下了。所以,上述情节并不排除是后人的抹黑和编派。谁让朱温是后人眼中的乱臣贼子呢,身上没点儿"黑料"才显得不正常。

但不管怎么说,后梁的乱事真是挺多的。新上来的皇帝朱友珪屁股都还没坐热,就被自己的弟弟均王朱友贞给废了。但朱友贞也没乐呵太久,因为他在历史上被称为"后梁末帝",就是亡国之君的意思。

一代枭雄朱温当年的感叹果然没错,他生的这几个熊孩子,没一个能接得住他打下的江山,中原很快将迎来它的下一位主人。

朱温和李克用为何翻脸

朱温归附唐军后,和李克用原本是一同镇压黄巢起义军的战友。884年,李克用带着几百骑兵路过朱温的防区,朱温就在上源驿用好酒好肉招待李克用。没想到李克用在宴会上喝多了,对着朱温就是一顿狂怼。朱温怀恨在心,转头就调集人马围攻上源驿,还放了一把大火想要烧死李克用。李克用在烈焰和浓烟中眼看就要丧命,没想到突然天降暴雨,浇灭了大火,李克用这才逃出生天,便有了后来几十年的"梁晋争霸"。

第二十九篇
歌皓齿，且行乐：申请小号也没用

在所有的戏剧冲突中，复仇的剧情总是非常"燃"，非常过瘾，非常吸引人。所以，莎士比亚的《哈姆雷特》才会成为永恒的经典。而在五代初期的梁晋争霸中，也曾上演过一段"燃"爆全场的"王子复仇记"，故事的主角是晋王李克用的儿子、后唐的开创者李存勖。

传说晋王李克用临死前，把儿子李存勖叫到跟前，给了他三支箭，并对他说：朱温是我的仇敌，燕王刘仁恭是我立的，契丹耶律阿保机和我结为兄弟，但后面这两个人都背叛了我。我给你三支箭就代表了这三个敌人，你一定要消灭他们，以告慰我的在天之灵。所以，李存勖把三支箭供在了家庙，每次出征都要带在身边，战胜后再送回家庙。后来，他居然完成了父亲的遗愿。这就是"晋王三矢雪恨"的典故[1]。

虽然后来司马光考证说这个故事不靠谱[2]，不过，司马光的判断并不影响这

---

1. 《新五代史·伶官传》。
2. 《资治通鉴考异》。

个段子被后人口口相传,毕竟这么"燃"的剧情大家都喜欢。

不管"三矢复仇"的段子是不是真的,继袭晋王的李存勖最大的敌人的确是后梁、幽州和契丹三家。而李存勖也确实把他们一个一个都收拾了。

908年,李存勖在"三垂冈之战"中大败梁军,彻底解除了潞州之围,保住了河东老家的门户。

911年,李存勖又在"柏乡之战"中亲率骑兵突击梁军,直接把对方打趴下了。此战中,后梁最精锐的龙骧、神威等精锐禁军全军覆没。

912年,李存勖一边派兵攻打幽州的刘仁恭、刘守光父子,一边挫败了抱病北伐的朱温,逼得堂堂后梁太祖哭得断了片儿。不久后,病情加重的朱温被自己的亲生儿子杀掉了,这也算是李存勖的助攻吧。

没了朱温捣乱,李存勖在914年顺利拿下了幽州,把刘仁恭父子带回太原杀了祭奠老爹。

915年,后梁的魏博镇发生兵变,李存勖立即带着大将李嗣源南下,一战击垮后梁大军。此战过后,黄河以北的绝大多数地区都成了李存勖的地盘,梁强晋弱的局面也彻底逆转,轮到李存勖压着后梁暴打了。

但李存勖要南下灭梁的困难也不小,因为他自己的后方并不安稳。

此时,塞外草原上兴起的契丹族,在皇帝耶律阿保机的带领下国力强盛,经常威胁李存勖的北方。这样的讨厌鬼,也是必须要教训的。

917年,耶律阿保机亲率五十万大军进攻幽州。李存勖派大将符存审、李嗣源率军七万北上救援,在幽州城外大败契丹军,斩俘敌人数以万计,缴获的牛羊、辎重更是数不胜数。

921年年底,不甘心的契丹人再次出兵包围了定州。转过年来,李存勖亲率五千骑兵北上，连战连捷，追在契丹人的屁股后头一顿冲杀，再次把他们赶了出去。

此时，李存勖觉得地盘稳固了，敌人都被打跑了，也该提升一下自己的职称了。923年，李存勖正式称帝，改年号为"同光"。但他没有用自己的晋王封号做国号，而是沿用了"唐"为国号，还把自己的祖宗和唐朝的皇帝放在一起，以表示自己是唐朝的合法继承人，所以历史上称其为"后唐"，李存勖就是后唐庄宗[1]。

后唐就如同大唐王朝的小号，是主账号被强制注销后重新申请的替代品。不管怎么说，后唐坚持认为自己就是唐朝的延续。既然如此，那李存勖就必须灭掉击垮了唐朝的后梁。

923年四月，李存勖命大将李嗣源率五千人冒着大雨渡过黄河，一举攻占了郓州，也就是今天的山东省菏泽市。现任后梁皇帝朱友贞赶紧组织了四路人马反攻。后梁军队虽然兵力占优，但人马太分散，就像两个人打架，其中一个人双手分得太开，自然容易被人来个窝心脚，而这个破绽决定了本场中原大战的结局。

九月，李存勖从后梁投降将领那里得知开封防守空虚，就派李嗣源率领先头部队日夜兼程突袭开封，给朱友贞来了个兵临城下。绝望的后梁末帝朱友贞选择了自杀，开封守将投降，后梁正式灭亡。李存勖成了中原的新主人，后唐也是五代中的第二个中原王朝。

此时的后唐占有河东、河北与河南，但其他地方还有很多割据政权，比如

1.《旧五代史·唐庄宗本纪》。

关中的岐国、四川的前蜀、江淮的吴国、江浙的吴越国和福建的闽国等。

李存勖灭梁入主中原后，威震天下，很多割据政权纷纷来抱大腿认大哥，只有前蜀仗着易守难攻的地形不给面子。李存勖当然不能惯着他，在925年派兵攻灭前蜀。至此，后唐的疆域北抵幽州，南达淮河，东到大海，西包巴蜀，几乎占据了整个天下的三分之二，也是五代中疆域最辽阔的，很有希望就此统一天下，结束乱世。

但是，我们总说老天爷是公平的。李存勖打天下是一把好手，但在治理天下方面则是个低能儿。总结起来，他有沉湎声色、宠幸宦官、纵容皇后这三大问题。

李存勖喜欢音乐，擅长戏剧和填词，他在《歌头·赏芳春》词里写道："繁阴积，岁时暮，景难留，不觉朱颜失却。好容光，旦旦须呼宾友，西园长宵，宴云谣，歌皓齿，且行乐。"意思是，时光流逝，美景难留，红颜易老，就得趁着好时候，招呼朋友一起享乐啊。

李存勖在词里是这么写的，于实际生活中也是这么干的。他不但喜欢听音乐，还亲自下场去演唱，并且给自己取了个艺名叫"李天下"。李存勖每天和一群优伶泡在一起，对他们宠爱得不得了，甚至任命他们去当州郡的刺史。这些人仗着皇帝的宠爱，各种违法乱纪，大臣们要么敢怒不敢言，要么主动巴结、同流合污。后唐朝廷一片乌烟瘴气。

不仅如此，曾被后梁太祖朱温消灭的宦官势力在李存勖这儿又死灰复燃了。李存勖把散落在民间的宦官召回宫中，还让他们担任重要官职。这群宦官苦日子过了那么久，如今总算翻了身，自然是加倍地恃宠而骄，玩儿命地干涉军政，做尽了坏事。

除了优伶和宦官，李存勖还对自己的媳妇刘皇后特别纵容。而这位刘皇后也真是够坑老公的。她身为一国之母，却特别贪财，地方上贡朝廷的钱财全被她搂到了自己的小金库里。就连地方上的小本生意，比如柴火、水果蔬菜什么的，她都要掺和一脚。反正只要是钱，她就要，然后拿去干求神拜佛之类的事情。

926年，后唐发生饥荒，连福利待遇最好的朝廷禁军都已发不出工资，地方上的兵就更惨了。一时间，各地兵变层出不穷。大臣们劝皇帝赶紧拿钱出来赈灾，不然就不好收场了。李存勖答应了，可刘皇后打死都不同意。她说：俺们两口子能得天下那是天命，既是天命，谁还能把俺们怎么样啊？

后来大臣们还想劝，刘皇后就玩起了撒泼耍赖。她把自己的化妆品和洗脸盆，还有三个年幼的皇子给大臣们送过去说，老娘没钱，你们要是着急，就把这些东西和我的三个儿子卖了吧！

这哪儿像是母仪天下的一国之母啊？简直就是个要钱不要命的市井泼妇。

刘皇后这番神操作可真是让大臣们傻了眼，赈灾的事儿也就办不下去了[1]。

如此荒唐的事情，就发生在李存勖眼皮子底下，但他还是没有任何表示。他依旧每天和那些优伶"咿咿呀呀"地沉醉在音乐的世界里，完全不关心他的子民已经食不果腹，他的臣子已经怒气冲天，他的军队已经磨刀霍霍。

相反，他还来了个火上浇油。

既然要"宴云谣，歌皓齿，且行乐"，又怎么少得了美人呢？李存勖就让自己宠信的宦官、优伶去民间给自己搜刮美女。他们仗着有皇帝撑腰，竟然从

1.《新五代史·唐太祖家人传》。

民间抢走了三千多名漂亮女子,其中有一千多名是各地官兵的家属,这其中就包括魏州官兵的军属。

魏州官兵以桀骜不驯爱闹事、武力爆表特能打著称。对于这样的官兵,认真搞好拥军优属工作才是正经,哪儿还能纵容手下强抢他们的妻女呢?

魏州兵心里本来就憋着一口气,结果更让人生气的事还在后面。之前魏州兵曾北上戍守瓦桥关,现在到了轮换时间,应该可以回家了。但返乡的队伍刚走到贝州,李存勖一声令下,让他们留在此地屯田,说什么也不让回家了。这帮兵大爷打仗还行,哪儿会种地啊!这又抢媳妇又不让回家,还整那专业不对口的工作,简直不让人过了啊。于是,魏州军抄起刀枪造了反,并且打退了李存勖派来的讨伐军。

面对这种情况,李存勖这个暴脾气的要亲自带上人马上前线杀人。但大臣们都劝,毕竟都是当皇帝的人了,御驾亲征还是少来吧。在征讨的军队连连失利之后,李存勖只好心不甘情不愿地派大将李嗣源任平叛军的主帅。

李嗣源是李存勖老爹李克用的养子[1],算是李存勖的干兄弟,还是他手下最能打的名将,更是抵御契丹、消灭后梁的功臣。无论怎么看都是平叛军主帅的不二人选,为什么李存勖会不情不愿呢?

很简单,无非"功高震主"四个字而已。

李存勖当了皇帝之后,对身边的优伶、宦官和媳妇信任得不得了,但对李嗣源、郭崇韬等和自己一起打天下的老哥们儿猜忌得很。不过,现在局势紧张,也顾不上这些了,只能把李嗣源请出来救火。

---

1. 《新五代史·唐明宗本纪》。

李嗣源接到命令后立即带着人马北上平叛去了。但计划没有变化快，李嗣源底下的士兵早就对李存勖各种不满了，到了魏州后直接来了个兵变，然后劫持李嗣源加入了叛军。对此，李嗣源本人是崩溃的，他没有造反的打算啊，但现在的形势让他已经说不清了。

李嗣源的女婿石敬瑭劝他，反正也回不了头了，干脆就真的反了吧！于是，李嗣源稀里糊涂地被迫造起了反。

这下李存勖必须得亲自出马了。他带着军队刚走到半路，就听说李嗣源已经占领了开封，他只能掉头返回洛阳。皇帝想回去，这帮当兵的却不想奉陪，转眼跑了一大半，只能说这位皇帝之前实在是把军心、民心和人心都丢光了。回到洛阳的李存勖觉得手里的兵力有点少，决定前往汜水关重新集结兵力。

然而，老天爷似乎不愿意再给李存勖东山再起的机会了。

就在出发前，李存勖的禁军竟然发生了叛乱。叛军攻入皇宫的兴教门，史称"兴教门之变"。李存勖虽然战斗力杠杠的，带着宿卫杀死了好几百乱军，但好虎架不住群狼，这位战功赫赫的皇帝最终被乱箭射死，终年四十二岁。

李存勖死后，一个优伶把乐器放在他尸体上，点了一把火直接火化了。最神奇的是，造反的禁军统领也是优伶出身。可以说，李存勖从被杀到火化都让他最宠爱的优伶包圆儿了，真是让人无语的黑色幽默。

李存勖一死，李嗣源直接进入洛阳，于926年四月称帝，成了后唐的第二位皇帝，史称后唐明宗。

李嗣源当上皇帝的时候已经是个六十岁的老人了，没有庄宗那么多的不良嗜好，就把那些宦官、优伶什么的全给开了。明宗整顿官场，提拔人才，减免赋税,安抚地方[1],后唐原本混乱不堪的局面在他的治理之下迅速安定下来,迎来了国力的第二次稳步增长,这一时期被后世称为"明宗之治"。

后唐这个小号成功续费,但账号拥有者明宗皇帝也有他自己的问题,最严重的莫过于没安排好继承人。

明宗的长子已死,剩下的儿子中次子秦王李从荣年纪最大,三子(一说五子)宋王李从厚最受宠爱,养子潞王李从珂战功最高。按照传统的继承原则,秦王李从荣应该是储君的第一人选。

当大臣们上奏请明宗立太子的时候,明宗却很不高兴地说:你们这么着急立太子,看来我该回河东养老去咯。皇帝的语气都那么酸了,谁还敢接话啊?于是立秦王李从荣当太子这事儿就没成[2]。

这下李从荣就有点儿犯嘀咕了,担心老爹是打算越过自己立弟弟李从厚,毕竟这个弟弟比自己更受宠。

933年年底,明宗得了重病,李从荣进宫探望,发现老爹病得连头都抬不起来了,出宫的时候又听到了哭声,就以为老爹已经去世。几天后,夺位心切的李从荣竟然带着亲兵强闯皇宫,希望把皇位抢到手,结果却在禁军的反击下兵败身死。

其实,此时的明宗还剩一口气吊着呢,突如其来的变故直接把明宗仅剩的一口气吓没了,他就此驾崩,终年六十七岁。好在明宗临死前,留下了遗言,把宋王李从厚从邺都召了回来,让他继承自己的位子,是为后唐闵帝[3]。

---

1. 《资治通鉴·后唐纪四》。
2. 《新五代史·唐明宗家人传》。
3. 《旧五代史·唐闵帝本纪》。

李从厚虽然当了皇帝，却始终放心不下两个人。一个是自己的干兄弟凤翔节度使潞王李从珂[1]，一个是自己的亲姐夫河东节度使石敬瑭。当然，现在于他而言，李从珂的威胁更大，毕竟李从珂名义上也是姓李的，对他的皇帝宝座更有威胁。

李从厚听从手下人的建议，先拿李从珂的家人开刀，把他的儿子、女儿外放的外放，软禁的软禁，然后令李从珂离开凤翔，调任河东节度使，想借机夺了他的兵权。李从珂知道，自己要是离开经营多年的凤翔，那小命可能就不保了，于是立即以"清君侧"的名义起兵叛乱。李从厚自然马上派出大军围攻凤翔，准备把李从珂就地正法。

面对朝廷大军的围攻，凤翔城里的李从珂很快就顶不住了。都说男儿有泪不轻弹，只是未到伤心处。绝望中的李从珂也没别的招儿了，他亲自登上城头，光着膀子一边展示自己身上多年征战留下的伤疤，一边号啕大哭说：朝廷不公啊，老子立了这么多功劳还要挨收拾！

可能是李从珂哭得太感人，也太可怜了，直接把朝廷派来的士兵哭心疼了。他们大概也觉得皇帝李从厚这么对待干哥哥实在不地道，于是纷纷倒戈投降，反过来跟着李从珂打回了洛阳。

这可真是个魔幻般的反转，估计连李从珂都没想到，自己的眼泪能有这么大的威力。不过管他呢，现在该轮到洛阳城里的李从厚哭了。

李从厚倒是没哭，因为他现在完全是欲哭无泪。他一面召已调任成德节度使的姐夫石敬瑭前来勤王，一面把皇宫和国库里的钱财都拿出来犒赏禁军，指

1.《新五代史·唐废帝本纪》。

望着这帮兵大爷能替自己挡住李从珂。

也不知道究竟是李从珂人缘太好，还是李从厚太招人烦，拿了重赏的禁军一出城，就以最快的速度投降了李从珂。李从厚的钱真是打了水漂。

李从厚打死也想不明白自己究竟是怎么输的。作为堂堂皇帝的他，最后只能可怜兮兮地带着五十个侍卫逃奔魏州，在途中的卫州遇到了正率军入朝的姐夫石敬瑭。他便将发生的变故都告诉了石敬瑭，问姐夫如何才能兴复，希望能东山再起。

可石敬瑭一合计，自己这小舅子要钱没钱，要兵没兵，跟光杆司令也没差了，还扯什么"心若在，梦就在"啊？他果断派手下大将刘知远诛杀了李从厚带来的侍卫，自己带着人马南下向李从珂请功去了。而李从厚被地方官软禁在了卫州。

934年四月，李从珂进入洛阳，宰相冯道带着百官三次上表劝进，李从珂才"勉为其难"地坐上了皇帝之位。前任皇帝李从厚自然被杀掉了，死时年仅二十一岁。

李从珂靠一场哭戏哭出了一个皇帝宝座。但他不会想到，当了皇帝之后还有他哭的呢。因为连续的变乱已经掏空了后唐的国力，这个大唐的小号，很快也将迎来被强制注销的那一天。

敬新磨的救命招儿

敬新磨是李存勖非常宠爱的优伶之一，他可是个打过李存勖嘴巴子的"狠角色"，这也说明他有充分的智慧来保全自己。有一次，敬新磨找李存勖汇报工作，结果在宫殿内遇到一只很凶的大狗，他被追得绕着柱子跑。李存勖就在那里看他的笑话。敬新磨突然指着狗大喊道："陛下快管管你的儿女，别让它乱咬人啊！"李存勖本是胡人出身，特别反感别人骂他是狗，于是抓起弓箭就准备射死敬新磨。这时敬新磨又大喊："陛下不能杀我！我和陛下是一体的啊！"李存勖一听奇怪了，就问到底怎么回事。敬新磨说："陛下年号同光，要是杀了我敬（镜）新磨，这同（铜）就没光了呀！"李存勖听完哈哈大笑，又一次放过了他。敬新磨的生存智慧由此可见一斑。

第三十篇

直割燕云十六州：千古骂名"儿皇帝"

在漫长的中国古代史中，可以说各种款式、各种类型的皇帝都有。但如果要票选一位"最臭名昭著"和"最让人不齿"的皇帝，后晋高祖石敬瑭或许是"夺冠"呼声最高的一位。

那他究竟做了什么呢？

简单来说，他认了一个比自己还小十岁的爹，很是丢人，但这只是他自己的事情。他还做了一件更招骂的事情，就是割让了燕云十六州给契丹，这就是在坑人了，而且坑的是中原地区的所有人。

对于中原王朝来说，燕云地区地势险要，易守难攻，自古以来就是中原防御北方少数民族部落南下的重要防线。我们非常熟悉的万里长城就是古人依托燕云地形而构建的军事防御体系。

把燕云十六州割让给契丹，就相当于对别人高唱"我家大门常打开，开放怀抱等你"。只要人家愿意，可以随时到你家客厅甚至是卧室溜达一圈。

你觉得这日子还能过吗？

能过才怪呢——后来被坑了三百年的大宋王朝发出了灵魂怒吼。

而迁都北京、奉行"天子守国门"政策的明朝人对此也是心有余悸。明朝诗人尹耕是一位研究北方边疆问题的专家，他曾在《秋兴八首》中写过这么一句："石郎可是无长虑，直割燕云十六州。"就差没冲到石敬瑭坟头质问他"你是不是傻"了。

石敬瑭到底为什么要干这么招骂的事儿呢？是因为他天生就是个卖国贼吗？倒也不能这么说。

石敬瑭是沙陀人，从小喜欢钻研兵法，是战国名将李牧和汉朝名将周亚夫的铁杆粉丝。后来石敬瑭受到当时为代州刺史的李嗣源的器重，成了他的女婿，负责统领李嗣源麾下最精锐的骑兵。

石敬瑭作战勇敢，多次救过庄宗李存勖和岳父李嗣源的命，在后唐军中是战斗力数一数二的人物。石敬瑭不仅打仗是一把好手，领导能力也很突出。当李嗣源被动卷入魏州兵变时，是石敬瑭一语点醒梦中人，最终坚定了李嗣源夺取天下的决心。所以，在李嗣源当上皇帝后，石敬瑭的官职和爵位跟窜天猴一样往上蹿，后来被封为河东节度使，掌握了河东这块后唐龙兴之地的军政大权。

934 年，石敬瑭的小舅子后唐闵帝李从厚被另一位大舅子后唐末帝李从珂"哭"倒了台。石敬瑭没有选择力挽狂澜当英雄，而是非常识时务地去洛阳向李从珂表示臣服。

但即使这样，石敬瑭还是被李从珂当成了最大的威胁。他虽然被封了一大堆官职，但全是虚的，实际上是被扣在洛阳哪儿都去不了。石敬瑭很想回到河东根据地，但这话哪敢说出口啊，只能在心里憋着。就这么既害怕又上火的，铁打的汉子也挺不住了。再加上当时还生着病，石敬瑭最后竟然瘦得只剩下皮包骨,没个人样了。

石敬瑭病得这么严重,他媳妇可是坐不住了,赶紧去找母亲曹太后,让曹太后去向皇帝求情,想回河东养病。曹太后虽然不是李从珂的亲妈,但从小把他当亲儿子对待,母子之间感情很好。

在曹太后的助攻下,李从珂觉得石敬瑭病成这样估计也没什么威胁了,就决定给母亲和妹妹一个面子,放石敬瑭回了河东。

石敬瑭一离开李从珂的掌握,这病当然就好得差不离了。但他知道李从珂对他的猜忌和防范不会停止,他必须得想办法保住自己的小命。于是,他从两方面入手。一方面是继续装病危:只要李从珂派人来,石敬瑭立即装作自己病得很重,根本无力治理河东,以此来麻痹皇帝。另一方面是偷偷储存物资:石敬瑭几次以北方的契丹侵扰边境为借口,向李从珂要军粮,以防哪天和朝廷翻脸,自己也得有翻脸的底气。

应当说石敬瑭的隐忍还是很成功的,远在洛阳的李从珂倒是没看出什么问题。但光石敬瑭一个人努力可不够啊,他手下那群大头兵实在是不给力。有一次,李从珂派人给军队发赏赐,石敬瑭手下的士兵们竟然擅自做起了"饭圈男孩儿",高呼石敬瑭万岁。一心想装孙子的石敬瑭被吓个半死,直接把带头喊口号的三十多个人杀了。

石敬瑭很纠结,他不知道这次"万岁应援事件"会不会让李从珂起疑心。所以,他决定试探一下,上书要求调到别的地方当节度使。他这是在玩以退为进的把戏,想看看皇帝会不会借这个机会来整自己。

收到上书的李从珂正拿不定主意,一个叫薛文通的大臣对他说:河东那位明显是调动会反,不调动也会反,既然如此,咱们就顺水推舟,先下手为强得了。

于是，李从珂改任石敬瑭为郓州节度使，要求他立即启程。

这下石敬瑭知道自己装不下去了，就和朝廷撕破了脸，说什么也不挪窝。李从珂自然也不客气，马上派出大军北上围攻石敬瑭所在的太原。

面对朝廷大军的激烈围攻，石敬瑭亲自带兵守城。仗打起来了，很有战斗经验的石敬瑭心里却没了底，他知道太原城里人心、士气倒是没什么问题，可城里的粮食再多，也有吃完的一天，到时候自己肯定得完蛋。

面对必死的困局，石敬瑭选择了向契丹求救。

他把自己想向契丹求救的事和手下人一说，大多数人都不敢吱声，只有他的幕僚桑维翰和大将刘知远表示赞同。石敬瑭就让桑维翰给契丹人写了求援信。桑维翰大笔一挥，写下了这么个玩意儿——事成之后，石敬瑭认契丹皇帝耶律德光为父，并割让燕云十六州。

这封求援信实在是过于屈辱卖国，就连同样支持求援契丹的大将刘知远都看不下去了。刘知远觉得，大不了称臣呗，干吗一定要叫爸爸呢？而且借兵给钱不就完了？也没必要割地啊，否则将来一定会后患无穷的[1]。

但石敬瑭已经慌不择路，他最后还是派桑维翰拿着这封求援信找契丹皇帝求救去了。

契丹自太祖耶律阿保机建立国都后，成了中原东北方实力最强的部族。但无论是在晚唐还是在五代初期，别看整个中原大地藩镇林立各自为政，契丹好几次南下都没占到便宜，顶多就是抢点东西罢了。如今的契丹皇帝耶律德光一

---

1. 《资治通鉴·后晋纪一》。

直也想南下来捞点儿好处，却又找不到好契机。如今石敬瑭为他提供了这么一个千载难逢的机会，简直让他做梦都会笑醒啊！

耶律德光马上发动大军南下救援石敬瑭。契丹军偷袭围城的后唐军队，杀死了一万多人，把石敬瑭从太原城中解救了出来。

936年十一月，耶律德光册封石敬瑭为皇帝，改年号为"天福"，立国号为"晋"。在册封的时候，耶律德光解下了自己的衣服帽子赐予石敬瑭，因为他可算是石敬瑭的"父皇"呢，这也算是老子将衣冠传给儿子的意思。

石敬瑭即位后，真是言出必行，果然把燕云十六州，也就是今天河北和山西北部的大片土地割让给了契丹。石敬瑭还自称"臣"或"儿皇帝"，毫无心理压力地管比自己小十岁的耶律德光叫"父皇帝"，并且答应每年孝敬"老爸"帛三十万匹。说是尽孝心，其实就是交"保护费"。

耶律德光一看"乖儿子"这么懂事，自然得大力支持了。于是，后唐在石敬瑭和契丹联军的打击下迅速亡国，后唐末帝李从珂自焚而死，石敬瑭就此成了中原的新主人，开创了五代中的第三个王朝——后晋。石敬瑭自然就是后晋高祖。

但这位成功入主中原的"儿皇帝"并没有多少君临天下的快感，烦心事倒是一箩筐。

因为契丹这个"爹"可不好伺候。先不说总管一个比自己小的人叫爸爸这事儿，让石敬瑭心里好不好受，就说契丹大老远地帮忙打仗，可不是只想在嘴皮子上占点儿便宜过过瘾的。石敬瑭事先答应给的好处，还有事成后的回报谢礼，哪一样不得兑现？

给别人当儿子顶多在辈分上吃点儿亏，给出去的东西可是实打实的，其中最让人痛心的就是把国家的战略要地燕云十六州拱手让人了。

石敬瑭这种丢人现眼又丧权辱国的行为，让地方的各个藩镇从心眼里就对后晋没什么好感，他们时不时闹个脾气、搞个兵变什么的。对此石敬瑭是一点招儿都没有，至于发展经济、稳定民生一类的事就更没办法了。

可以说从后晋建立的第一天开始，这个政权就面临着权威先天不足、国防一塌糊涂、百姓嗷嗷待哺的悲催局面，国内的、国外的；眼前的、以后的，就没一件让人舒心的事。

一筹莫展的石敬瑭只能去找自己的手下商量。

他称帝之后，功劳最大的两个臣子中桑维翰当了宰相，负责统筹朝廷事务；大将刘知远则成了河东节度使，负责守卫边疆。桑维翰给石敬瑭拿出了一整套施政方案——对待地方藩镇，要求同存异，以安抚为主；对于中央，要训练军队，以防御为主；对待百姓，要鼓励生产，以恢复为主；对待契丹，要各种讨好，以臣服为主。

应当说石敬瑭执行得还是不错的，尤其是对待契丹方面。他是各种谨慎恭敬，每次给契丹写信，都用"表"这种文体，这是臣子对君主、下级对上级言事的固定文体。大家可以回想一下《出师表》，就是丞相诸葛亮写给皇帝刘禅的。而且每次契丹使节来传达旨意，石敬瑭都跪着接受，这低头做小的姿势真是非常标准了。

除了之前答应的每年三十万匹布帛之外，石敬瑭还隔三岔五给契丹送去一些好东西，以至于北上送礼的车队在路上都连成线了，就跟现在铁路上跑的火车似的一辆接着一辆。

但这样的谄媚行为又怎么能让人心服呢？

941年,成德节度使安重荣"群发"了一条信息,公开指责皇帝石敬瑭认贼作父,拿中原的财力物力去填契丹的无底欲壑。

安重荣是靠着军功一刀一枪拼到节度使位置的。他一方面不满皇帝石敬瑭对契丹的妥协,一方面觉得既然石敬瑭可以靠武力夺取皇位,自己为什么不行呢?他曾对别人说:"天子,兵强马壮者当为之,宁有种耶[1]!"

意思是,皇帝这玩意儿无非就是谁拳头硬谁当,哪有一生下来就注定的。安重荣虽然文化水平一般,这句话却一语道出了五代乱世的本质,真是一针见血。

面对安重荣的公开炮轰,石敬瑭只能尽力说好话安抚。但安重荣最后还是联合山南东道节度使安从进,趁着石敬瑭北巡邺城的时候造了反。当时留守都城开封的是石敬瑭的侄子郑王石重贵,他调动部队迅速击杀了安从进。北边的安重荣也因为手下人的倒戈而兵败被杀。

叛变平息后,石敬瑭还特意把安重荣的脑袋割下来,送给自己的"父皇"耶律德光以表忠心。意思是,对抗契丹之事都是我手下那些叛徒做的,我对契丹爸爸可是毫无二心啊。

契丹爸爸表示很满意,但石敬瑭的苦日子依然没有结束,因为又出事了。

在雁门以北游牧的吐谷浑部落,因为受不了契丹的欺负,就集体南下投奔了河东节度使刘知远。契丹对此很生气——你们跑了,我欺负谁去啊?就立即派人来问石敬瑭,想怎么解决这次的"吐谷浑投奔事件"。

石敬瑭当然不敢得罪契丹,但河东节度使刘知远也是手握重兵的地方军

---

1. 《旧五代史·安重荣传》。

阀,实力远远不是之前闹事的那些节度使可比的。两边都惹不起,可真把他愁坏了。不过,石敬瑭很快就不必再左右为难了,因为他忧郁成疾,于942年六月在屈辱中直接病死了,刚五十出头。

石敬瑭死后,他的侄子石重贵接了他的班,在历史上被称为后晋少帝或后晋出帝。

少帝是指被废的皇帝[1],这个很好理解,但"出"字在"谥法"中根本找不到,那石重贵是怎么得了这么一个奇怪的谥号呢?

这其实是修《新五代史》的欧阳修给石重贵私人定制的谥号。

"出"有"出格""出奔"或"出去"等义。而欧阳修给石重贵安上一个"后晋出帝"的谥号倒是挺合适的,因为这位亡国之君最后真的是从中原出去了,还出去了很远,也出去了很久。

事情是这样的。石敬瑭生了七个儿子,但六个都死在了他们老爹前面,只剩下一个小儿子石重睿。石敬瑭临终前把小儿子托付给了宰相冯道,本想让他辅立石重睿。冯道最后却和当时掌握实权的侍卫亲军都指挥使景延广一起,拥立石重贵做了皇帝。

石重贵虽然当了皇帝,却也不得不接过叔叔留下来的烂摊子。当时后晋北有契丹作威作福,南有吴越、后蜀等割据一方。后晋内部也是矛盾重重,加上那几年旱灾、蝗灾、水灾、饥荒,跟玩"萝卜蹲"一样轮着来,整个国家已经是摇摇欲坠、濒临崩溃了。

而石重贵面临的最紧迫的任务就是,怎么跟契丹皇帝耶律德光报告自己即

1.《史通·称谓》:"天子见黜者,汉魏已后,谓之少帝。"

位这个问题。毕竟后晋是契丹一手扶持起来的，换皇帝总得向人家汇报一声。

可是，怎么汇报呢？

很多大臣都说应该继续向契丹称臣，可有拥立之功又掌握实权的景延广不同意。这位兄台是坚定的"反契丹派"。他认为当年称儿、称臣是万不得已，现在国家已经稳定了，我们应该争气一点。

这个"争气"的方式也是很有技巧的。

景延广表示：辈分上我们认，既然老皇帝是儿子，我们的新皇帝就当孙子好了，反正契丹皇帝比咱们皇帝大很多，叫一声爷爷也不算吃亏。但国家利益不能再丢了，我们这回就不称臣了。

这样面子上受点儿损失，里子还是很赚的。于是，石重贵派人给契丹送了一封简单的信，这回没用臣子专用的"表"。

契丹皇帝耶律德光一看火很大，因为后晋搞的"称孙不称臣"一招儿，实际上否认了契丹的宗主国地位，这可是国家战略层面的巨大损失，就算你管我叫祖宗也不行啊。愤怒的耶律德光决定兴兵南下，好好教育教育不听话的"大孙子"。

后晋和契丹几次交战，最终还是实力不济。947年一月，耶律德光攻破开封，俘虏了石重贵。耶律德光封石重贵为"负义侯"，就是忘恩负义的意思。对，你个小没良心的，说的就是你。而耶律德光给石重贵的封地也很遥远，在今天的吉林省长春市农安县。

石重贵这个亡国之君只能带着家人凄凄惨惨地体验了一把"闯关东"的滋味。从开封一路出奔至东北，他这才被欧阳修定了个"出皇帝"的谥号。

石重贵虽然只当了几年皇帝就被俘虏了，可心态和身体还是非常好的，有人说他在最终的定居地辽宁朝阳活了十八年[1]，也有人说他活了二十八年[2]，总之是挺能熬的。

相比之下，打败石重贵的耶律德光就惨多了。他灭了后晋之后干脆不走了，直接宣布改国号为"大辽"，要定都开封当中原的皇帝。可辽军在中原各种烧杀抢掠，激起了各地军民的强烈反抗，最后只能灰溜溜地跑回老家。

更惨的是，走到半路耶律德光就病死了。这还没到家，而且正值初夏，尸体容易发臭啊，于是身边人按照契丹的习俗，把耶律德光的尸体腌制了一下——专有名词叫"帝䍐"。耶律德光也因此成了中国古代唯一一个被制成"木乃伊"的皇帝。

后晋亡了，辽国走了，中原地区一下子出现了一个巨大的权力真空。

这一次，谁会成为中原的新霸主呢？

1. 《晋朝陷番记》。
2. 石重贵墓志铭。

燕云十六州究竟是哪十六州

燕云十六州,包括今北京、天津部分地区,以及河北北部地区、山西北部地区,古代指燕(幽)州、蓟州、瀛州、莫州、涿州、檀州、顺州、云州、儒州、妫州、武州、新州、蔚州、应州、寰州、朔州。其中,幽州、蓟州、瀛州、莫州、涿州、檀州、顺州七州位于太行山北支的东南方,其余的云州、儒州、妫州、武州、新州、蔚州、应州、寰州、朔州九州在太行山的西北。燕云十六州对中原王朝来说,是抵御北方少数民族南下的天然屏障,其战略地位非常重要。

第三十一篇

大业未成天命改：
一代明君死太早

五代时期一共五十多年，出了十几个皇帝，大部分都是歪瓜裂枣，只有后周的第二位皇帝周世宗柴荣称得上一位大有作为的明君。

　　南宋著名政治家兼诗人王十朋专门为周世宗写过一首诗，感慨了他不凡的一生。诗的题目就叫《周世宗》，是这样写的："高平决战破刘旻，北取三关速若神。大业未成天命改，殿前点检是真人。"

　　开头两句说的是周世宗一生最辉煌的战绩"高平之战"和"北伐三关"，之后话锋一转说，他死得太早，便宜了别人。那么，周世宗到底有哪些功绩？他的人生又怎么会"大业未成天命改"呢？

　　柴荣是河北邢台人，爷爷和父亲原本是当地有名的富商。后来家道中落，小柴荣只能投奔已出嫁的姑姑柴氏。柴荣虽然年纪小，却继承了爷爷和父亲的商业才能，帮着姑姑打理各种事务。柴氏正好没有生育，看小柴荣踏实能干，就把他收为养子。因为姑姑家不富裕，小柴荣也不想吃闲饭，就外出做起了生意，经常往返南北，其间不但练就了一身过硬的骑射功夫，还读了很多书，慢慢长成了一个文武双全的有为青年。

而柴荣的姑父兼养父也是个传奇人物,他就是五代中最后一个王朝后周的开创者郭威。

郭威是下层军官出身,因为在脖子上有个飞雀的文身,人送外号"郭雀儿[1]"。他勇武过人,不到二十岁就当上了地方节度使的亲兵,平日里虽然好斗,但也很爱打抱不平。有一天,郭威遇到了一个欺行霸市的屠户,他就故意去买肉,要这么割那么剔地提了一大堆神奇的要求,其实就是在故意找碴儿。屠户实在是被折腾得受不了了,扯开衣服指着自己的肚子说:来来来,有能耐你捅死我!

郭威这么一个耿直的汉子当然会满足对方的要求,就真的把屠户捅死了[2]。

不知道大家看到这一段的时候,会不会有特别熟悉的感觉?如果还是想不起来的话,可以去复习一下《水浒传》里"鲁提辖拳打镇关西"和"汴京城杨志卖刀"这两章。

在五代那个乱世,当兵是很容易出头的职业。捅死人的郭威不但没事,还因为打抱不平的勇气和胆量被上级赏识,官职一路高升。郭威后来让养子柴荣弃商从戎,来了个"上阵父子兵"。到后晋时,郭威已经成了河东节度使刘知远的手下大将。

947年,辽太宗耶律德光南下灭了后晋,占领开封,想就此入主中原。但辽国对中原的统治遇到了严重的水土不服,很快就待不下去了,只能选择回老家。

---

1. 《新五代史·东汉世家》。
2. 《新五代史·周太祖本纪》。

耶律德光一走，刘知远在郭威等人的辅佐下，趁着此空当在河东称帝，正式建立后汉政权，他也被称为后汉高祖，然后南下占领开封，定为都城。

不过，后汉高祖刘知远属于过把瘾就拉倒的"选手"，只当了不到一年皇帝就去世了。刘知远的儿子刘承祐即位，他在历史上被称为后汉隐帝。作为功臣和元老，郭威自然也加官晋爵，被任命为枢密使，相当于如今的国防部长，掌管兵权。

当时后汉国内叛乱不断，郭威在后汉隐帝刘承祐的指派下率军出征，先是平定了河北的叛乱，再北上打败了契丹的作乱，极大地巩固了后汉的政权。郭威也因功被加封为邺都留守、天雄军节度使，相当于整个河北地区都是郭威说了算。柴荣的官职也跟着水涨船高，他成了郭威军中的重要指挥官。

郭威为后汉拼死拼活，没想到朝廷却对他动了杀心。

950年，隐帝刘承祐对功高震主的前朝旧臣下手了，郭威自然也是皇帝要杀的人。无路可走的郭威只能以"清君侧"的名义起兵抵抗，柴荣则受命留守邺都，负责看好后院。

隐帝刘承祐一看郭威竟然还敢反抗，就把郭威留在开封的家人全杀了，连刚出生的孩子都没放过[1]，然后派禁军去抵御郭威。

论起打仗这件事，郭威的战斗力真是甩了隐帝好几条街。一番大战下来，后汉军惨败，隐帝在出逃途中被杀，郭威率军顺利进入开封。

进入开封后，郭威没有马上搞事情，他请后汉李太后出来临朝听政，还说要立个刘姓宗室接着当皇帝。

1.《资治通鉴·后汉纪四》。

当然,这只是烟幕弹而已。

很快,有情报说契丹南下趁火打劫了,如此紧急的事,郭威当然得亲自出马啊。他就带着部队北上了。队伍走到澶州,也就是今天的河南濮阳,士兵们发生了兵变,找了面黄旗子给郭威来了个"黄袍加身","硬逼"着郭威当了皇帝。于是,郭威回到开封正式建国,定国号为"大周",史称后周。后汉就此灭亡,一共只存在了四年,是五代中最短命的王朝。

不过,刘知远的弟弟河东节度使刘崇是不会承认后汉的灭亡的。他在河东称帝,仍采用后汉的年号"乾祐",史称北汉。北汉是十国中唯一建立在北方的政权,也是十国坚持到最后的政权。因为北汉很识时务地抱上了契丹的大腿,成了后周和后来北宋的心腹大患。

此时郭威是没心思理北汉的,他的当务之急是稳住刚刚建立的后周政权。

郭威虽然是军人出身,却重视文臣,想努力改变自后梁以来军人政权所导致的简单粗暴的执政风格。他废除了之前很多残忍的刑罚,还亲自去曲阜祭拜孔庙,表示要用儒家的理念治理国家。

郭威出身寒微,知道老百姓过的是什么日子,所以他带头提倡节俭,不但大幅度减轻百姓的赋税,还把皇宫里的那些豪华用具全打碎了。在郭威的治理下,后周在很短时间内就表现出国富民强的状态,国力迅速提升。

可以说,郭威称得上是一位不错的皇帝,但他也有自己的烦心事,那就是自己的皇位以后传给谁。

因为他的两个亲儿子都被后汉杀了,只剩下一个养子柴荣。当然,柴荣在当时的正确称呼应该为郭荣,我们为了方便,还是叫他柴荣吧。

郭威当时年岁已近知命,就算他想再生儿子从头培养也来不及了。柴荣虽然和郭威没有任何血缘关系，但一来他是郭威最爱的亡妻柴氏的后人，和郭威也算亲近；二来柴荣还是郭威手下最得力的臣子，无论从品行还是从能力上来说，都是继承人的最佳人选[1]。

于是，953年，柴荣被封为晋王，并入朝担任了开封府尹，这是相当于储君的待遇了。一年后，郭威病重去世，柴荣正式即位，史称周世宗。

在五代的乱世中，三四年就会换一个皇帝，而皇帝上位的方式也是五花八门，造反的、篡权的、兵变的，各种款式都不缺。整个五代中真正按照"父死子继"，哪怕是干儿子什么的也算上，在周世宗柴荣继位前一共才四个，而且结果都不怎么样：

后梁朱友珪一年被废，连个谥号都没捞到；后唐闵帝李从厚不到一年下台；后晋出帝石重贵干了四年多被契丹送去东北看雪了；后汉隐帝刘承祐两年多完蛋。

而周世宗柴荣就是第五个按照"父死子继"称帝的天子，可想而知他刚坐上皇位的时候有多肝颤了。

偏偏还真有人打算给柴荣来个历史重演，这个人就是后周的死敌——北汉皇帝刘崇。

北汉仅占据河东一地，从实力上来说肯定是比后周要差一些的。但刘崇觉得后周老皇帝刚死，新上来的皇帝又是个小青年，正是自己南下光复故国的好机会啊。所以，他在抱着契丹的大腿、自称"侄皇帝"三年后，再次乞求契丹派兵共同进攻后周。面对"侄儿"的请求，契丹自然不会拒绝。于是，北汉和

1.《新五代史·周太祖本纪》。

契丹组成联军,气势汹汹地南下,企图一举灭掉后周。

敌人大兵压境,周世宗并没有怕,他决定御驾亲征。但话一说出口,就遭到了以冯道为首的大臣们的"群嘲"。当时的对话大概是这样的——

周世宗:刘崇趁我们办丧事打上门来,这也太缺德了。我必须亲自出马打他!当年唐太宗打江山的时候都是亲自上阵,朕难道就不行吗?

冯道:陛下又不是唐太宗。

周世宗:我灭刘崇就像泰山碾碎鸡蛋一样!

冯道:可陛下也不是泰山啊[1]!

周世宗被挤对得气炸了肺,偏偏还不能把冯道怎么样,只能拂袖而去。因为这个老家伙可是五代时期著名的政坛不倒翁,经历过后唐、后晋、后汉和后周四个王朝,辅佐过十个皇帝。不管皇位上坐的人怎么变,冯道都是当朝权臣。冯道代表着整个官僚集团的态度,他们没有什么忠君观念和道德约束,只臣服于实力,说白了就是谁拳头硬就听谁的。

所以,周世宗明白,自己这个皇帝想坐得稳,不能靠天命、血统和法理,就得靠硬实力,他必须在战场上证明自己是这个乱世中的强者。只有这样,他才能真正地君临天下。

954年,周世宗不顾朝臣的反对,亲自率领主力部队从开封北上,迎击契丹和北汉的联军。他安排姑表兄李重进为左翼,大将樊爱能、何徽为右翼,妹夫张永德率领禁军紧随其后。

不久,后周军在高平,也就是今天山西晋城一带,同契丹和北汉的联军展

1.《新五代史·冯道传》。

开了决战。

战斗一打响,周世宗就差点儿没让自己人坑死。他知道朝廷有一堆投降派,但没想到军队里也有,而且还是在战斗第一线直接撂挑子的那种。

在右翼指挥的后周将领樊爱能、何徽一开打就跑路了。而且这俩货一路上边逃边抢,还不停散布谣言说,前线已经完蛋了,让后续增援的部队各回各家,各找各妈。

就在这危急时刻,周世宗带着侍卫亲军顶了上去。禁军将领赵匡胤站起来振臂高呼:皇上都拼了,咱们还等什么呢?国家安危,在此一举啊[1]!另一位禁军将领张永德也及时配合赵匡胤,他们各领精兵,左右夹击,拼死冲杀,跟着周世宗向对面的北汉军发起了决死冲锋。

后周兵卒士气大振,北汉军骁将张元徽当场战死,整个北汉军就此崩溃。旁边的契丹人一看北汉被打败了,也就带着队伍回家了。

此战后周大获全胜,北汉皇帝刘崇最后只带了数百人仓皇逃窜。刘崇又叫刘旻,诗里说的"高平决战破刘旻"指的就是这件事。"高平之战"被视为后周真正的立国之战。

"高平之战"后,周世宗认识到军队里有太多除了掉链子坑队友之外毫无作用的"兵油子",于是下令砍了临阵脱逃的樊爱能、何徽等几十个将士的脑袋,并任命在"高平之战"中表现抢眼的赵匡胤为殿前都虞候,让他招募士兵,整肃军纪,重新打造了一支强大的禁军。后来,这支禁军成了后周甚至北宋南征北战的主力。

1.《资治通鉴·后周纪二》。

有了"枪杆子"做保障,周世宗终于能腾出手来发展民生了。他整顿吏治,减免赋税,兴修水利,恢复生产。为了促进经济发展和增加劳动力,周世宗也搞了一场"灭佛"运动,拆毁寺庙三万多座,强迫僧尼还俗六万多人,更把大量的铜制佛像熔化,铸成了钱。

有了钱,周世宗在都城开封启动了规模浩大的旧城改造工程,为后来开封这座超级都市的繁荣和鼎盛打下了基础。此外,周世宗时期还创制了著名的瓷器品种"柴窑",这是中国古代名窑之首。"柴窑"的颜色据说就像"雨过天青云破处[1]"一样美丽,可惜现在已经失传。

周世宗努力工作,为的就是结束乱世。当时的左谏议大夫王朴会算命,周世宗就问他:爱卿,你看朕能活多久啊?

对于这道"送命题",王朴的回答很巧妙。他说:我的水平有限,三十年后的事我就算不出来了。这话说得很艺术,表面上看好像是说皇帝至少能活三十年,但仔细一琢磨,又好像说的不是那么回事。

周世宗却很高兴地说:我用十年打天下,用十年养百姓,再用十年就能天下太平啦!

周世宗就给自己制订了三个"十年计划",而王朴也为他打天下定了一个"先南后北,先易后难[2]"的战略,就是先拣着南方的软柿子捏,再去啃北汉和契丹那些硬骨头。

955年,周世宗西征后蜀,收复了秦、阶、成、凤四州,也就是今天的甘肃和陕西一带,堵住了后蜀北上的通道;之后,他又用三年时间,三次亲征江

---

1. 《五杂俎》。
2. 《平边策》。

南强大的政权南唐,将长江以北的地盘全部占领,打得南唐只得取消帝号,臣服于后周。

但就在这时,周世宗突然改变了先南后北的战略,准备带兵北伐辽国,收回被石敬瑭这个"儿皇帝"割出去的燕云十六州。这是怎么回事呢?

其实,这并不是周世宗朝令夕改,而是出于现实的考虑。

首先是战略威胁的问题。

南方那些割据政权的当权者大多是醉生梦死的主儿,几乎不会对后周产生严重威胁。而北边就不一样了,没有河东和燕云的保护,整个北方一马平川无险可守,只要输一次就是亡国的结局。这样的敌人当然要第一时间除掉。

其次是战略时机的问题。

此时辽国在位的是著名的昏君辽穆宗耶律璟,这位皇帝最大的爱好就是喝酒、打猎、杀人和睡觉,所以人称"睡王"。辽国在"睡王"的统治下矛盾重重,应是后周收复燕云的大好机会。

959年,周世宗御驾亲征,在一个多月的时间里就轻松收复了三关三州十几个县的土地,所以诗中说他"北取三关速若神"。后周势如破竹,一路向燕云地区的中心幽州杀去,眼看就要收复这块战略要地,重新关上中原的北大门了。

可惜就在此时,周世宗病倒了,病得还很玄乎。据说当时周世宗登上了一座高台检阅军队,然后问这座高台叫什么名字。当地人说此地叫"病龙台"。周世宗听后不吱声了。他是皇帝,是真龙天子,这"病龙台"不就是说他得生病吗?也太不吉利了。没想到当晚周世宗就真生病了,不得不紧急撤军[1]。

回到开封没多久,周世宗就驾崩了,死的时候不到四十岁。这位商人出身的皇帝虽然在位仅数年,却已经把后周治理得傲视群雄,具备了统一天下的实力。他死后,民间将他尊为财神,称其为"柴王爷",奉为商人、建筑工和窑工的保护神。这也足以说明周世宗在百姓心目中的地位。

只可惜如此优秀的皇帝却是"大业未成天命改",不然历史可能真的会变成另外一个样子吧。

---

1. 《五代史补》。

世宗"灭佛"事件

中国古代历史上共有四次"灭佛"事件,事件的发起人分别是北魏太武帝拓跋焘、北周武帝宇文邕、唐武宗李炎及后周世宗柴荣。这四次事件被后人称为佛教史上的"三武一宗之厄"。

955年,后周世宗开始推行一系列政策,废去寺院三万多所,还俗僧尼六万多人,还把铜制佛像全都熔化成了铜钱。柴荣说:"佛是度化天下人的,为了让百姓过得更好,连头颅和眼睛都可以献出来,又何况是这些铜像呢?如果朕的身体可以用来救济百姓,那我也是在所不惜的呀!"这次运动是对佛教文化的一次重大打击,但也的确在短时间内提升了后周的国力。

第三十二篇

问君能有几多愁：投错胎的李煜

978年的七夕,是曾经的南唐国主、现在的大宋俘虏、后世的著名词人李煜的农历生日,时年虚岁四十二。李煜把后妃们聚集起来开了个"庆生会",歌女们演唱了李煜新作的词——《虞美人》:"春花秋月何时了,往事知多少?小楼昨夜又东风,故国不堪回首月明中。雕栏玉砌应犹在,只是朱颜改。问君能有几多愁?恰似一江春水向东流。"

既然是庆生会,怎么词里又是"故国不堪回首月明中",又是"问君能有几多愁"呢?这也太丧气,太不吉利了吧?

俗话说怕什么来什么,李煜也不会想到,这首词是他人生中所作的最后一首词,这一天也是他生命的最后一天。

很快,宋太宗赵光义送来一剂毒药,直接把李煜的生日和忌日来了个绑定[1],省得后世纪念起来麻烦。嗯,还真是"贴心"啊。

---

1. 《默记》。

亡国之君的结局总是悲惨的,但南唐的亡国可不是李煜一个人的责任。准确地说,李煜更像是一个不幸投错了胎的倒霉蛋,接手了一个烂摊子,又遇到了一群"神对手"。

为了搞明白李煜为什么会觉得"故国不堪回首",还得从南唐的诞生说起。

在唐朝灭亡之后,和梁、唐、晋、汉、周五代几乎同时存在的十个相对较小的割据政权,历史上称其为"十国"。其中南方有九个,分别是南吴、南唐、吴越、南楚、前蜀、后蜀、南汉、南平、闽国,北方的一个,就是北汉。

这十国并不是同时存在的,比如前蜀和后蜀、南吴和南唐就是先后存在的关系。而在这"十国"中,疆域最广、国力最强的就是南唐了。

南唐的前身是南吴,开创者名叫杨行密[1]。他死后,吴国的政权落在了权臣徐温手里。但徐温也没笑到最后,因为老徐家的大权最后又落在了徐温养子徐知诰的手里。这种阴谋套着阴谋、野心跟着野心的剧情,也是相当跌宕起伏了。

937 年,徐知诰称帝建立齐国。就在这一年的七夕,他的一个小孙子出生了,这就是后来著名的南唐后主李煜。两年后,徐知诰恢复了他本来的姓氏"李",并改名为"昪"。他自称是唐宪宗的后代,所以又把国号改为"唐",史称"南唐"。

称帝后,李昪最大的愿望就是看住从南吴手里继承下来的地盘,所以他从不主动对外开战,以至于被人讥笑为"田舍翁[2]",也就是不思进取、只盯着眼前二亩地的老农的意思。

943 年,李昪去世,他的儿子李璟继位,是为南唐中主。这位皇帝和他那

---

1. 《新五代史·吴世家》。
2. 《新五代史·南唐世家》。

个"和平主义者"老爹不同,完全就是"战狂"下凡。他不但频繁进攻东边的吴越国,还南下灭了闽国,西征灭了南楚,虽然没有完全吞下这两国的地盘,但也使南唐的疆土达到了历史的顶峰。

当然,既然称为"顶峰",就意味着马上要走下坡路了,因为周世宗柴荣出场了。传说中的"五代第一明君"三次南征,三战三胜,把南唐在长江以北的地盘全给抢走了。

958年,李璟只能低头服软,取消了皇帝称号,正式向后周称臣,南唐从此失去了和中原政权抗衡的实力。不过,这一切闹心事还轮不到李煜来操心,因为他上面还有一个太子哥哥呢。

很多喜欢李煜诗词的小伙伴会很自然地把他想象成一个文艺气质满满的大帅哥,其实李煜的长相和"帅"真的很难联系起来。史书记载他"丰额骈齿,一目重瞳",概括起来就是脑门儿有点前凸,一嘴大龅牙,外加一只眼睛里有两个瞳孔,属于那种演魔幻片都不用太化装的长相。不过,这种长相在古代常被认为是圣人之相,我们曾经说过的仓颉就是"双目重瞳"。

就因为李煜的长相如此醒目,他那个太子哥哥一直很嫉恨他。李煜只能把所有精力和热情都投入吃喝玩乐、写诗作画等活动中去,反正这些也的确是他的强项。他还给自己起了好多笔名,什么"钟峰隐者""莲峰居士"之类的,都是那种岁月静好、云淡风轻的禁欲系风格,表示自己无意争夺皇位。

可有些事躲是躲不过的。

959年,一直担心被抢位子的太子去世了,李煜替补成了新太子。

960年,赵匡胤取代后周建立北宋。中原的"五代"更迭就此结束,大宋统一天下,结束"十国"割据的趋势愈发明显,南唐的日子眼看更不好过了。

紧接着，李煜的老爹李璟去世，把南唐这个烂摊子直接甩给了李煜。此时的南唐，经济上每年要给大宋缴纳巨额的"保护费"，政治上又内斗不断，人心涣散，完全是随时要完蛋的节奏。

而李煜写诗填词、听曲作画样样都行，治国理政的水平就真的没法看了。他也曾努力过，任用旧臣，稳定人心，起用了一批如韩熙载、林仁肇这样的文臣武将，同时他非常重视科举，甚至亲自考核录取了一批人才。

但这些都无法扭转南唐衰亡的趋势，而且李煜从骨子里散发出的艺术家气质，更使得他很难成为一个合格的君王。

李煜喜好风花雪月，先后非常宠爱大小周后姐妹俩，时常沉浸在歌舞升平之中，写下了不少文风瑰丽的艳词。这些诗词可以说完全是他这一时期纵情声色的真实写照。除此之外，李煜还大把大把地撒钱修寺庙、造佛像、供养僧侣，而钱全是朝廷来出[1]。与之对应的是，当时南唐已民不聊生，百姓吃饱饭都困难了。

971年，北宋灭南汉，对南唐形成了三面包围。各方面的消息都显示下一个被开刀的必定是南唐了。可李煜既不敢主动和宋朝翻脸，又没有自保的办法，只能每天带着一票大臣喝酒买醉，唱着各种悲伤的歌。

当时南唐也不是没有能打的，林仁肇就是一位连宋太祖都忌惮的名将。可面对这样的名将，李煜既不会用，也不敢用。

林仁肇曾私下跟李煜说：请让臣带兵去打淮南，如果成了，那就算是我们收复失地。如果失败了，陛下您就说臣是起兵造反，然后杀我全家给宋国消

1.《江南余载》。

气,反正不会让陛下难做就是了。李煜听完吓得赶紧拒绝,说:你可别瞎说啊,你这样会连累国家的好吗[1]!

一个臣子都把话说到这份儿上了,李煜还不敢行动,也算是厌出天际了。不仅如此,后来李煜还中了宋太祖的离间计,把林仁肇杀了,自作孽地亲手除掉了北宋消灭南唐的最后一个障碍。

974年,宋太祖发兵十万,兵分三路进攻南唐,一路势如破竹,很快就包围了南唐的都城金陵。宋军日夜攻城,金陵城内粮草所剩无几,外援也无从谈起,绝望中的李煜只能派使节出使北宋,送上大量钱财,只求饶过南唐。

面对南唐使者的苦苦哀求,宋太祖说出了那句著名的台词:"卧榻之侧,岂容他人鼾睡!"

这也就宣告了南唐和李煜的结局。无奈之下,李煜只能选择开城投降,南唐灭亡,李煜被宋太祖赵匡胤封为违命侯,正式开始了自己的亡国生涯。宋太宗继位后,改封李煜为陇西公。

也就是从这个时候开始,李煜的词风退去了以往的旖旎轻浮的气息。他直抒胸臆,倾吐身世家国之感,使词从文人士大夫消遣娱乐的"三俗艺术"上升为可以表达家国情怀的新文体。这一刻的李煜,已经没有了皇冠的加持,却真正成了一名不朽的词人。

如果文采风流的李煜没有托生于帝王之家,他就不会被历史推上一个他并不擅长的领域,经历这一番亡国之痛。可如果没有这份亡国之痛,李煜又能否写出流传千古的名篇佳作呢?这个问题还真是不好回答。

---

1. 《十国春秋·林仁肇传》。

第三十三篇

千秋疑案陈桥驿：赵匡胤是不是真委屈

过年这件事对中国人来说,从来都是很重要的一个节日。但有的人就是那么讨厌,非得在大过年的时候来给你添堵找事。

960年正月初一,后周国都开封城里的人们刚刚结束了守岁,突然就被一份紧急军报搞坏了心情,因为辽国联合北汉打过来了。

这会儿坐在后周皇位上的是七岁的周恭帝柴宗训小朋友,当然朝廷里真正做主的是他妈妈符太后和权臣范质等人。他们对辽国和北汉这种不让人好好过年的缺德行为非常愤怒,决定派殿前都点检,也就是朝廷禁军的最高指挥官赵匡胤北上御敌。

此时的符太后和范质不会想到,这竟然是他们最后一次"做主"了。

初二这天,赵匡胤马上要带着大军出发了,开封城里却突然不知从哪儿传出一句流言说,大军出征后要拥立赵匡胤做皇帝。

五代这几十年里每次兵变拥立新皇帝,开封城都少不得要遭一回殃,所以很多有钱人选择了全家打包跑路。赵匡胤一看这架势,也有点肝颤,就跑回家偷偷去问自己的家人,外面传言满天飞,可怎么办。

当时赵大姐正在厨房做饭,听完之后,拎着擀面杖就给赵匡胤一顿暴捶,边打边骂说:男子汉大丈夫遇到事,自己拿不了主意吗?跑回来吓唬我们这群女人算什么本事啊[1]?但据《宋史》载,赵匡胤确有一姐,但她未及笄礼之年而夭,若此事确实,应为其妹秦国大长公主之误。

总之,赵匡胤被修理得无话可说,就返回军营准备出征去了。流言虽然在民间闹得挺凶,后周的上层却可能并不知道,要不然也不能派赵匡胤出去了。

赵匡胤带着军队向北出发,一天后来到了开封东北四十里的陈桥驿安营扎寨。扑朔迷离的历史大戏《陈桥兵变》就将在此发生。

首先出场的是一个叫苗训的将领。别人都低头干活的时候,就他一个人抬着头在那儿看太阳,他一边看,一边和自己的幕僚说:哎呀,这天上有两个太阳,一日克一日,这是要诞生新天子啊[2]。

苗训平时就以会算命占卜著称,士兵们都很相信他说的话。大家一传十,十传百,很快就把"要出新天子"的神秘预言传遍了整个兵营。

到了晚上,又有人说:当今皇帝不过是个几岁的娃娃,我们就算再拼死拼活,他也不知道,不如先拥立赵匡胤为皇帝,然后再北上去打辽国!这样大家就都有拥立之功了,还怕没有荣华富贵吗?

士兵们的情绪一下子被煽动起来了,他们说干就干,直接冲进大帐,把一件黄袍披在喝断片儿了的主将赵匡胤身上,然后直接跪在地上喊万岁[3]。

---

1. 《宋人轶事汇编》。
2. 《宋史·苗训传》。
3. 《涑水纪闻》。

赵匡胤一看这个骑虎难下的情势，只能先同意，并和士兵约法三章——不得惊扰后周太后和小皇帝，不得伤害朝中大臣，不得抢掠城中百姓，然后带着部队返回了开封。

初四，赵匡胤控制了开封。

初五，后周灭亡，北宋正式建国[1]。

仅仅四天时间，这场政权更迭就完成了，史称"陈桥兵变"，又称"黄袍加身"。它恐怕是中国古代历史上最平稳有序的"兵变"了，全程几乎没有发生大规模的流血事件。

可是这场看起来如此"完美"的兵变，却也留下了一个千百年来从未停止过争论的话题，那就是赵匡胤究竟是委屈巴巴地被赶鸭子上架，还是蓄谋已久要篡夺后周的天下？

清朝诗人查慎行写过一首《汴梁杂诗》，在诗里指出了整个剧情中的一个逻辑漏洞："将帅权倾皆易姓，英雄时至忽成名。千秋疑案陈桥驿，一着黄袍遂罢兵。"

意思是，五代中大将夺权、英雄登场也不是一两回了，但陈桥兵变最有趣的一点是，说好了要北上抗辽，可为什么"黄袍加身"后就没了下文呢？

《东都事略》里记载，辽军听说中原换了赵匡胤当皇帝后直接回家了，南下入侵这事儿也就直接翻了篇儿；《宋史》和《续资治通鉴长编》里也是这么说的。这么看来，罢兵的理由似乎也很充分啊。

不过，辽国和北汉出场凑巧，退场及时，比电影里的最佳配角还要会送助

1.《宋史·太祖本纪》。

攻,这哪是过年来添堵的坏人啊,简直就是趁着岁首来给赵匡胤这帮人送温暖的,显得也太不合常理了吧。

那么,我们不妨往深处再想一想,当时辽国和北汉到底有没有南下呢?

翻开宋朝人自己写的史书,答案当然是肯定的。不过,元朝人编的《辽史》里并没有辽人南下的记载,反倒是有当时辽国正忙着镇压内乱的记载[1]。

所以,如果说这次辽国联合北汉打过来的消息根本就是假的,整件事情就值得好好复一下盘了。很多人都相信,"陈桥兵变"应该是一场有主题、有剧情、有表演、有气氛的大片,根本就不是什么临时起意和机缘巧合。

在五代这个"武夫当国"的乱世里,士兵哗变拥立皇帝的剧情已经上演了无数次。而且赵匡胤有幸亲身参与过一次——把他老上司后周太祖郭威"逼"上皇位的"澶州兵变",其实才是历史上的第一次"黄袍加身"。

赵匡胤版本的"黄袍加身"更像是对郭威版本的翻拍和致敬:同样的君弱臣强,同样的契丹南下,同样的北上途中搞事情。

不同的是,郭威好歹过了黄河走到澶州才触发剧情,而赵匡胤则是刚出门四十里就直奔剧情去了。而且郭威被士兵披上的是一面撕坏的黄旗,象征性地冒充了一下黄袍[2]。到了赵匡胤这里,将士们竟然直接拿出了现成的黄袍——要说事先没准备谁信啊?

明朝有位叫岳正的大臣也写过一首诗,有"黄袍不是寻常物,谁信军中偶得之"一句,算是问出了所有人都想问的问题。因此,后世大多认为"陈桥兵变"应该是事先写好了剧本,然后按照剧本一步步来推动的。

---

1. 《辽史·穆宗本纪》。
2. 《旧五代史·周太祖本纪》。

谁是这个"剧本"的主要执行人呢？又是谁一手安排了辽国入侵的假消息和在军中制造舆论这些具体事务的呢？

这个问题就很难说清了。按照《宋史》的说法，一切多亏了赵匡胤的弟弟，后来的宋太宗赵光义。但考虑到赵老三"兄终弟及"的非正常继承，很难排除他这不是故意往自己脸上贴金。所以，后世一般认为这场兵变应该是赵匡胤、赵光义兄弟及赵普、石守信等亲信一起弄出来的。

赵匡胤应该是知情的，甚至他的家人可能也知道。出发前赵氏的那顿擀面杖加"大事自己决定"的话，很像是在帮兄弟下决心。而且，赵匡胤称帝后他老娘说过，我儿子早就有想法，这回可算是实现咯[1]。怎么看也不像是很意外的样子。

只不过赵匡胤毕竟是周世宗一手提拔起来的，明目张胆地篡位怎么也是好说不好听。所以"黄袍加身"的时候，赵匡胤必须得喝到断片儿，以至于无法拒绝既定事实，卖一卖忠臣"人设"才行。

但不管怎么说，机会总是留给有准备的人的，这句话可谓放之四海而皆准的真理。

960年，五代的更迭终于画上了句号，但华夏的一统还有待实现。之后，宋太祖和宋太宗兄弟俩用了十几年的时间才终结了唐末以来的乱世，开创了风华鼎盛、富庶雅致的大宋三百余年。

但唐末五代以来，割据的藩镇和跋扈的武将给宋朝君臣造成了严重的"创伤后应激障碍"。他们在重文轻武的道路上一路狂奔，撞了南墙还不回头，让

---

1. 《宋史·后妃传》。

大宋这个王朝显得文雅有余而英武不足。偏偏燕云被异族占领,中原门户大开,使这个新兴王朝时刻处于敌军铁蹄的威胁之下。所以,两宋的波谲云诡,总是让人在惊叹和遗憾中不停地转换。当然,它将是我们下一部要聊的内容了。

好了,《老王聊历史·隋唐五代诗词大会》的内容就到这里了。白眼观天,口吐象牙,我是坐在井里趣说正经历史的王老师,我们相约《老王聊历史》下一部吧!